Ruth Alice Kosnick

Frei von Zuckersucht

Ruth Alice Kosnick

FREI VON ZUCKERSUCHT

Ein 10-Schritte-Programm

// SILBERSCHNUR VERLAG

Alle Rechte vorbehalten.
Außer zum Zwecke kurzer Zitate für Buchrezensionen darf kein Teil dieses Buches ohne schriftliche Genehmigung durch den Verlag nachproduziert, als Daten gespeichert oder in irgendeiner Form oder durch irgendein anderes Medium verwendet bzw. in einer anderen Form der Bindung oder mit einem anderen Titelblatt als dem der Erstveröffentlichung in Umlauf gebracht werden. Auch Wiederverkäufern darf es nicht zu anderen Bedingungen als diesen weitergegeben werden.

© Copyright Verlag »Die Silberschnur« GmbH

ISBN: 978-3-89845-327-1

1. Auflage 2011
2. Auflage 2012
3. Auflage 2015

Gestaltung & Satz: XPresentation, Güllesheim
Druck: Finidr, s.r.o. Cesky Tesin

Verlag »Die Silberschnur« GmbH · Steinstr. 1 · 56593 Güllesheim
www.silberschnur.de · E-Mail: info@silberschnur.de

Inhalt

Vorwort	11
Einführung	19
Anzeichen für die Abhängigkeit von Zucker	20
Stufen der Sucht	23
Die Grundtechniken	29
Wie dieses Buch zu benutzen ist	29
1. Übung: Schreiben	30
2. Übung: Die Aufgaben	34
3. Übung: Zeit der Fülle	34
Der Vertrag	38
Entzugserscheinungen	40
Wappne dich!	44
1. Schritt: Die inneren Stimmen	47
»Ich gebe zu, zuckersüchtig zu sein.«	47
»Ich gebe zu, machtlos gegen die Sucht zu sein.«	48
Lebenslanger Zuckerverzicht	53
Das innere Kind an der Hintertür	55
Desidentifikation und Fallen	57
Reinigungsprozess	80
2. Schritt: Hilfen	87
Der Jieper ist das Hinweisschild	87
Ein Stoßgebet	90
Der innere Mentor	91
Blocker	93
Die vier tragenden Säulen	95
Dein Körper	99

Bewusstheit schaffen	102
Angreifer und Verbündete	104
Ein Begleiter	108
Gewinner und Versager	108
Der Zuckersuchtdämon	111

3. Schritt: Falsche Glaubenssätze entlarven 115

Glaubenssätze	115
Sekundärgewinn	121
Eigenliebe	122
Der wichtigste Wunsch	123
Spirituelles Wachstum	125
Widerstand	126
Kreativität	127
Ein erfülltes Leben angesichts des Todes	132
Der Jieper hört nicht auf	133
Energieversorgung	140
Ehrlichkeit	142
Schockierende Folgen	143

4. Schritt: Das verlorene Paradies 145

Der Schatten	145
Muttermilch und Brei	151
Die wahren Wünsche	155
Als Erwachsener handeln	161
Suchen - Sucht - Sehnsucht	163
Adoleszenz	164
Freude und Glück	166
Unerfüllte Wünsche	167
Die Fülle des Augenblicks	168

5. Schritt: Mangel und Fülle 171

Schwierigkeit und Leichtigkeit	172
Das Wunder der Aufmerksamkeit	174

Last	176
Gewichtigkeit	178
Bequemlichkeit	179
Mangel und Fülle	180
Genuss	184
Suchtpotenzial	187
Selbstwert	189

Zäsur 195

In der Falle des Rückfalls	197
Ausnahme oder Rückfall	197
Gehe zwei Schritte zurück	200
Schreiben ist Therapie	201
Schreibblockade	202
Selbsthilfegruppe	203
Neustart	204
Switch side!	205

6. Schritt: Depression 209

Hilflosigkeit und Minderwertigkeitsgefühle	210
Ohnmacht und Wut	212
Nach dem Schatz tauchen	216
Zeitqualität	218
Depression	221
Neue Wege	225
Selbstbestrafung	227
Die selbstzerstörerische Kraft	231
Die sieben Fluchtwege	232
Die selbstheilende Kraft	236

7. Schritt: Ehrlichkeit statt Selbstbetrug 239

Scham, Schuld und Sünde	241
Neid	244
Geselligkeit	246

Fressorgien	248
Kollektiver Selbstbetrug	249
Partnerschaft und Ehe	250
Sexualität	252
Kontrolle und Kontrollverlust	259
Bewegung	260
Deine Talente	261

8. Schritt: Ein gewisses Unglücklichsein — 267

Belohnung	269
Kummer und Schmerz	273
Liebesersatz	274
Sehnsucht	276
Synchronizität	277
Angst	278
Isolation und Einsamkeit	279
Ausdehnung	280
Absturzgefahr	281
Zeithürden	282
Aragorns Antwort	284

9. Schritt: Das innere Kind und die Eltern — 287

Ausnahmen	287
Den Preis bezahlen	289
Die Eltern	291
Schutzraum	292
Eindeutige Trennung	293
Das Vater-Mutter-Verhältnis	295
Adoleszenzritual	297
Abschied und Tod	300
Unterstützung fordern	302
Ankläger und Angeklagter	303
Das große Vater-Mutter	304

10. Schritt: **Befreiung**   307

   Urplötzlicher Jieper   307
   Ehrlichkeit   309
   Den zweiten Teufelskreis durchbrechen   310
   Der Dämon wird entlassen   312
   Dankbarkeit   313
   Die nächsten Schritte   313
   Weitere Verträge   314
   Eine Gruppe bilden   315

Erfahrungsberichte und Kommentare   319

Literaturverzeichnis   327

Über die Autorin   329

Vorwort

Viele Jahre wusste ich nicht, dass Zucker süchtig machen kann. Ich dachte immer, dass ich gerne nasche. Etliche Versuche, weniger zu naschen oder gar zuckerfreie Zeiten einzulegen, schlugen fehl. Über die Jahre wurde der Kampf gegen meine Naschlust immer extremer. Tausendmal habe ich mir vorgenommen, heute weniger oder keinen Zucker zu essen, und tausendmal reichten meine Willensanstrengungen nicht aus. Ich schaffte maximal einen halben zuckerfreien Tag. Meistens reichte der feste Entschluss beim morgendlichen Aufwachen gerade bis zum Frühstück. Dort erlitt ich den nächsten Kontrollverlust. Obwohl ich in anderen Lebensbereichen einen starken Willen habe, reichte meine Willenskraft hier nicht aus. Eigentlich wollte ich immer nur etwas schlanker sein, aber irgendwann musste ich mir eingestehen, dass ich ohne Naschzeug keine vierundzwanzig Stunden aushalten konnte. Die üblichen Wege, mein Gewicht zu reduzieren (FDH, Fasten, Kalorienzählen, Trennkost, Diäten etc.), hatten nur kurzfristig Erfolg. Mein zuckersüchtiges Verhalten machte die Erfolge auf der Waage schon bald wieder zunichte.

Bis ich erkannte, dass Zucker eine Droge ist und ich süchtig danach war, dauerte es Jahre. Rückblickend erkenne ich, dass ich wahrscheinlich schon seit der Kindheit zuckersüchtig bin, zumindest seit meiner Pubertät, also mindestens dreißig Jahre. Etwa zwanzig Jahre davon war mir überhaupt nicht bewusst, dass meine Naschlust eine Sucht ist. Das Wort Zuckersucht gab es damals noch nicht. Als ich es vor etwa zehn Jahren zum ersten Mal hörte, war mir sofort klar, dass es mich betraf.

Den ersten Schritt in eine andere Richtung ging ich, als meine Schwester, die Suchtbeauftragte an der Leibniz Universität Hannover ist, mir den Bericht eines Overeaters Anonymous-Mitgliedes gab. In diesem Skript erzählte ein Betroffener von seinem Ausstieg aus einer Essstörung. Im Anhang gab es zwölf Schritte, ähnlich denen der Anonymen Alkoholiker, und etliche Aufgaben für Betroffene, die man schriftlich erarbeiten konnte. Ich war wie elektrisiert, weil ich viele meiner eigenen Zuckersucht-Verhaltensweisen wiedererkannte. Zum ersten Mal war ich auf einen Weg gestoßen, der sich auf einer psychischen Ebene mit einer Essstörung beschäftigte, statt auf die bekannten Ernährungsumstellungen oder auf Kalorienzählen zu setzen. Ich ersetzte alle Begriffe in diesem Bericht, die sich auf Essstörungen bezogen, einfach durch den Begriff Zucker. Und siehe da: Es funktionierte. Ich erlebte die ersten acht zuckerfreien Wochen meines Lebens! Welch eine Befreiung!

Die Aufgaben der Overeaters Anonymous (OA), die man schriftlich erledigen sollte, kamen mir sehr entgegen, da ich das Schreiben seit Jahren als Mittel zur Selbstreflexion nutze. Aber dann scheiterte ich an dem, was die OAs »eine gründliche Inventur« nennen. Die Aufgabe war, ALLES aufzuschreiben, seit meiner Geburt, worüber ich JEMALS verstimmt war oder was mich JEMALS geärgert oder wütend gemacht hat. Ich begann zwar mit dieser Übung, doch der Berg, der da vor mir lag, raubte mir nach kurzer Zeit alle Hoffnung, jemals ein Ende zu finden. Und so erlitt ich nach acht zuckerfreien Wochen einen Rückfall.

Bei einem zweiten Anlauf mit diesem Bericht, einige Jahre später, übersprang ich diese Aufgabe einfach. Wieder hatte ich einige zuckerfreie Wochen geschafft und mich pudelwohl damit gefühlt. Die nächste Aufgabe war jedoch ebenso unlösbar für mich wie die erste:

Vorwort

Ich sollte mich bei allen Menschen, mit denen ich einmal Streit, Zwistigkeiten oder eine ungelöste Situation hatte, schriftlich entschuldigen. Wieder machte ich mich an die Arbeit. Schon der erste Entschuldigungsbrief wurde seltsam unehrlich. Also brach ich auch diese Aufgabe ab ... und erlitt wieder einen Rückfall.

Im Lauf der Jahre kam ich um die Erkenntnis nicht herum, wirklich zuckersüchtig zu sein. Wie jeder Süchtige wollte ich mich nicht mit dieser Erkenntnis konfrontieren, sondern lieber weiter einlullen. Jeder stark Süchtige weiß in klaren Momenten, dass nur totaler Verzicht eine Befreiung bringt, und vor dieser radikalen Maßnahme weicht man so lange wie möglich zurück. Ich wusste durch etliche Versuche, dass ich meinen Konsum nicht reduzieren konnte.

ERKENNTNIS NR. 1:
REDUZIEREN FUNKTIONIERT NICHT!

Daher schlussfolgerte ich: Wenn Zucker bei mir wie eine Droge wirkt, dann muss ich komplett auf die Droge verzichten. Also tat ich den zweiten Schritt: Ich übte mich im totalen Verzicht. Trotz der Erkenntnis, süchtig zu sein, und dem festen Entschluss, mit Zucker aufzuhören, brauchte ich weitere drei Jahre (!), in denen ich versuchte, meine Zuckersucht in den Griff zu bekommen. Selbst nach Wochen der Enthaltsamkeit erlitt ich aufgrund einer kritischen Situation oder einer schwierigen Gemütsverfassung wieder einen Rückfall.

ERKENNTNIS NR. 2:
TOTALER VERZICHT ALLEIN
FUNKTIONIERT AUCH NICHT!

Ich wurde immer wieder rückfällig, und meine Frustration wuchs weiter. Ich konnte einfach nicht aufhören zu naschen und wurde immer dicker! Das alles frustrierte mich so, dass ich weiter naschte, um den Frust nicht mehr zu fühlen usw. Ich war gefangen im Teufelskreis der Sucht! Ich wusste nicht weiter. Totaler Verzicht funktionierte auch nicht. Irgendetwas fehlte, aber was?

Die erste zündende Idee, die ich dann hatte, war: **Ich werde mich aus meiner Zuckersucht herausschreiben.**

Ich wollte ein Buch über alle Erfahrungen schreiben, die ich mit meiner Zuckersucht gemacht hatte oder gerade machte. Am 26.02.2007 begann ich damit mit folgenden Worten: »Klar! Eben habe ich mir vorgenommen, ein Buch über meine Zuckersucht zu schreiben, und auf dem Weg zum Computer liegen zwei von meinen liebsten Lakritzteilchen auf dem Teppich, die wohl einem meiner Kinder heruntergefallen sind. Die Teilchen duften und lachen mich freundlich an, als ich sie aufhebe. Die Verführung pur! Aber nein – heute bin ich stark. Heute will ich über meine Zuckersucht schreiben! Die betörenden Lakritzteilchen werden in den Biomüll wandern! Der erste aller Widersacher in meinem System ist der Verführer. Doch dazu später mehr.«

Zuerst schrieb ich alles auf, was ich im Zusammenhang mit meiner Zuckersucht erlebte. Ich beobachtete mich und berichtete über die verschiedenen Aspekte, ähnlich wie bei Tagebuchaufzeichnungen. Ich erkannte die vielen Punkte, an denen ich in meine eigenen Fallen tappte, und in welchen Situationen ich besonders rückfallgefährdet war. Das Problem war nur, dass sich nichts änderte. Ich erkannte die Gefahr, konnte ihr aber oft nicht ausweichen, daher wurde ich immer wieder rückfällig. Ich startete etliche neue Versuche, mit dem Zucker aufzuhören. Zwar erwarb ich schon viele Erkenntnisse in dieser Zeit, aber ich kam nicht weiter. Damals nannte ich es noch Zuckerfasten, weil mir die Tragweite meiner Sucht noch nicht bewusst genug geworden war. Ich wollte einfach nur abnehmen, aber es gelang alles nicht so richtig.

Vorwort

Nach einem weiteren Jahr war das Maß dann endlich so voll, dass ich für den nächsten Schritt offen war. Die Worte, die ich am 13. Juli 2008 in meine Aufzeichnungen schrieb, lauteten: «Ich muss viel verbindlicher in das Programm einsteigen, sonst kriege ich das nicht hin, das weiß ich.» Mir wurde klar, dass ich mich noch tiefer auf den Prozess einlassen musste, der bei mir durch die lange Auseinandersetzung mit dem Thema Zucker losgetreten worden war. Erst da erkannte ich, dass ich meine Zuckersucht die ganze Zeit für mein Übergewicht verantwortlich gemacht hatte. Ich dachte, ich bräuchte es nur zu schaffen, mit dem Zucker aufzuhören, um das Übergewichtsproblem zu lösen. Jetzt erkannte ich, dass ich den Ursachen meiner Sucht auf den Grund gehen musste, um wirklich etwas zu ändern. Das Übergewicht war nur eine Randerscheinung der eigentlichen Problematik.

Ich erinnerte mich an das Programm der Overeaters Anonymous. Ähnlich wie in Julia Camerons Buch *Der Weg des Künstlers*, mit dem ich seit vielen Jahren arbeitete, wurden auch hier zwei Techniken benutzt: Schreiben und Aufgaben. Mir fielen die Parallelen auf, und dabei hatte ich die zweite zündende Idee: **Ein Zuckersuchtbuch, das »Schreiben und Aufgaben« als Technik benutzt, um von der Sucht zu befreien.** Ich wollte ein Buch schreiben, das dem Programm der Overeaters Anonymous und Julia Camerons Buch *Der Weg des Künstlers* in der Struktur ähnlich sein sollte. Das Buch sollte sich ausschließlich um Zuckersucht drehen, tägliches Schreiben als Basis benutzen und spezielle Aufgaben enthalten, die nur diese Sucht betreffen. Die Anzahl der Aufgaben, die man sich selbst stellen sollte, sollte in leicht verdauliche Portionen eingeteilt sein, so dass sie einen nicht überforderten. Zusätzlich wollte ich mir Aufgaben ausdenken, die einfach nur Spaß machen sollten.

Sobald ich mich an die Arbeit machte, sprudelten die Ideen und Erkenntnisse wie ein Wasserfall. Mir wurde klar, dass ich die ganze Zeit unbewusst davon ausgegangen war, eine Zeit der Zuckerenthaltsamkeit zur Gewichtsreduktion zu benutzen, um dann irgendwann wieder normal Zucker essen zu können. Nun begriff ich, dass ich es mit einem viel ernsteren Problem zu tun hatte – mit einem zwanghaften Suchtverhalten. Es ging nicht mehr ums Abnehmen, sondern darum, dass ich die Droge Zucker nicht im Griff hatte und mich mit all den Themen konfrontieren musste, die hinter der Abhängigkeit stehen. Ich musste noch eine Stufe weitergehen und die Sucht als Krankheit ernst nehmen, mich auf einen völligen Verzicht auf unabsehbare Zeit einstellen und meine persönlichen Themen bearbeiten. Das war eine ganz andere Nummer.

Zum Glück hatte ich das Schreiben – meinen Rettungsanker in der Not. Über die Jahre hatte sich herauskristallisiert, dass ich beim Schreiben Fragen stellen kann und diese aus einer inneren Instanz beantwortet bekomme. Ich nenne diese innere Stimme den inneren Mentor. Im Rückblick erkenne ich, dass ich ohne den inneren Mentor nicht den Weg aus der Sucht gefunden hätte. Die Arbeit mit dem inneren Mentor ist viel mehr, als nur zu schreiben und um Hilfe zu bitten. Die Art der Hilfe, die ich mir wünsche, ist ausschlaggebend. Wie oft hatte ich um Hilfe aus der Not gebeten im Sinne von: »Gott, hilf mir aus dieser Klemme!« – ohne bemerkenswerte Resultate. Die Bitte um Hilfe, die ich an den inneren Mentor stelle, ist ganz anderer Art. Es ist eine Frage nach dem nächsten praktischen Schritt, nach der notwendigen Tat, nach einem Rat oder einem Hinweis, nach einer Handlungsempfehlung oder einer verändernden Erkenntnis – kurz: nach etwas, bei dem ich aktiv etwas tun kann, statt passiv auf Veränderung zu hoffen. Diese Hilfe brachte die Wende. Durch diese Hilfe erkannte ich, an welchen Punkten meines Lebens ich aktiv mitarbeiten musste, um fundamental etwas zu ändern. Durch den Kontakt zum inneren Mentor kristallisierten sich Erkenntnisse und Themen heraus, die ich zur Bewältigung meiner Zuckersucht benötigte. All das aufzuschreiben und in ein Gerüst zu packen, das anderen Zuckersüchtigen helfen könnte, war auch eine Weisung meines inneren Mentors, der ich gefolgt bin.

Vorwort

Beladen mit diesem Gepäck, machte ich mich an die Arbeit:

- innere Not durch jahrzehntelange Zuckersucht
- ein Erfahrungsschatz aus diversen gescheiterten Versuchen, clean zu werden
- das Gerüst aus täglichem Schreiben im Kontakt mit dem inneren Mentor und wöchentlichen Aufgaben

Inzwischen ist viel Zeit vergangen, und Lakritzteilchen können mich nicht mehr verführen. Das Interesse ist erloschen. Ich habe noch nicht einmal Appetit darauf. Damals dachte ich noch, dass ich lange verzichten muss, um aus dem Teufelskreis der Sucht auszusteigen. Heute weiß ich, dass es nur zu Beginn ein Verzicht war. Schon nach wenigen Monaten im Programm interessierte mich Zucker nicht mehr. Heute entbehre ich nichts, sondern habe etwas gewonnen: Ich bin befreit von einer jahrelangen Bürde.

Und weil ich wusste, dass ich mit dieser Sucht nicht allein bin, und der Impuls so stark war, all das mitzuteilen, was ich erlebte, fing ich an, alle Stichpunkte zu sammeln, die mir einfielen oder begegneten, und gleich alles in der Du-Anrede aufzuschreiben. Ich habe morgens täglich meine persönlichen Themen durch Schreiben bearbeitet, tagsüber auf Zetteln die allgemeingültigen Erkenntnisse und Ideen gesammelt, die mir durch den Kopf gingen, und abends am Computer die Texte formuliert und in das Programm eingearbeitet. Ich habe im ganzen Haus Zettel und Stifte verteilt, sogar im Auto, um alle Gedanken zum Thema Zuckersucht festzuhalten. Ich schrieb alle Erlebnisse und Einsichten auf, sortierte sie nach Themenbereichen und probierte selbsterfundene Aufgaben und auch Übungen aus anderen Quellen aus. Und siehe da... es funktionierte! Ich lebe seit dem 13. Juni 2008 zuckerfrei, dem Tag, als mir die zweite zündende Idee geschenkt wurde. So entstand das Zuckersuchtprogramm, das mein Leben verändert hat.

Das Ergebnis dieses Prozesses war die gelebte Erfahrung:

ERKENNTNIS NR. 3:
TOTALER VERZICHT PLUS AKTIVE ARBEIT
AN DEN URSACHEN DER SUCHT FUNKTIONIERT!

Irgendwann wollte ich natürlich wissen, ob das Programm auch für andere Zuckersüchtige anwendbar ist. So entstanden die ersten Gruppen, durch die ich das Zuckersuchtprogramm auf seine Tragfähigkeit prüfen konnte. Ich habe aus der Arbeit mit anderen Zuckersüchtigen viel dazugelernt und einiges in meinem Skript verändert. Dafür bin ich sehr dankbar.

Inzwischen wage ich zu behaupten, dass ich keinen Zucker mehr in meinem Leben brauche. Ich habe nur noch ganz selten einen Jieper auf Süßes und weiß dann, dass ich mir ansehen muss, welche Situationen dazu geführt haben könnten. Ich benutze den Jieper als Hinweisschild auf ungeklärte Lebensthemen. Ich weiß, dass ich weiterhin gefährdet und von einem Rückfall nur einen Schokoriegel entfernt bin, aber ich weiß auch, dass ich endlich wieder die Zügel in der Hand habe und mich entscheiden kann. Ich bin nicht mehr ausgeliefert. Ich kann sogar in geringen Mengen wieder Zucker konsumieren, aber ich tue es nur in Ausnahmesituationen (etwa 3-mal im Jahr). Inzwischen ist Süßes nicht mehr wichtig für mich. Ich erlebe die Abstinenz nicht mehr als Verzicht und bin nicht mehr gefangen im Teufelskreis der Zuckersucht. Endlich! Das ist eine unglaubliche Befreiung, die ich nie wieder missen möchte.

Ich wünsche dir, dass dieses Buch dir einen neuen, gangbaren Weg aus deiner Zuckersucht weist.

Ruth Alice Kosnick

Einführung

Anzeichen für Abhängigkeit von Zucker · Stufen der Sucht

Herzlichen Glückwunsch und »willkommen im Club«. Es ist ein wichtiger Schritt, nach einem Buch mit dem Titel »Frei von Zuckersucht« zu greifen, sich mutig mit diesem Titel an die Kasse zu stellen und sich dadurch schon unterschwellig zu outen. Es ist der erste Schritt weg von den jahrelangen Beschönigungen, Verschleierungen und dem Selbstbetrug, hin zu dem Bekenntnis, zuckersüchtig zu sein. Dadurch, dass dich dieser Titel angesprochen hat, kannst du dich schon zu denen zählen, die wissen, dass sie ihr Verhalten in Bezug auf Zucker nicht mehr unter Kontrolle haben, dass es nicht nur Naschlust oder Mangel an Willensstärke ist, sondern etwas ganz anderes: Dein Verhalten ist eine Sucht und damit eine Krankheit.

Ich betone das deshalb so ausführlich, weil ein enormer Verdrängungsprozess bei jedem Süchtigen vorliegt, egal, um welche Droge es sich handelt. Verdrängung und Selbstbetrug gehören zur Sucht. Der Suchtmechanismus besitzt viele laute innere Stimmen, die das Wissen darum, dass man von der Droge abhängig ist, übertönen. Diese Stimmen sagen zum Beispiel: »Ich liebe das«, »Ich genieße den Konsum« oder »Ist mir egal, dass ich abhängig bin«. (In der ersten Woche werden wir uns ausführlich mit diesen Stimmen beschäftigen.)

Ebenso wenig wie alle, die Alkohol trinken, Alkoholiker sind, sind alle Zuckeressenden zuckersüchtig. In Versuchen an Ratten wurde bewiesen, dass einige Ratten nach Zucker »süchtig« wurden, andere nicht (wahrscheinlich vergleichbar mit dem bei allen Suchtkrankheiten zu vermutenden »Suchtgedächtnis« nach Prof. Dr. J. Böning).

Das Wesen jeder Sucht ist, dass mit Willenskraft überhaupt nichts auszurichten ist, eher im Gegenteil: Eine Zeit des Zuckerverzichts mit Willenskraft hat meist einen erhöhten Zuckerkonsum zur Folge (was ebenfalls in den Rattenversuchen bestätigt wurde). Je öfter der Versuch unternommen wird, süßen Verführungen mit Willenskraft zu widerstehen, desto tiefer verstrickt sich der Betroffene in den Kreislauf der Sucht. Das Wesen der Sucht ist ein wirkungsloser Wille. Du willst mit der Droge aufhören, aber dein Wille hat keine Kraft, um es in die Tat umzusetzen. Der Süchtige ist gefangen und wie von einem Dämon besetzt, der ihn zu Handlungen treibt, die er gar nicht will. Im Gehirn und in der Psyche laufen die gleichen Prozesse ab wie bei allen Süchten.

Anzeichen für die Abhängigkeit von Zucker

Wenn du dich von dem Wort Zuckersucht angesprochen fühlst, dann mache dir klar, dass nur ein Betroffener nachvollziehen kann, welche erschreckenden Höhen und Tiefen sich hinter der Droge verbergen. Lass dich nicht davon einschüchtern, dass andere diese Sucht als nicht ernstzunehmend belächeln. Für viele Menschen ist Zucker keine Droge. Sie werden nicht süchtig, auch wenn sie oft naschen. Sie können nicht nachvollziehen, welches Leid Zucker erzeugt, wenn du süchtig danach bist. Doch für Zuckersüchtige ist Zucker eine ernstzunehmende Droge. An den folgenden Anzeichen kannst du erkennen, ob Zucker für dich zu einer Droge geworden ist:

Einführung

- heimliches Naschen
- Süßigkeitenverstecke anlegen
- periodische Zuckerfresstouren, unterbrochen von Phasen gesunder Ernährung, in denen du nur kurze Zeit auf Süßes verzichten kannst
- Selbstbetrug, indem du vorgibst, zuckerfrei zu sein, und dann,
  als Ersatz, »gesundes« Süßzeug aus dem Bioladen naschst
- nicht rationieren können, sondern alles aufessen müssen (statt
  einem Stückchen Schokolade die ganze Tafel)
- Kontrollverlust und die Unfähigkeit, längere Zeit auf Süßes zu
  verzichten
- wiederholte misslungene Versuche abzunehmen
- schon diverse Methoden zur Gewichtsreduktion ausprobiert
  haben
- Kleidergrößen im Schrank haben, die schon lange zu eng geworden sind, oder mehrere Kleidergrößennummern horten,
  weil das Gewicht extrem schwankt
- der tägliche Entschluss, dich ab morgen »gesund« zu ernähren,
  der jedoch (fast) jeden Tag scheitert (die Abstände zwischen
  dem Entschluss und einem Rückfall werden immer kürzer)
- Verstimmungen und Selbstvorwürfe nach dem Konsum
- starke Stimmungsschwankungen
- nachts Schlafstörungen oder extreme Müdigkeitsattacken tagsüber
- immer genau wissen, wo und wie viel Naschzeug noch in un-
  mittelbarer Nähe ist oder wo man nach Geschäftsschluss noch
  etwas besorgen kann (Tankstelle etc.)
- der »Bäckerei- und Eisdielen-Blick« (jede Bäckerei und Eisdiele
  in der Nähe kennen)

21

- ein angeknackstes Selbstbewusstsein, viele Schamgefühle und verborgener Selbsthass
- Selbstbestrafungen nach dem Konsum, oft getarnt als positive Tat (mehr Sport, Fasten, nur Bio-Süßes und andere gute Vorsätze)
- Vorräte fürs Wochenende anlegen, weil sonntags die Geschäfte geschlossen haben

Aus Erfahrung weißt du, dass du deine Abhängigkeit mit der eines Alkoholikers oder eines Drogensüchtigen vergleichen kannst: Ebenso wenig wie ein Alkoholiker nur ein bisschen Alkohol trinken kann, genauso wenig kannst du nur ein bisschen Zucker essen. Wenn du damit angefangen hast, kannst du nicht mehr aufhören. Die Droge kontrolliert dein Leben. Dein Denken und Handeln ist davon durchdrungen, wie eine Hintergrundmusik, die dauernd spielt. Dies ist der Unterschied zwischen Sucht und Nichtsucht: Der Süchtige ist ein Sklave der Droge. Dies ist weit entfernt von dem Gefühl »jetzt habe ich Lust auf etwas Süßes«. Ein Süchtiger kann nicht geheilt werden, sondern muss lernen, ohne seine Droge zu leben. Und weil diese Worte in einem Teil deiner Persönlichkeit immense Panik auslösen, kannst du schon erahnen, dass der Konsum von Zucker eng verknüpft ist mit psychischen Inhalten. Wenn ein Arzt dir nahelegen würde, auf Milchprodukte zu verzichten, Südfrüchte zu meiden oder Weizen wegzulassen, würde das Unmut hervorrufen, aber du hättest keine Empfindungen, die an Panik erinnern. Ahnst du schon, worauf das hier hinausläuft? Psychoarbeit!

Einführung

Stufen der Sucht

Ich vermute, es gibt bei Zuckersüchtigen verschiedene Schweregrade, ähnlich wie bei Alkoholikern. Es gibt Menschen, die brauchen das Programm nicht, sondern können, wie manche Raucher auch, von einem Tag auf den anderen mit dem Drogenkonsum aufhören. Sie brauchen keine Übungen, keine Selbsttherapie und keine Psychoaufgaben. Sie erkennen ihre Süchtigkeit und steigen einfach aus. Vielleicht hat das mit dem Schweregrad der Sucht zu tun? Ich weiß es nicht. Meiner Erfahrung nach ist das Zuckersuchtprogramm absolut notwendig für stark Zuckersüchtige der 3. Stufe, der chronischen Phase.

In diese drei Stufen lassen sich die Schweregrade der Sucht unterteilen:

1. Stufe: Vorphase
In diesem Stadium wird Zucker zum Frustabbau, als Belohnung oder einfach als Stimmungsaufheller benutzt. Der Körper verlangt noch nicht danach, sondern es ist eher eine leichte psychische Abhängigkeit. Ein Unwohlsein und eine Verstimmung stellen sich ein, wenn bei bestimmten Anlässen nicht die gewohnte Süßigkeit verfügbar sind (zum Kaffee, beim Fernsehen, am Sonntagnachmittag ...).

2. Stufe: Akute Phase
In der akuten Phase ist das Hauptthema Kontrollverlust. Typisch ist hier, dass die ganze Tafel Schokolade verputzt wird, statt nur ein Stückchen zu naschen (wie du eigentlich wolltest). Mit dem Kontrollverlust einher geht ein Versager- und Schamgefühl, das allerdings verdrängt und abgewehrt wird (meist wieder mit Zucker). Was du bewusst mitbekommst: deinen Ärger über dich selbst nach dem unkontrollierten Konsum und deinen Ärger am nächsten Morgen auf der Waage. In der akuten Phase besteht bereits eine körperliche Abhängigkeit. Der Betroffene kann zwar

lange auf Zucker verzichten (um wieder abzunehmen), verliert aber dann erneut die Kontrolle und nascht mehr, als er will. Dieser Jojo-Effekt ist bei denen, die von Zucker zunehmen, auch auf der Waage ablesbar.

3. Stufe: Chronische Phase

In diesem Stadium vergeht kein Tag, an dem du keinen Zucker konsumierst. Die Menge steigert sich von Jahr zu Jahr. Phasenweise wird das Suchtverhalten erkannt (heimliches Naschen, Süßigkeitenlager etc.), aber oft weiterhin als Genuss beschönigt. Der Zuckerpegel wird täglich aufgefüllt und geht mit Kontrollverlustessen einher. Keinen Zucker zu essen, zum Beispiel in Diätzeiten, fühlt sich wie ein erzwungener Verzicht an. Diese Zeiten sind sehr seltene Ausnahmen von dem täglichen Konsum, jedoch dadurch die einzigen Lichtblicke. Nach dem Verzicht werden noch größere Mengen Zucker konsumiert als zuvor (und die Zahlen auf der Waage steigen weiter an). Meist wird auch Übergewicht zum Problem, durch das das süchtige Verhalten nicht mehr geleugnet werden kann. Die Versager- und Schamgefühle steigern sich, da kein Verzicht mehr möglich ist und du die Gefangenschaft spürst. Du isst sogar Süßigkeiten, die dir eigentlich nicht schmecken. Der Frust, der durch Zuckeressen entsteht, wird mit Zucker betäubt. So entsteht ein Teufelskreis.

Innerhalb der chronischen Phase gibt es wiederum verschiedene Schweregrade, die sich in den täglich konsumierten Zuckermengen ausdrücken. Außerdem gibt es noch eine weitere Steigerung, die ich »extreme Abhängigkeit« nenne. Innerhalb der chronischen Phase unterscheide ich daher zwischen einer »schweren« und einer »extremen« Abhängigkeit. Extreme Abhängigkeit ist selten. Ich selbst habe jahrelang unter einer schweren Abhängigkeit mit erheblichen täglichen Zuckermengen gelitten. Weiter unten, im Kapitel »Entzugserscheinungen«, werden die Symptome einer Frau beschrieben, die unter extremer Zuckerabhängigkeit leidet.

Einführung

Je stärker deine Zuckerabhängigkeit ist, desto intensiver musst du mit dem Programm arbeiten. Das Zuckersuchtprogramm kann dich selbst aus jahrzehntelanger chronischer Abhängigkeit (3. Stufe) in ein ganz anderes Leben führen. Wenn du chronisch zuckersüchtig bist, hast du einen großen Vorteil: Du hast unendlich viel Leid erfahren durch deine jahrelangen, unkontrollierbaren Fressorgien und Kontrollverluste. Du kennst dein süchtiges Verhalten genau und gaukelst dir nicht mehr vor, dass Süßes Genuss ist, weil es für dich schon lange kein wirklicher Genuss mehr ist. Und dieses Leid wiegt so schwer, dass du bereit sein wirst, die Arbeit auf dich zu nehmen, die das Programm von dir fordert.

Die Ursachen deiner Sucht liegen nur zu einem kleinen Teil in einer körperlichen Abhängigkeit (diese ist zum Glück nach einigen Tagen ausgestanden), sondern mehr in einer psychisch-seelischen Abhängigkeit. Und genau diesen Ursachen geht das Zuckersuchtprogramm auf den Grund. Dicksein ist ein Symptom dieser Krankheit. Allerdings ist es auch möglich, zwanghaft Süßigkeiten oder süße Getränke zu konsumieren und nicht dick zu sein. Du magst nur zehn Pfund Übergewicht haben oder gar keins, und dennoch weißt du, wenn du ehrlich zu dir bist, dass du deinen Zuckerkonsum nicht kontrollieren kannst. Im Allgemeinen jedoch haben Zuckersüchtige mehr als nur zehn Pfund zu viel auf den Hüften.

Da bei den meisten Zuckersüchtigen Übergewicht ein Problem geworden ist, wurden viele Stellen im Zuckersuchtprogramm so formuliert, dass sie Übergewichtige betreffen. Falls das bei dir nicht der Fall sein sollte, lies diese Passagen dennoch aufmerksam durch. Sobald du bemerkst, dass dich ein Themenbereich trifft, betrifft er dich auch.

Bitte öffne dich für folgende Gedanken, um aus dem Selbstverurteilungsmechanismus herauszukommen: Dein jetziger Suchtzustand und dein derzeitiges Gewicht sind richtig! Du hältst dich mit deinem Verhalten und deinen Essgewohnheiten in einem seelischen Gleichgewicht. Dein Suchtverhalten ist zurzeit noch notwendig, weil es für dich ein Rettungsring ist. Dein Körper hat einen Ausweg gesucht und gefunden. Er irrt sich nicht, auch wenn dein Kopf die Kilos auf der Waage nicht mag. Du brauchst diese Kilos zurzeit noch. Dein Rettungsring aus zusätzlichen Pfunden um die Hüfte ist tatsächlich auch ein psychisch-seelischer Rettungsring.

Durch die Arbeit mit dem Zuckersuchtprogramm wird sich diese Gewichtung ändern. Das Programm wird zu deinem neuen Rettungsring werden. (Ich nenne es lieber Rettungsanker, weil du mit einem Rettungsring immer noch im tosenden Meer schwimmst. Doch mit dem Programm wirst du am Grund der Lebenssee verankert.)

Du wirst herausfinden, welche Fallen du dir selbst stellst und welchen Lebensbereichen du bisher zu wenig Aufmerksamkeit gewidmet hast. Du wirst lernen, den wahren Hunger hinter deiner Sucht zu erkennen und ihn zu stillen. Schritt für Schritt lernst du, zu einer inneren Fülle zu finden, so dass die Fülle nicht mehr im Außen in Erscheinung treten muss. Durch das Zuckersuchtprogramm wirst du mit vielen alten, verdrängten Themen konfrontiert werden. Wahrscheinlich wird ein enormer Prozess einsetzen, der in deinem Leben einiges verändern wird. Die Schritte im Programm betreffen alle Lebensbereiche. Sei dir bewusst, dass dieses Programm sehr tief greift und kein Thema ausgelassen wird. Es zwingt dich zu einer enormen Ehrlichkeit dir selbst gegenüber. Nur durch die Konfrontation mit deiner Schattenseite und durch deinen Mut, dich den unangenehmen Seiten zu stellen, kannst du den psychisch-seelischen Anteil der Abhängigkeit überwinden.

Dieses Buch behandelt nur die Abhängigkeit von Zucker. Es kann dir aber auch helfen, dich von anderen Süchten zu befreien, indem du das Wort »Zucker« durch das Wort deiner Sucht ersetzt. Aller-

Einführung

dings liegt jeder Sucht eine spezielle psychische Disposition zugrunde. Es hat einen ganz persönlichen Grund, warum jemand zu einer bestimmten Droge greift. Ein Zuckersüchtiger sucht das verlorene Paradies und möchte sich die Welt versüßen, ein Nikotinsüchtiger möchte eine Nebelwand zwischen sich und der Welt aufbauen und in seiner Scheinwelt bleiben, ein Alkoholiker betäubt seine Gedanken und sucht das schmerzfreie Vergessen. Welches deine Dispositionen sind, musst du, je nach Droge, selbst herausfinden. Hierbei können dir die Bücher von Rüdiger Dahlke oder Louise Hay helfen, in denen jedes körperliche Symptom und auch die Art jeder Sucht auf einer psychischen Ebene gedeutet werden.

Wenn du unter extremem Übergewicht leidest, liegt häufig eine zusätzliche Essstörung vor. Du solltest dann den Einstieg in dieses Programm von deinem Hausarzt, einer Ernährungsberaterin oder von einem Psychotherapeuten begleiten lassen. Es kann auch sein, dass die Arbeit im Programm dich mit Themen konfrontiert, bei denen du spürst, dass du sie schlecht alleine bewältigen kannst. Es ist wichtig, dir schon vor dem Einstieg in das Programm klar darüber zu sein, dass du eventuell weitere Hilfe benötigen wirst, und dir im Vorfeld zu überlegen, wen du ansprechen könntest.

Viele Passagen des Zuckersuchtprogramms richten sich an Frauen, weil ich vorwiegend Frauen mit diesem Problem erlebe. Falls du als Mann in das Zuckersuchtprogramm einsteigen möchtest, dann ersetze bitte die Passagen, die sich an Frauen richten, durch deine eigenen, männlichen Themen.

Die Grundtechniken

Wie dieses Buch zu benutzen ist · 1. Übung: Schreiben
2. Übung: Die Aufgaben · 3. Übung: Zeit der Fülle · Der Vertrag
Entzugserscheinungen · Wappne dich!

Wie dieses Buch zu benutzen ist

Wie du sicherlich schon ahnst, läuft das ganze Programm auf eine absolute Abstinenz von Zucker hinaus. Da dieser Schritt meist als bedrohlich erlebt wird, beginnen wir erst einmal mit einem Zeitabschnitt von zwölf Wochen, den du zum Bearbeiten dieses Buches benötigen wirst. Wahrscheinlich wirst du wesentlich länger im Programm leben müssen, bis du die Sucht wirklich überwunden hast. Aber jetzt fängst du erst einmal mit zwölf Wochen an und konzentrierst dich nur auf diesen Zeitabschnitt. Falls dir das zu lang erscheint, dann suche dir eine Zeitspanne aus, von der du denkst, dass du es schaffen könntest, in dieser Zeit zuckerfrei zu leben. Nimm dir aber nicht weniger als drei Wochen vor. Lies dir dann die Grundtechniken und das erste Kapitel durch, damit du weißt, worauf du dich einlässt, und schreibe dann in deinen Vertrag (siehe unten) die Anzahl der Wochen, mit denen du dich gut fühlst. Du kannst deinen Vertrag jederzeit verlängern.

Diese Zeitspanne ist für die meisten chronischen Zuckersüchtigen die längste zuckerfreie Zeit im Leben. Einige Tage schaffst du meistens mit Willenskraft, aber zwölf Wochen sind unglaublich lang für Suchtkranke. Weil hinter jeder Sucht viele verdrängte, unterbewusste Gedanken und Gefühle lauern, ist es wichtig, diese Zeit der Zuckerenthaltsamkeit mit den drei Grundübungen zu begleiten (dem Rettungsanker):

1. dem **Schreiben**, das den Kontakt zu deinem inneren Mentor herstellt,

2. dem Erfüllen der **Aufgaben**, die zuckerspezifische Themen behandeln, und

3. der **Zeit der Fülle**, durch die du lernst, die wahre Süße und Fülle des Lebens zu genießen.

Den Zucker einfach wegzulassen, heißt, den Rettungsring wegzuwerfen und aus einem Boot ins kalte Meer zu springen. Ich rate dir dringend, die drei Grundübungen anzuwenden – zusammen sind sie der notwendige Rettungsanker für dich.

Wenn du eine oder mehrere sehr gute Freunde oder Freundinnen hast, die auch von ihrer Zuckersucht gequält werden, dann ist es sinnvoll, dieses Buch in einer Gruppe gemeinsam durchzuarbeiten. Es ist eine große Unterstützung, diesen Weg in einer Gemeinschaft Gleichgesinnter zu gehen. Selbstverständlich muss alles, was in der Gruppe besprochen wird, vertraulich behandelt werden.

1. Übung: Schreiben

Die erste Grundtechnik ist ein Bewusstwerdungsprozess durch tägliches Schreiben, möglichst morgens, ungefähr drei DIN-A4-Seiten, handgeschrieben. Die Technik ist ganz einfach: Du kaufst dir einen Block oder ein Schreibheft, das dir gefällt, und schreibst einfach auf, was dir in den Sinn kommt. Dies ist kein Tagebuch! Es geht **nicht** darum festzuhalten, was du gestern erlebt hast, sondern nur das, was dir **jetzt**, in diesem Moment durch den Kopf geistert.

Die Grundtechniken

Meistens gibt es ein Haupttagesthema und mehrere Nebenthemen, die wie Endlosschleifen im Kopf rotieren. Wissenschaftler haben festgestellt, dass 60.000 bis 80.000 Gedanken am Tag durch unseren Kopf gehen. Das Erschreckende daran ist, dass etwa siebzig bis achtzig Prozent davon Wiederholungen sind. Dadurch, dass du diese Endlosschleifen zu Papier bringst, wirst du sie los.

Dies ist ein Reinigungsprozess für deinen Kopf. So kannst du dir diese Sätze ansehen und musst dich nicht mehr damit identifizieren. Das Schreiben erlaubt dir, dir deinen Gedankenwust bewusst zu machen und zu erleben, dass »es in dir denkt«. Du wirst erleben, dass nicht du es bist, der deine Gedanken erzeugt, sondern dass dein Gehirn endlos Gedanken und damit verbunden Gefühle produziert. Schreiben sortiert die Verwirrung. Durch Schreiben deckst du all das auf, was wie eine Hintergrundmusik den ganzen Tag summt. Durch Schreiben werden diese »Gedanken-Ohrwürmer« an die Oberfläche deines Bewusstseins gezogen. Schreiben ist ein intensiver Bewusstwerdungsprozess.

Beginne die ersten zwei bis drei Zeilen immer mit einem **Blitzlicht** auf den gegenwärtigen Moment. Notiere den Wochentag, das Datum, die Uhrzeit, den Ort, an dem du schreibst (»... in der Küche bei Regenwetter. Die Vögel zwitschern laut ...«) und einigen Worten zu deinem Körpergefühl oder Gemütszustand (»... fühle mich bleischwer und unbeweglich. Bin urlaubsreif!«). Reflektiere in diesen ersten zwei bis drei Zeilen das Hier und Jetzt und dein Grundlebensgefühl in diesem Moment.

Meist wird dir dann schon bewusst, was dein Hauptthema ist. Es geht nur darum, dir die Themen, die **jetzt** in deinem Kopf kreisen, bewusst zu machen und zu Papier zu bringen. Krame nicht in Erinnerungen von gestern herum, sondern schreibe nur den einen Gedanken auf, der gerade da ist. Zum Glück kannst du nur einen Gedanken auf einmal denken. Allerdings springt das Gehirn oft von einem Thema zum anderen. Schreibe dann einfach den angefangenen Satz zu Ende, und springe mit. Zwischen zwei Themen kannst du ein Kürzel machen, zum Beispiel einen Kreis oder einen Doppelstrich. Schreibe einfach alles auf, was du noch nicht einmal mit der besten Freundin besprechen würdest (die fände das viel zu öde und zu langatmig, weil du schon zum sechzehnten Mal über das gleiche Thema jammerst).

Wenn du dich zum ersten Mal auf diese Schreibtechnik einlässt, kann es passieren, dass du zu Beginn eine Blockade erlebst. Schreibe dann das auf, was gerade in dir ist, was du jetzt gerade wahrnimmst. Vielleicht fällt dir nur ein, dass du noch zwei Maschinen Wäsche waschen musst. Dann schreibe das auf. Wenn dir ganz und gar nichts einfällt, dann schreibst du zum Beispiel: »Mir fällt gerade nix ein.« Schreibe über deinen Widerstand gegen das Schreiben, deine Lust auf Süßes, über deine schlechte Laune und deinen blöden Chef. Schreibe alle Gedanken, alle Empfindungen und Wahrnehmungen auf, die dich beschäftigen. Irgendeinen Satz denkt der Denkapparat immer. Mach keine Pausen. Bleibe im Schreibfluss.

Schreiben ist wie ein Stoffwechselprozess, der eine Reinigung des Denkens zur Folge hat. Du lässt die Gedanken auf dem Papier raus, und sie kreisen nicht weiter so aufdringlich in deinem Gehirn herum. In Krisenzeiten lohnt es sich, ganz viel zu schreiben. Nimm dir dann noch Extrazeit, und schreibe all die Gedanken und Gefühle auf, die dich beschäftigen, bis du alles losgeworden bist. Du kannst die Seiten dazu benutzen, sie vollzuquatschen, vollzujammern, dich etliche Male zu wiederholen, langatmig zu erzählen, dich in Themen reinzusteigern, deine Wut rauszulassen, zu phantasieren und so richtig abzulästern. Alles ist erlaubt! Durch das Schreiben werden nach und nach alle deine Lebensbereiche beleuchtet.

Es kann sein, dass du zum ersten Mal die ganze Misere deiner Ehe betrachtest oder die Probleme, die du in deinem Beruf erlebst.

Die Grundtechniken

Schreibe weiter, auch wenn du dadurch »ein Fass aufmachst«. Oft weißt du vor dem Schreiben nicht, was eigentlich mit dir los ist, warum du dich so schräg oder übellaunig fühlst. Nach dem Schreiben weißt du es. Schreiben verändert etwas. Du gehst anders in das Schreiben hinein, als du aus dem Schreiben herausgehst. Schreiben hat einen hohen Wirkungsgrad – es verändert deinen Zustand jedes Mal. Das kannst du besonders dann bemerken, wenn du dich »schräg« fühlst. Nach dem Schreiben fühlst du dich wieder begradigt.

Wichtig: Zeige die Seiten, die du schreibst, NIEMANDEM! Verstecke sie so gut, dass du weißt, dass sie dort nicht gefunden werden. Oder mach deinen Familienmitgliedern klar, dass das Lesen deiner Seiten absolut tabu ist. Nur, wenn du absolut sicher bist, dass keiner deine Privatsphäre verletzt, kannst du dir erlauben, das aufzuschreiben, was keiner jemals lesen darf. Nur dann kannst du völlig ehrlich sein. Allein die Vorstellung, dass deine Kinder Jahre nach deinem Tod die Aufzeichnungen finden und lesen, verändert dein Schreiben. Lass das nicht zu. Diese Seiten sind nur für dich. Zeige sie niemandem. Die Seiten sind deine Vertrauten. Was du ihnen erzählst, geht niemanden etwas an.

Wichtig: Widerstehe der Versuchung zurückzublättern. Lies deine Seiten erst nach frühestens vier Wochen wieder durch. Schreibe einfach jeden Tag in dein Heft, so, als würdest du etwas ausscheiden, denn so ist es tatsächlich. Es geht nicht darum, etwas festzuhalten. Du kannst die Seiten gleich nach dem Schreiben auch wegwerfen. Du kannst die Hefte aber auch sammeln und aufbewahren, wenn du möchtest. Manchmal ist es interessant, nach Jahren zu lesen, wie bestimmte Lebensphasen waren. Entscheide selbst, wie du damit umgehen möchtest.

2. Übung: Die Aufgaben

In jedem Schritt wirst du mehrere Aufgaben innerhalb des Textes finden. Lies alle durch, und suche dir dann eine davon aus. Du kannst auch mehrere Aufgaben bearbeiten, wenn du willst. Nimm dir aber mindestens eine pro Woche vor. Nimm diejenige, die dich am meisten anspricht oder die du am meisten ablehnst, denn auch dann bist du betroffen. Du wirst bemerken, dass die anderen Aufgaben schon durch das Durchlesen in dir ein wenig arbeiten.

Es ist sinnvoll, den Tag, an dem du beginnst, in jeder folgenden Woche als Anfangstag für einen neuen Schritt (das nächste Kapitel) zu nutzen. Wenn du also an einem Freitag deinen Vertrag schreibst, beginnt dein erster Schritt für dich sofort. Am nächsten Freitag weißt du, dass du beim zweiten Schritt weitermachen solltest. Falls du an einer Aufgabe festhängst, sie nicht schaffst oder sie zu umfangreich war für deine Woche, dann hänge keine Tage dran, sondern steige - wieder am Freitag - in die nächste Woche ein. So entsteht ein Rhythmus, der dich zusätzlich durch diese Zeit des Programms trägt. Lies dir zu Beginn jeder Woche den nächsten Schritt durch, und bearbeite die Aufgabe in dem gleichen Heft, das du auch für dein tägliches Scheiben benutzt. Plane dafür etwa eine halbe Stunde extra pro Woche ein. Das Bearbeiten der Aufgabe ist nicht das Gleiche wie das Schreiben der Seiten, sondern eine zusätzliche Aufgabe, die dich mit bestimmten Themen konfrontiert.

3. Übung: Zeit der Fülle

Die dritte Grundtechnik ist wesentlich schwerer, auch wenn es sich wesentlich leichter anhört: Verbringe eine Stunde pro Woche qualitativ hochwertige Zeit mit dir ganz allein. Diese Zeit nennt sich »Zeit der Fülle«. In dieser Stunde darfst du tun und lassen, was du willst. Du darfst an ganz andere Sachen denken, als gewöhnlich - du hast frei.

Die Grundtechniken

»Verwöhnzeit!«, »Zeit für dich!«, »Genieße dein Leben!« und besonders »Lass dein Herz höher schlagen!« sind die Aufforderungen für
deine Zeit der Fülle. Auch im engsten Terminkalender kannst du
eine Stunde in der Woche unterbringen. In Wahrheit ist es so, dass
du es dir nicht leisten kannst, keine Zeit für deine Zeit der Fülle
übrig zu haben, sobald du im Zuckersuchtprogramm bist. Plane
deine Zeit der Fülle! Nimm sie so ernst, wie jeden anderen wichtigen
Termin, indem du dich zum Beispiel rechtzeitig um einen Babysitter
kümmerst. Überlege dir vorher, was du in dieser wertvollen Stunde
machen möchtest. Sieh es wie eine Art Kurzurlaub oder Miniferien
an. In dieser Zeit sollst du ganz bewusst etwas für dich tun. Es muss
nicht unbedingt Geld kosten. Es ist die Zeit, in der du dir dein
Leben ohne Zucker versüßt. Koste die Süße und die Fülle, die das
Leben dir bietet.

Was tust du gerne in deiner Freizeit? Was wolltest du schon immer
tun? Was macht dir Spaß? Wobei schlägt dein Herz höher? Was
inspiriert dich? Oder steht dir der Sinn mehr nach Aufregung, Abenteuer und nach neuen Entdeckungen? Es muss gar nichts Besonderes
sein, es kann sich in der Zeit der Fülle aber wie ein unerwartetes
Miniabenteuer anfühlen:

- mal durch Boutiquen bummeln – nur für dich (ohne daran
  zu denken, das fehlende Putzmittel einzukaufen) – und in die
  Läden gehen, für die du dir sonst keine Zeit nimmst (vielleicht
  ein Reisebüro, ein neues Café, ein Sportfachgeschäft, eine Par-
  fümerie)

- alleine Rollerskates fahren, dich ins Solarium legen oder ins
  Kino gehen, weil du das eigentlich liebst, dich aber noch nie
  allein getraut hast

- etwas machen, was dich schon immer interessiert hat (eine
  Ausstellung besuchen, dir eine Taucherausrüstung ansehen,
  Dessous anprobieren)

- ein Spaziergang im Rosengarten oder deinem Lieblingspark,
  wo dein Lieblingsbaum steht, um Kraft zu tanken

- Materialien kaufen und einfach das basteln, was du schon die ganze Zeit basteln wolltest

Es ist wichtig, diese Zeit ganz allein zu verbringen, weder mit einem Kind noch mit dem Partner oder der besten Freundin. Nur du mit dir! Freude und Erfüllung, nicht Nützlichkeit ist das Ziel dieser Stunde. Begegne dir selbst! Ein Zuckersüchtiger muss Schritt für Schritt lernen, die wahre Fülle und Süße des Lebens wiederzuentdecken. Dadurch, dass du nie gelernt hast, dir selbst lustvolle Minipausen zu schenken, entsteht ein großer Teil der Unzufriedenheit, die dich zur Droge Zucker greifen lässt.

Die Zeit der Fülle ist speziell für Zuckersüchtige wichtig, weil die Betroffenen große Schwierigkeiten haben, richtig zu genießen. Betrachte es als Übung für eines deiner Hauptprobleme: dich selbst gut zu versorgen. Du wirst sehen, dass es dir viel schwerer fallen wird, mit dir selbst eine verbindliche Verabredung zu einer Zeit der Fülle zu treffen, als irgendwelche Pflichttermine einzuhalten.

Meist fällt es Zuckersüchtigen schwer, sich selbst zu verwöhnen, ohne dabei sofort an Naschen und Essen zu denken. Ganz tief in der Seele vergraben sehnt sich jeder Zuckersüchtige nach Nähe zu sich selbst. Der Mangel an wundervoller Zeit mit dir ganz allein lässt ein Vakuum entstehen, dass du bisher mit Zucker gefüllt hast. Du versagst dir oft unbewusst deine Wünsche und greifst zu Ersatzbefriedigungen. Andere gut zu versorgen fällt dir wesentlich leichter, als dich um dich selbst zu kümmern.

Durch die Aufgaben und die Zeit der Fülle wirst du lernen, deine eigenen Wünsche und Bedürfnisse zu erkennen und Wege zu finden, sie zu erfüllen. Du lernst, für dich zu sorgen. Und das ist ein ganz wichtiger Punkt im Zuckersuchtprogramm. So muss dein unerfülltes Begehren nicht wieder zur Gier werden. Du lernst, in die Eigenverantwortung für dein Begehren zu gehen. Du wirst wahrscheinlich des Öfteren erleben, dass du dich selbst sabotierst, wenn

Die Grundtechniken

die Zeit der Fülle ganz für dich allein ansteht. Es könnte sein, dass die Zeit der Fülle dir richtig Spaß macht – und das macht Angst! Wenn du also dieses Buch durcharbeiten willst, musst du dir klar darüber sein, dass du zwölf Wochen lang abstinent von allen süßen Lebensmitteln und Getränken leben wirst (von allem, was süß schmeckt, auch wenn »zuckerfrei« draufsteht), dass du etwa eine halbe Stunde täglich für das Schreiben einplanen solltest, außerdem etwa eine halbe Stunde pro Woche für die Aufgabe und noch eine Stunde für die Zeit der Fülle. Zu diesen Techniken verpflichtest du dich durch einen handschriftlichen Vertrag mit dir selbst. Alle Punkte zusammen werden im Text »im Programm sein« genannt. Das Schreiben ist wie ein Ausatmungsvorgang, die Zeit der Fülle ist wie das Einatmen. Du brauchst beides für den Prozess, in den du dich durch das Erfüllen des Programms begibst.

Wenn du jemand bist, der sofort zündet, rate ich dir, gleich in das Programm einzusteigen, das heißt, gleich den Vertrag zu schreiben. Dann arbeitest du dich Schritt für Schritt vor mit all den Übungen und Vorschlägen, die darin enthalten sind. Dieses Programm wird mindestens zwölf Wochen dauern, da du für jeden Schritt etwa eine Woche brauchst und noch zwei Extrawochen eingeplant wurden.

Wenn du jemand bist, der nicht »die Katze im Sack kaufen will« und sowieso immer alle Bücher »erst mal durchliest«, um dann beurteilen zu können, »ob es etwas für dich ist«, dann sei gewarnt: Manchmal ist das eine Falle, die einem den Wind aus den Segeln nimmt. Vielleicht ist es aber auch einfach dein Weg, so damit umzugehen. Hauptsache, du arbeitest es dann auch wirklich durch und legst es nicht »für einen anderen Zeitpunkt deines Lebens« weg. Dies ist deine Chance! Jetzt! Nutze sie!

Der Vertrag

Diesen Vertrag handschriftlich abschreiben, unterschreiben, datieren und als Lesezeichen in dieses Buch legen:

- Ich, … (vollständiger Name), bin mir bewusst, dass dieses Programm Themen und Emotionen freilegen wird, die eine intensive Auseinandersetzung fordern. Ich bin mir bewusst, dass ich mich auf einen intensiven Erfahrungs- und Wandlungsprozess einlasse.

- Ich, … (Name), verpflichte mich, von heute an zwölf Wochen lang keine zuckerhaltigen Nahrungsmittel oder Getränke zu mir zu nehmen.

- Ich werde täglich schreiben und mich mit meiner Zuckersucht auseinandersetzen.

- Ich werde mich in Krisen daran erinnern, dass es andere Lösungswege gibt, als nach Süßem zu greifen, und dass ich diese anderen Wege jetzt sofort beschreiten kann.

- Ich werde die gestellten Aufgaben mit Gewissenhaftigkeit erfüllen.

- Ich werde in dieser Zeit gut auf mich achten, mich liebevoll behandeln und mir einmal pro Woche eine Zeit der Fülle schenken.

- Dazu verpflichte ich mich von heute an, und ich beginne ab jetzt mit dem Zuckersuchtprogramm.

… (Ort, Datum, Uhrzeit und vollständige Unterschrift)

Ende der zwölf Wochen: …

Die Grundtechniken

Lies diesen Vertrag noch ein zweites Mal sehr aufmerksam durch, und prüfe, ob du auch wirklich alle Punkte erfüllen kannst. Das ist wichtig. Bitte tue es jetzt sofort, nicht später.

Hast du ihn eben zum zweiten Mal durchgelesen? Wenn ja, dann bist du bereit für diese Arbeit. Dann ist dein Leidensdruck stark genug gewesen, um dich auf all die Anweisungen und die Arbeit einzulassen, die dieses Programm mit sich bringen wird. Wenn du einfach weitergelesen hast, ohne dieser ersten Aufforderung zu folgen, dann frage dich bitte, warum du diese Aufgabe nicht erfüllt hast und worin deine Ablehnung besteht. Es kann ein unterschwelliger Widerstand gegen irgendetwas an diesem Programm sein oder andere Gründe haben, die dich beeinflussen und schon jetzt nicht mitarbeiten lassen wollen. Mach dir bitte erst klar, was es ist, und entscheide dann erneut, ob du dieses Zuckersuchtprogramm wirklich machen möchtest. Das Programm ist kein Zuckerschlecken! Es gräbt tief und fordert einiges von dir. Es kann dich von deiner jahrelangen Sucht befreien, aber es erfordert deine konsequente Mitarbeit.

Jetzt, nachdem du den Vertrag gelesen hast, spürst du vielleicht schon, wohin die Reise geht. Du spürst, dass vor dir ein Wald liegt, in dem ein wilder Mann wohnt, ein Riese oder Räuber. Und du musst durch diesen Wald hindurchgehen. Es fühlt sich gefährlich und aufregend an. Du hast Angst und möchtest dich vielleicht verstecken. Dennoch weißt du, dass es an der Zeit ist, sich dieser Aufgabe zu stellen. Du musst dich der Gefahr stellen, die im Wald lauert. Und du weißt auch, dass alles anders sein wird, wenn du durch diesen Wald hindurchgegangen bist. Eigentlich weißt du, dass du dich schon lange davor gedrückt hast. Jetzt ist die Zeit reif, den Wald zu betreten. Dieser besondere Moment ist jetzt da! Der erste Schritt ist die Hälfte des Weges, weil es so viel Mut erfordert, diesen ersten Schritt zu tun. – Und warum das alles? Warum sollst du eigentlich allein durch diesen Wald hindurch und dich dem wilden

Mann stellen? Weil tief in deinem Inneren das Wissen verborgen ist, dass hinter dem Wald das Königreich liegt, nach dem du dich sehnst und zu dem du schon so lange willst. Es lohnt sich!

Entzugserscheinungen

Du hast Zucker jahrelang wie ein Pflaster benutzt und damit deine inneren Wunden abgeklebt. Durch den Zuckerentzug wird das Pflaster abgerissen. Jahrelang hast du Zucker als Betäubungsmittel benutzt. Durch den plötzlichen Entzug wirst du mit den Empfindungen, die du sonst mit Zucker betäubt hast, konfrontiert. Themen kommen zum Vorschein, die unangenehm sind. Daher ist das Programm so wichtig. Es ist dein notwendiger Schutz für diese kritische Zeit des Entzuges. In jeder Woche werden Aufgaben gestellt, die zuckersuchtspezifische Themen an die Oberfläche holen und beleuchten. Das ist gut, und es ist wichtig, damit zu arbeiten, wenn du von der Sucht geheilt werden will. Im Programm zu sein heißt, dich für die Konfrontation zu entscheiden und die Bearbeitung deiner persönlichen Themen auf dich zu nehmen – und das ist wirklich Arbeit. Zuckerabstinenz alleine genügt nicht. In den ersten Tagen und Wochen kann es zu Krisenzeiten kommen, in denen du glaubst, dass du es ohne Zucker nicht aushältst. Dann erinnere dich an folgenden Satz, den du unterschrieben hast:

»Ich werde mich in Krisen daran erinnern, dass es andere Lösungswege gibt, als nach Süßem zu greifen, und dass ich diese anderen Wege jetzt sofort beschreiten kann.«

Vielleicht kannst du die Krise nicht sofort lösen und das Problem nicht sofort aus der Welt schaffen, aber du kannst dir in jedem Moment klarmachen, dass Zucker dir nicht helfen wird, das Problem zu lösen, im Gegenteil. Du kannst dich daran erinnern, dass in diesem Programm andere Wege aufgezeigt werden, damit umzugehen,

Die Grundtechniken

auch wenn du sie zurzeit noch nicht kennst. In diesem Moment weißt du, dass du an einer Weggabelung stehst. Entscheide dich dann, den Weg aus der psychischen Abhängigkeit zu gehen und nicht den alten Weg der Sucht einzuschlagen. Der alte Weg führt dich in eine Sackgasse ... und du weißt es!

Zuckersucht ist ein unerforschtes Gebiet, daher sind meine Einteilungen in die verschiedenen Zuckersuchtgrade in der Einführung keine allgemeingültigen Richtlinien, sondern haben sich vielmehr aus meinen Erfahrungen herauskristallisiert. In den Kursen habe ich festgestellt, dass die Teilnehmer den Entzug sehr unterschiedlich erleben. Hier gibt es alle Stufen zwischen »es macht mir gar nichts aus« bis »es ist die Hölle«. Süchtige können meist ganz gut selbst einschätzen, wie stark der Grad ihrer Abhängigkeit ist. Wenn einige der folgenden Beschreibungen über Entzugserscheinungen nicht auf dich zutreffen, dann freue dich, dass du nicht durch die Hölle des Entzuges musst.

Bei einer starken Abhängigkeit von Zucker musst du wissen, dass die schlimmsten Tage der Zuckerabstinenz die ersten drei Tage sind. Du wirst zusätzlich zu der psychischen Abhängigkeit mit all den körperlichen Symptomen konfrontiert, die der Blutzuckerabfall bewirkt. Diese Symptome werden im 1. Schritt unter »Reinigungsprozess« noch einmal ausführlich beschrieben. Die gute Nachricht: Spätestens nach einer Woche ist die körperliche Abhängigkeit überwunden. Die schlechte Nachricht: Ich vermute, dass die körperliche Abhängigkeit nur zwanzig bis dreißig Prozent der Sucht ausmacht und siebzig bis achtzig Prozent der Abhängigkeit psychisch-seelischer Natur sind. Noch eine gute Nachricht: Sobald du den Vertrag unterschrieben hast, befindest du dich im Programm und auf dem Weg aus der Abhängigkeit. Du hast den ersten Schritt getan.

Beobachte an dir selbst, wie sich der Zuckerentzug auswirkt, und schreibe alles auf. Lobe dich für jeden zuckerfreien Tag. Konzentriere dich zu Beginn einfach nur auf den einen Tag, der vor dir liegt. Das tust du Tag für Tag, Schritt für Schritt. Nicht jeder hat die gleichen Symptome. Wahrscheinlich wirst du eine erhöhte Gereiztheit feststellen, den häufigen Impuls, nach Naschzeug zu suchen, vielleicht hast du Schlafstörungen oder wirst extrem kribbelig. Manchmal bist du vielleicht depressiv und todtraurig, dann wieder in einer fast manischen Hochstimmung. Vielleicht macht es dir auch gar nichts aus, auf Zucker zu verzichten. Alles ist möglich. Registriere einfach alles wie ein Wissenschaftler. Wenn dir der Verzicht schwerfällt, dann sage dir: Nach drei Tagen wird es einfacher.

Einige Tage später werden dich andere Symptome quälen. Beobachte auch hier, wann und in welchen Situationen du die stärksten Impulse hast, nach Naschzeug im Haus zu suchen. Eventuell musst du dir ein paar Ersatzlebensmittel kaufen, wie salziges Knabberzeug, Nüsse, Obst oder Käse. Achte bei der Zutatenliste darauf, dass keine Zuckeranteile enthalten sind. Frisches Obst ist verträglich. Es macht nicht zuckersüchtig. Trockenfrüchte oder Säfte solltest du dagegen unbedingt meiden. Einzige Ausnahme: ganz frisch gepresste Obst- und Gemüsesäfte. Säfte, die schon längere Zeit lagern, scheinen ihre Zuckerzusammensetzung zu verändern, so dass du davon einen Rückfall bekommen kannst, auch wenn »100% frisch gepresster Saft« oder »zuckerfrei« auf der Flasche steht.

Das Wort Zuckersucht ist in Deutschland (Stand 2008) noch fast unbekannt und im Internet finden sich Artikel von Medizinern, in denen die Existenz der Zuckersucht angezweifelt wird. Ich kann daher nicht beweisen, dass es bei dieser Sucht verschiedene Stadien der Abhängigkeit gibt. Aber ich vermute, dass es so ist. Von einer zuckersüchtigen Frau habe ich im Internet gelesen, dass sie so hochgradig abhängig ist, dass sie auch auf Weißmehlprodukte verzichten muss.

Kein Wunder, denn Weißmehl ist, wie Zucker, ein extrem bearbeitetes Lebensmittel.

Die Grundtechniken

Diese schnell verwertbaren Kohlehydrate, auch »isolierte« oder »einfache« Kohlehydrate genannt, können Heißhungerattacken auslösen, da sie kurzfristig den Blutzuckerspiegel hochtreiben, der danach stark absinkt und somit ein Hungergefühl auslösen kann. Eine kurze Zusammenfassung dieser körperlichen Vorgänge findest du im dritten Schritt unter dem Kapitel »Der Jieper hört nicht auf«. Wenn du mehr darüber erfahren möchtest, wie Zucker und Weißmehl im Körper wirken, empfehle ich die Bücher von Dr. Bruker.

Auch andere bearbeitete Lebensmittel, wie zum Beispiel weißer Reis oder überzüchtete Früchte, selbst die kleinsten Mengen Alkohol, wie sie sich in Arzneimitteln befinden, die tropfenweise eingenommen werden, oder die homöopathische Zuckermenge eines Globuli, sind für hochgradig Zuckersüchtige unverträglich. Suchterzeugende Stoffe, wie Kaffee oder Schwarztee, Glutamat oder andere Geschmacksverstärker, lösen bei einer extremen Zuckersucht die gleichen Symptome aus, die sonst nur von Zucker ausgelöst werden. Wenn du zu dieser Gruppe gehören solltest, musst du intensiv auf die Zutatenlisten der Lebensmittelpackungen achten, um versteckte Zuckeranteile aufzudecken und Bezeichnungen wie Isoglukose, Saccharose oder Dextrose als Zucker zu entlarven.

Den Grad deiner Süchtigkeit musst du selbst klassifizieren. Falls du dir nicht sicher bist, kannst du genau auf deine Körperreaktionen achten. Dadurch erhältst du ein untrügliches Sensorium, bei welchen Lebensmitteln du reagierst.

Es ist in den ersten Tagen der Zuckerabstinenz wichtig, ganz konsequent extreme Ernährungsmaßstäbe anzuwenden, um ein gutes Sensorium zu entwickeln. Es besteht nämlich die Gefahr, dass dein körperliches Zuckerbedürfnis nicht aufhört, wenn du nicht alle Möglichkeiten eliminierst. Du musst erst einmal herausfinden, wie hoch der Grad deiner Abhängigkeit ist. Setzte ihn lieber nicht zu tief an, denn dann bist du rückfallgefährdet. Nach einigen Tagen

wirst du selbst herausfinden, ob du zum Beispiel noch eine Fertig-
pizza (aus Weißmehl und meist mit Geschmacksverstärkern) verträgst – oder nicht. Wenn du nicht sicher bist, ob du hochgradig
abhängig bist oder nur »normal« abhängig, dann probiere frühestens
nach einer Woche mit wenigen kleinen Bissen aus, ob du Weißmehlprodukte ohne nachfolgenden Jieper verträgst. Durch das
Schreiben werden dir deine persönlichen Entzugssymptome immer
mehr bewusst werden.

Noch ein Tipp: Manchmal ist es ratsam, alle Süßigkeiten aus deinem
unmittelbaren Umfeld zu entfernen, bevor du mit dem Programm
beginnst. Wenn du noch Süßes zu Hause hast, solltest du alles vernichten (nicht aufessen, sondern in den Müll werfen) oder verschenken. Du kannst diesen Wendepunkt auch wie ein Ritual gestalten,
indem du die »letzten Süßigkeiten« ganz bewusst vernichtest.

Wappne dich!

Noch etwas: Es gibt eingefahrene Gewohnheiten, zum Beispiel das
Popcorn im Kino, das Spezi zur Pizza, den Keks zum Kaffee. Diesen Gewohnheiten musst du gewappnet gegenübertreten, das heißt,
du musst wissen, dass du ab jetzt bestimmte Aktivitäten anders machen willst als zuvor. Wenn dir das schwerfällt, meide all diese Situationen mit ihren eingefahrenen Gewohnheiten, bis du weißt, dass
du gewappnet bist und dich innerlich auf die Veränderung einge-
stellt hast. Nach dieser Umstellung kannst du all das wieder tun –
nur ohne Zucker: Du gehst ins Kino und konsumierst nur den Film,
du bestellst ein Mineralwasser zur Pizza und trinkst den Kaffee ohne
Keks.

Und hier die guten Aussichten: Vielleicht wird irgendwann die Zeit
kommen, in der du wieder normal mit Zucker umgehen kannst.
Bei einer Freundin von mir hat es sieben Jahre gedauert. Sie hat

Die Grundtechniken

sieben Jahre auf jeden Zucker verzichtet und ist jetzt so weit, dass sie den Zucker dosieren kann, ohne wieder davon abhängig zu werden. Sie kann rechtzeitig aufhören. Zucker wirkt nicht mehr wie eine Droge bei ihr.

Ich schreibe das nur, um dich zu trösten, denn »totaler Verzicht« klingt zu Beginn so erschreckend. Aber du wirst sehen, all das ändert sich grundlegend. Ich selbst bin seit Februar 2007 im Programm. Ich weiß nicht, wann und ob ich jemals so weit sein werde, normal mit Zucker umgehen zu können. Noch spüre ich, dass ich rückfällig werden würde, wenn ich wieder anfangen würde, Zucker zu essen, also lasse ich es einfach. Und das Unglaubliche daran ist: Ich vermisse es nicht. Ich brauche die Hoffnung als Trost nicht mehr, »vielleicht irgendwann einmal wieder normal mit Zucker umgehen zu können«. Es macht mir nichts aus, Zucker wegzulassen. Ich habe noch nicht einmal Appetit darauf. Der Zuckerverzicht ist so leicht, dass es kein Verzicht mehr ist. Ich esse einfach keinen Zucker mehr ... und es ist wirklich ganz einfach. Unglaublich, nicht wahr? Genau diese Erfahrung wirst du, wenn du lange genug in Programm bist, auch machen. Es ist kein Verzicht mehr – einfach nur eine Befreiung von einem jahrelangen Zwangsverhalten.

1. Schritt:

Die inneren Stimmen

»Ich gebe zu, zuckersüchtig zu sein.« · »Ich gebe zu,
machtlos gegen die Sucht zu sein.« · Lebenslanger Zuckerverzicht
Das innere Kind an der Hintertür · Desidentifikation und Fallen
Reinigungsprozess

»Ich gebe zu, zuckersüchtig zu sein.«

Dieses Eingeständnis ist der erste Schritt, den jeder Süchtige gehen muss. Es ist auch der erste Schritt der Anonymen Alkoholiker. Das krankhafte Handeln eines Zuckersüchtigen ist mit dem eines Alkoholikers vergleichbar. Du wirst von dem Drang gepackt, Zucker zu essen, und du bist verdammt weiterzuessen, ohne Rücksicht auf die Signale deines Körpers. Dieses Verhalten ist anders als bei »normalen«, »unabhängigen« Menschen. Du kannst nicht ein oder zwei Stücke Schokolade essen und in den nächsten Tagen mit dem Rest der Tafel genauso weiter verfahren. Du musst, wenn du sie geöffnet hast, alles aufessen. Du verlierst die Kontrolle. Du hast schon lange den Zugang zu normalem Appetit verloren, weil du seit Jahren tagtäglich die gewohnte Menge an Süßigkeiten zu dir nimmst. Manchmal überfallen dich Fressattacken, bei denen du Unmengen verschlingst, bis dir schlecht wird. Deine »normale tägliche Zuckerration« ist so hoch, dass du es vor allen verheimlichst. Schamgefühle und Selbstvorwürfe begleiten dein Leben.

Der erste Schritt ist, dir selbst die Wahrheit zu sagen: »Ich bin zuckersüchtig! Ich akzeptiere die Tatsache, dass Zucker bei mir die Auswirkung hat, dass ich mehr davon esse, als ich wirklich will. Ich kann das Naschen nicht lassen. Zucker ist eine Droge, und ich bin abhängig von der Droge Zucker.«

»Ich gebe zu, machtlos gegen die Sucht zu sein.«

Bisher hast du viele Methoden entwickelt, vor dir selbst zu leugnen, dass du machtlos bist. Du hast dir diverse Hintertüren offen gehalten, die Folgendes zum Inhalt hatten: »Vielleicht ändert sich X (mein Körper/mein Suchtverhalten/das allgemeine Schönheitsideal/mein Übergewicht) irgendwann durch irgendetwas, so dass ich dann doch wieder Süßes essen kann, so viel ich will.«

Dadurch, dass du deine Sucht als Tatsache akzeptierst, hörst du auf, dich selbst zu betrügen. Kannst du mit dem folgenden Satz leben? »Ich akzeptiere, dass ich nach vielen erfolglosen Versuchen wieder an dem bekannten Punkt stehe: Ich kann mein Verhalten dem Zucker gegenüber nicht ändern. Daher akzeptiere ich die Tatsache, dass ich keinen Zucker mehr essen kann, wenn ich vom Teufelskreis der Sucht befreit werden will.«

Wichtig ist, dass du das wirklich als Tatsache akzeptierst. Du kannst keinen Zucker mehr essen, wenn du befreit werden willst! Es geht nicht darum, etwas nicht mehr zu dürfen, dir quasi ein Verbot aufzuerlegen. Jedes Verbot wird in dir die Gefühle von Mangel und Verzicht entstehen lassen, die zwangsläufig eine Gegenkraft aufrufen. Der Teil deiner Persönlichkeit, der all das Leid der jahrelangen Sucht erlitten hat, muss erkennen, dass du keinen Zucker mehr essen kannst, wenn du befreit sein willst. Du musst als oberstes Ziel die Befreiung von der Sucht erkennen. Das Programm darf nicht Mittel

1. Schritt: Die inneren Stimmen

zum Zweck werden, indem dein oberstes Ziel zum Beispiel der ersehnte Gewichtsverlust ist. Nur indem du die Befreiung von der Sucht als Ziel erkennst, wird der Verzicht auf Zucker nach einer Zeit im Programm keine Gegenkraft mehr auf den Plan rufen.

Erinnere dich daran, dass es andere Wege gibt, das Mangelgefühl zu befriedigen, auch wenn du diese Wege jetzt noch nicht kennst. Aber du stehst am Anfang dieses neuen Weges. Durch die Arbeit im Programm wirst du neue Wege entdecken, und bis dahin hältst du einfach den Mangel aus, selbst wenn es Momente gibt, in denen der Jieper dich so stark beutelt, dass du glaubst, den Mangel nicht aushalten zu können. Erinnere dich daran, dass es nur eine Welle ist, wie eine Wehe, die wieder verebben wird.

Kannst du erkennen, dass die Sucht dich in eine Sackgasse führt, vielleicht sogar zu einem frühzeitigen Tod? Wie geht es in den nächsten Jahren weiter? Spiele es in deiner Phantasie durch! Wie viel wiegst du in zehn Jahren, wenn keine Diät mehr hilft? Wie sehen deine Zähne, dein Bauch, deine Arme, deine Beine, deine Verdauung, deine Krampfadern, deine Bauchspeicheldrüse dann aus? Wie fühlst du dich mit so viel Übergewicht? Wie begegnest du deinen Mitmenschen? Wie beeinflusst dein Übergewicht deine Sexualität? Was ist in weiterer zehn Jahren?

Bevor du diese Entwicklung nicht akzeptierst, bleibst du in der Verleugnung gefangen. Du willst bis zum letzten Moment nicht wahrhaben, dass du machtlos gegenüber dem Zucker bist und dass du dein Essverhalten nicht im Griff hast. Das ist normal. Verdrängung und Widerstand, Leugnung und Selbstbetrug gehören zur Sucht. Doch nun hast du die Chance, aus diesen Mechanismen auszusteigen.

Wie du vielleicht weißt, ist dieser zweite Satz, »Ich gebe zu, machtlos gegen die Sucht zu sein«, auch der Satz, den die Anonymen

Alkoholiker in ihrem Programm als zweiten Schritt verwenden. Der Weg, den die AAs gehen, ist ein sehr spiritueller Weg. Sie setzen ihr ganzes Vertrauen auf Gottes Hilfe. Indem sie sich ihre Machtlosigkeit eingestehen, schaffen sie Raum für eine Hilfe ganz anderer Art. Auch im Zuckersuchtprogramm erhältst du eine spirituelle Unterstützung, die dich auf deinem Weg aus der Sucht Schritt für Schritt begleiten wird. Diese Hilfe wird »der innere Mentor« genannt, der durch das tägliche Schreiben geweckt wird. Wie das genau funktioniert, wird im 2. Schritt erklärt. In der ersten Woche solltest du die Schreibtechnik so anwenden, wie sie bei den Grundübungen beschrieben wurde, damit du dich an das Schreiben deines Gedankenflusses gewöhnen kannst. Alles Weitere kommt später.

Je mehr du erkennst, wie krankhaft dein zwanghaftes Verhalten ist, desto klarer wird dir, dass es beim Ausstieg aus deiner Sucht nicht darum geht abzunehmen. Je intensiver du erfährst, wie süchtig und wie hilflos du bist, desto mehr sehnst du dich danach, von dieser Krankheit geheilt zu werden. Es muss so weit gehen, dass du bereit bist, im Programm zu bleiben, auch wenn du dabei kein Gramm verlierst. Du bleibst im Programm, weil du als stark Süchtiger unendlich viel Leid erfahren hast und weißt, dass der Zucker nach und nach dein Leben zerstören wird – nicht nur deine Gesundheit, sondern dein gesamtes Leben.

Wenn du zugibst, dass du das Problem nicht alleine meistern kannst, schaffst du Platz für das Programm, das dich aus dem Teufelskreis herausführen wird. Du benötigst nicht *mehr* Willen oder *mehr* Disziplin, *mehr* Macht über dich, *mehr* Kontrolle, *mehr* Anstrengung oder noch *mehr* harte Versuche. Du brauchst nur zuzugeben, dass du keine Kontrolle mehr hast. Vorher wirst du nicht bereit sein, völlig abstinent zu sein. Du wirst weiter wie ein Hamster im Rad rennen und den Hinterausgang suchen, um irgendwann wieder Zucker essen zu können. Erst wenn du bereit bist, abstinent zu sein und im Programm zu arbeiten, wirst du die Krankheit zum

1. Schritt: Die inneren Stimmen

Stillstand bringen und ein glückliches, erfolgreiches und produktives Leben führen können. Du wirst dann endlich von den quälenden Versager-, Schuld- und Schamgefühlen befreit sein, die die Sucht täglich in dir erzeugt.

Zuckerabstinenz und die Arbeit mit dem Programm sind nicht leicht. Wenn du genug Wege ausprobiert hast, bist du vielleicht so weit, denen zuzustimmen, die herausgefunden haben, dass es keinen leichten Weg aus dieser Krankheit gibt. Erst dann bist du bereit, die Arbeit im Programm auf dich zu nehmen, wenn du dir jeden Tag klarmachst, dass du zuckersüchtig und dadurch machtlos bist – wenn du weißt, dass du das Programm brauchst. Du bleibst im Programm, weil es deine Hilfe in der Not ist. Es ist keine Bürde, sondern es befreit dich von einer vielleicht jahrzehntelangen Last.

➤ *Aufgabe: Bestandsaufnahme*

Leider vergisst du im Lauf der Wochen, wenn du von den Entzugserscheinungen befreit bist, wie es dir mit deiner Sucht ergangen ist. Im schlimmsten Fall verdrängst du es so sehr und fühlst dich so pudelwohl, dass du einen Rückfall nicht mehr als bedrohlich bewertest. Es ist leider so, dass du umso gefährdeter bist, wieder rückfällig zu werden, je besser du dich ohne Zucker fühlst. Daher ist eine Bestandsaufnahme wichtig, um immer wieder nachlesen zu können, wie schrecklich diese Zeit der Sucht wirklich war.

Schreibe auf, seit wann du zuckersüchtig bist, wie, wann und wobei du Naschattacken bekommst, wie es dir beim Verzehr geht – und wie danach. Sei genau. Wie viel hast du damals gewogen, als du noch nicht zuckersüchtig warst? Wie viel wiegst du heute? Gab es eine oder mehrere Phasen in deinem Leben, nach der bzw. denen du kontinuierlich an Gewicht zugenommen und extrem viel Süßes gegessen hast? Welche Umstände (meist sind es mehrere) haben dazu geführt?

Welches ist dein Lieblingsnaschi, welches deine häufigste Naschsituation? Welches Suchtverhalten hast du? Wandern deine Gedanken häufig zu den Süßigkeiten, bevor du sie naschst, oder überfällt dich der Naschhunger schlagartig und unkontrolliert? Versteckst du Süßigkeiten? Legst du Vorräte an? Bist du ein Kontrollverlustnascher (2. Stufe) oder ein Pegelnascher (3. Stufe). Welche Mengen konsumierst du täglich? Welches sind deine Spitzenmengen? Wie fühlt sich dein Bauch dann an? Wie ändert sich dein psychischer Zustand nach dem Verzehr von Süßem? Wie dein Selbstwert? Welche Kuren, Diäten oder anderen Methoden hast du schon ausprobiert, um abzunehmen? Quälst du dich mit Selbstvorwürfen? Wie sieht dein heimliches Naschen aus? Hast du dich schon bestraft für dein Verhalten? Wann, wie, wo, wie oft? Hast du ein Geheimnis in Bezug auf dein Suchtverhalten?

Wenn du alles genau beschrieben hast, kennzeichne den geschriebenen Text am Rand mit einem roten Strich. Bewahre diesen Text auf. Du wirst ihn eventuell später noch einmal benötigen. Falls dir im Laufe der nächsten Tage noch weitere Situationen einfallen, ergänze deine Bestandsaufnahme.

➤ *Aufgabe: Bild von dir beim Naschen*

Zeichne dich in deiner häufigsten Naschsituation. Zeichne, wie du gerade das Zuckerzeug verdrückst! Probiere es, auch wenn du nicht gut zeichnen kannst. Es muss nicht gut aussehen. Es ist wichtig, dass du einen Blick auf dich wirfst, wie du den Kram in dich reinfutterst. Dich zu sehen, ist ein ganz anderes Erleben, als dich zu beschreiben. Klebe oder hefte das Bild unter deine Bestandsaufnahme. Zucker ist dein Lieblingsverdrängungsmittel. Mache dir klar, dass du dich immer dann in die Person auf deinem Bild verwandelst, wenn du etwas verdrängst. Was du verdrängst, wirst du im Laufe der nächsten Wochen herausfinden.

1. Schritt: Die inneren Stimmen

Lebenslanger Zuckerverzicht

Aus den bisherigen Ausführungen kannst du herauslesen, dass Zuckersüchtige sehr lange komplett auf die Droge verzichten müssen, auch wenn das Programm auf zwölf Wochen begrenzt ist. Sofort drängen sich dir die Worte »lebenslanger Zuckerverzicht« auf, und lebenslanger Zuckerverzicht ist eine schreckliche Aussicht für einen Zuckersüchtigen. Es fühlt sich an, als würde ein Hahn zugedreht werden, der dich mit lebenswichtigem Stoff versorgt. Panik steigt auf. Schon anhand dieser Reaktion kannst du ablesen, wie stark der Zucker etwas mit deiner Psyche zu tun hat und als Ersatz für etwas ganz anderes steht. Du würdest keine Panik bekommen, wenn Obstverzicht oder der Verzicht auf Currygerichte anstünde. Aber schon das Wort »Zuckerverzicht« löst oft immense unterschwellige Angst aus, so dass instinktiv alle Alarmglocken angehen.

Aus diesem Grund wurde das Programm zu Beginn auf zwölf Wochen beschränkt. Wichtig ist, dass du erst einmal diese Stufe erreichst: zwölf zuckerfreie Wochen. Dadurch hast du die Chance zu erleben, wie gut du auch ohne Zucker auskommen kannst und wie wohl du dich ohne Zucker fühlst. Natürlich wird nach Ablauf dieser Zeit empfohlen, das Programm zu erweitern. Aber zu Beginn musst du dich auf diese zwölf Wochen fixieren, damit du nicht wie vor einem unüberwindlichen Berg stehst.

Allerdings will ich dir auch nichts vormachen. Die Tatsache, dass Süchtige den Suchtstoff für lange Zeit meiden lernen müssen, steht schon im Vorwort. Bei einigen Sätzen, die du bis zu dieser Stelle gelesen hast, hat wahrscheinlich schon deine Alarmglocke geläutet. Aus diesem Grund solltest du dich jetzt mit dem Thema eines langen, vielleicht jahrelangen Zuckerverzichts auseinandersetzen: die Panik vor dem lebenslangen Zuckerverzicht.

Frei von Zuckersucht

➤ *Aufgabe: Die Panik beschreiben*

Schreibe über deine Angst, deine Abwehr, deinen Widerstand, deinen wütenden Trotz oder andere Gedanken und Gefühle, die dir bei der Aussicht auf einen jahrelangen oder gar lebenslangen Zuckerverzicht in den Sinn kommen. Was ist so schlimm an dieser Aussicht, dass du es kaum aushalten kannst? Welcher Gedanke erschreckt dich am meisten? Ist es das innere Wissen, dass du Zucker seit Jahren als Tranquilizer benutzt und diese Beruhigungsspritzen jetzt aufhören? Hast du Angst, es könnte etwas Unangenehmes hochkommen? Hast du Angst vor Gefühlen, die dich überwältigen könnten, wenn du den Zucker nicht mehr hast, um dich aus einem Tief in eine Hochstimmung zu schaukeln? Wovor hast du mehr Angst: vor dem Zuckerverzicht oder davor, es nicht zu schaffen? Auf was musst du verzichten? Was macht dich bei dem Thema wütend? Was ist dir peinlich?

Meistens sind es viele verschiedene Emotionen, die dich bei diesem Thema überfluten. Schreibe sie alle auf.

Bedenke, dass Zuckerverzicht bedeutet, dass du dich ganz von der süßen Geschmacksrichtung abwenden musst. Es gibt viele Ersatzstoffe, die heute im Handel sind. Das ist eine Falle, die dich nicht von der Zuckersucht befreit. Auch Aspartam, Stevia, Honig, Rohrzucker und Trockenfrüchte sind Fallen, die du meiden solltest, auch wenn sie »wesentlich gesünder« sind. Es geht nicht um eine gesündere Lebensweise oder um Kalorienreduktion, es geht um das Aussteigen aus einem jahrelangen zwanghaften Suchtverhalten.

➤ *Aufgabe: Den Gewinn beschreiben*

Beschreibe alles Positive, was aus deinem Zuckerverzicht entstehen könnte. Wie wirst du dich fühlen? Was gewinnst du dadurch? Worauf freust du dich?

Ganz sicher ist: Du wirst durch das Programm in einen Prozess einsteigen, der sowohl unangenehme Erfahrungen mit sich bringen wird als auch viel Freude, Spaß und Glücksempfindungen. Dies wird

1. Schritt: Die inneren Stimmen

ein einschneidender Schritt in deinem Leben sein, und das weißt du. Wahrscheinlich spürst du das schon die ganze Zeit, seit du in Kontakt mit dem Zuckersuchtprogramm gekommen bist. Keiner sagt, dass es leicht sein wird, aber eins ist sicher: Es lohnt sich hundertprozentig, diesen Weg einzuschlagen. Bist du dazu bereit?

Das innere Kind an der Hintertür

Es gibt eine Instanz in dir, die auf gar keinen Fall für immer auf Zucker verzichten möchte. Sie wehrt sich mit aller Kraft dagegen, als ginge es um eine absolut existenzielle Angelegenheit. Wie du im Laufe der Arbeit im Programm sehen wirst, ist es auf einer psychisch-emotionalen Ebene tatsächlich existenziell. Wir brauchen tatsächlich etwas, aber wir haben Zucker als Ersatzstoff gefunden, und jetzt müssen wir herausfinden, wie wir in die Heilung der alten Geschichten kommen, ohne auf diesen Ersatz angewiesen zu sein. Du wirst Schritt für Schritt lernen, den Ersatzstoff Zucker zu ersetzen, und dennoch zufrieden sein, so dass du nach und nach ohne die Ersatzbefriedigung auskommen kannst. Dazu dienen die Aufgaben, das Schreiben und die Zeit der Fülle.

Die Instanz, die sich gegen den totalen Zuckerverzicht wehrt, macht sich immer vor, dass sich demnächst etwas ändern wird oder dass die Abstinenz nur eine Phase ist, so dass du bald wieder Zucker essen kannst. Sie sagt dir, dass Zuckerfasten nur eine Zeitspanne ist, wie Luftanhalten unter Wasser. Du tauchst durch und kannst wieder Luft holen. Tatsächlich fühlt es sich für diesen Persönlichkeitsanteil wie Ersticken an, wenn sie von »totaler Zuckerabstinenz« hört.

Das ist die Hintertür, die du in dir erkennen musst. Sieh sie dir urteilsfrei an. Der Persönlichkeitsanteil, der da mit panischer Angst reagiert, hat schon seinen Fuß in die Hintertür geklemmt, damit du sie nicht zuschlagen kannst.

Der Anteil, der den Fuß in die Hintertür geklemmt hat, ist das innere Kind. Es kann nur mit Ohnmacht, namenloser Angst, totalem Rückzug oder ähnlichen fundamentalen Emotionen reagieren. Meist hat das innere Kind noch keine Worte, mit denen es sich artikulieren kann. Dieses innere Kind braucht den Zucker, wie das Baby die süße Muttermilch braucht. Die Aussicht, ihn nicht mehr zu bekommen, löst solche Ängste aus, dass es am liebsten weinen möchte.

In jedem von uns sitzt ein Anteil, der im übertragenen Sinn nicht »genug Muttermilch« bekommen hat, nicht die nötige Zuwendung, die Liebe und Aufmerksamkeit, die wir als Säuglinge oder Kleinkinder gebraucht hätten. Wenn ein Kleinkind »Mam-Mam« möchte, ist da nicht nur das Bedürfnis nach Mama, sondern nach süßer Nahrung, nach süßer Milch, nach süßem Brei. Der Persönlichkeitsanteil des inneren Kindes ist eng verwoben mit deiner Sucht nach Süßem.

➤ *Aufgabe: Das innere Kind nähren*

Visualisiere dich selbst als Kind oder Säugling. Wähle das Alter, das dir spontan als Erstes einfällt. Stelle dir vor, du hältst dich selbst als Säugling oder Kleinkind auf dem Arm. Sage zu deinem inneren Kind, dass es von dir ganz viel Liebe, Aufmerksamkeit und Zuwendung bekommen wird und so viel Mam-Mam, wie es benötigt. Dieses Kind in dir braucht das Mam-Mam, nicht du. Du bist eine erwachsene Frau oder ein erwachsener Mann.

Stelle dir mehrmals am Tag vor, wie du dein inneres Kind im Arm hältst und es mit Mam-Mam versorgst. Halte es im Arm, und gib ihm in deiner Phantasie die Brust, oder füttere es mit süßem Brei. Sage dem inneren Kind, dass du das Programm erst einmal nur für einige Zeit ausprobierst und dass du dann mit ihm zusammen noch einmal überlegen wirst, wie es danach weitergeht. Sage ihm, dass es so lange gern den Fuß in der Hintertür lassen darf, wenn es sich dadurch sicherer fühlt. Beschütze es, umsorge es, gehe in einen inneren Dialog. Dieses Kind braucht deine Zuwendung. Nur du kannst sie ihm geben.

1. Schritt: Die inneren Stimmen

Desidentifikation und Fallen

Sobald du etwas Neues beginnen willst, tritt automatisch eine Gegenkraft auf. Es entsteht ein Widerstand im eigenen System. Dieser Widerstand äußert sich meistens in Sätzen in deinem Kopf. Diese Stimmen sind aus Widerstand geboren und blockieren dein Vorhaben, im Programm zu bleiben. Jeder Widerstand ist eine Falle, die durchschaut werden muss. Es gibt unendlich viele Fallen, in die du hineintappen kannst, und es ist deine Aufgabe, genau zu beobachten, wie diese Fallen funktionieren. Meistens meldet sich eine Stimme im Kopf, die etwas zu dir sagt. Diese Stimmen sind sehr unterschiedlicher Natur. Da sie Anteile deiner Persönlichkeit sind, musst du sie anhören, denn sie sind Ausdruck eines Teils von dir. Sie sind aber nicht du. Ob du auf ihre Anweisungen, Ratschläge, Vorwürfe, Einflüsterungen, Verführungen, Verwirrspiele, Beschimpfungen usw. hören willst und ob du diesen Stimmen Glauben schenkst, liegt in deiner Hand. Du kannst aber nur darüber entscheiden, wenn du lernst, diese Stimmen zu beobachten, sie zu unterscheiden, ihnen zuzuhören, nicht zu verurteilen, was sie sagen, und dich nicht mit dem Gesagten zu identifizieren. Mit anderen Worten: »Sei nicht so dumm zu glauben, was du denkst!«

Schau dir jetzt ein paar Stimmen an, die dich davon abhalten wollen, mit dem Programm zu beginnen oder es durchzuhalten. Das große Problem ist, dass diese Stimmen alle in der Ich-Form in deinem Kopf denken. Dadurch glaubst du seit langem, dass DU das alles denkst, und bist überzeugt davon, dass diese Sätze deine Meinung sind. Beobachte einfach den Inhalt deiner Gedanken. Werde der Beobachter deiner Stimmen im Kopf. Dieser Schritt wird Desidentifikation genannt und ist wichtig, um Fallen zu erkennen und dadurch zu umgehen.

Wir sind vielschichtige Persönlichkeiten mit unterschiedlichen Persönlichkeitsanteilen, die alle gleichzeitig da sind und widersprüchliche Bedürfnisse und Meinungen äußern. Nun hast du dich entschieden, zwölf Wochen lang zuckerfrei zu leben. Kaum soll es losgehen, treten Persönlichkeitsanteile auf den Plan, die das gar nicht so gerne sehen. Sie sind im Widerstand. Kein Wunder also, dass es in deinem Kopf oft ziemlich kontraproduktiv zugeht. Beobachte diese inneren Stimmen. Sie können dir folgende Fallen stellen:

Die Aufschubfalle

»Ab Morgen wird alles anders. Morgen werde ich ... mit der Diät anfangen, fasten, mehr Willen aufbringen etc.« Nur leider werden die Zeitspannen kürzer und kürzer. Vielleicht schaffst du es am Ende nur noch in der Zeit zwischen Einschlafen und Aufstehen, dir vorzulügen, dass du »heute ganz anders essen willst«. Sobald das Naschzeug (oder die Frühstücksmarmelade) in greifbare Nähe rückt, verflüchtigt sich jede Willenskraft, und hinterher fühlst du dich so schlecht, übellaunig und schuldig wie schon so viele Tage zuvor, wie eigentlich schon fast dein ganzes Leben lang. Und wenn du ehrlich bist, weißt du, dass es bis an dein Lebensende so weitergehen wird, wenn du nicht radikal mit allem Naschzeug und allem, was süß schmeckt, aufhörst.

Kennst du die folgenden Aufschubfallen? Die innere Stimme sagt dann zum Beispiel: »Nach der großen Familienfeier am Wochenende esse ich für drei Tage einfach weniger.« Oder sie sagt: »Ich glaube (aus dem Grund X oder Y), dass in drei Wochen ein besserer Zeitpunkt ist, mit dem Programm zu beginnen.«

Sei ehrlich zu dir, und mache dir klar, was wahrscheinlich in Wahrheit passieren wird: Nach der großen Familienfeier wirst du so genudelt sein, dass du einen halben Tag lang nichts essen kannst. Dann wirst du wahrscheinlich normal weiteressen und nach drei Tagen ein weiteres Kilo zugenommen haben.

1. Schritt: Die inneren Stimmen

Zaudern und Verzögern ist ein fauler Trick, weil sich dahinter die Hoffnung verbirgt, dass das Problem sich irgendwann in Luft auflösen wird. Du hoffst unterschwellig, dass dir die Entscheidung und die Tat abgenommen werden. Das werden sie aber nicht. Diese Haltung, das Aufschieben auf »morgen, morgen, nur nicht heute«, ist ein Teil der Krankheit. Wie lange willst du es aufschieben anzufangen? Was muss erst passieren? Ein Krankenhausaufenthalt wegen einer Gallenkolik? Die 90-Kilo-Grenze auf der Waage überschreiten? Ein Arzt, der dir Zucker strikt verbietet? Diabetes? Die Wahrheit ist: Du bist Opfer der Aufschubfalle geworden, denn in Wahrheit kannst du jetzt sofort beginnen.

Die Wenn-Falle

»Wenn X anders wäre, würde ich mein Verhalten dem Zucker gegenüber ändern können.« Für X kann alles stehen, Vergangenes und Gegenwärtiges:

- die Art, wie deine Mutter/dein Vater dich behandelt haben
- die Art, wie dein Mann/deine Frau dich liebt/behandelt
- dein Geldmangel
- deine falsche Arbeitsstelle
- die Zuckersucht deines Lebenspartners/deiner Kinder
- der Stress/der Mangel an Erholung
- das Problem mit X

Es ist eine Falle zu denken, dass du deine Zuckersucht heilen könntest, indem du die Umstände änderst oder die Umgebung wechselst. Du glaubst, dass irgendetwas dich nicht glücklich genug macht und du deshalb als Ersatz zur Droge Zucker greifst. Eine Stimme in dir rechtfertigt dein Fressverhalten sogar damit und sagt, du bräuchtest die »Stresspfunde«, das »Frustessen«, den »Zucker als Liebesersatz«, den »Kummerspeck«. Du glaubst, dass X die Ursache für dein Unglücklichsein ist. Du glaubst, dass du Zucker isst, weil du unglücklich mit X bist. Doch die Erfahrung zeigt, dass das alte Muster sich nach einer Weile wieder einstellt, auch wenn du »den richtigen Mann«, die »richtige Arbeit« oder »das richtige Zuhause« gefunden haben solltest. Die Zuckersucht bleibt, egal, wie gut es dir geht. Schrecklich, nicht wahr?

MERKE DIR:

DIE WAHRHEIT IST GENAU UMGEKEHRT
– ZUCKER MACHT DICH UNGLÜCKLICH,
EGAL, WIE DIE UMSTÄNDE SIND.

Finde heraus, ob du in der Vorstellung lebst, dass X sich ändern müsste, um von der Sucht befreit zu werden. Was ist X bei dir? Sieh dir an, welche Story/welches Glaubensmuster du dir seit langem selbst erzählst, zum Beispiel: »Sobald ich den richtigen Mann gefunden habe, werde ich vor lauter Verliebtheit sowieso abnehmen.« Dann mach dir klar, was die Wahrheit ist: »Selbst wenn ich den richtigen Mann kennenlerne, werde ich nur vorübergehend abnehmen und dann wieder in die alten Zuckersuchtmuster zurückfallen und genauso dick und unattraktiv sein, wie ich mich jetzt schon seit langem fühle.«

Die Willenskraftfalle

Du bist dazu erzogen worden, deine Probleme selbst zu lösen. Deine Machtlosigkeit einzugestehen, geht dir gegen den Strich. Zu sagen, dass du machtlos bist, fühlt sich an, als seist du ein »lebensuntauglicher Loser«. Du gibst nicht gerne Schwächen zu. Du hältst lieber an dem Glauben fest, dass du deinen eigenen Weg aus dem Schlamassel finden wirst. Er gründet auf der unterbewussten Hoffnung, demnächst eine Diät, einen Esstrick oder sonst eine Lösung zu finden, wodurch du dann in der Lage sein wirst, so viel Süßes zu essen, wie du willst, und dabei möglichst noch abzunehmen.

1. Schritt: Die inneren Stimmen

Diese Instanz in deinem Innern glaubt bis zur Kapitulation, dass sie es »im Griff hat«, dass sie genug Willenskraft hat, das Ruder selbst herumzureißen. Das ist eine Haltung unseres Managerzeitalters: »Leide nicht unter deinen Problemen. Schaff' sie dir aus dem Weg!« Diese Stimme gaukelt dir vor, unabhängig und selbstbestimmt zu sein und alles auf der Welt erreichen zu können, was du nur wirklich willst.

Und warum klappt das bei Zucker nicht? Ganz einfach: 1. Du bist süchtig, und das heißt, dass du keine Willenskraft hast, damit aufzuhören. 2. Du verleugnest genau das. Dein Körper, deine Psyche und deine Seele gieren nach Zucker. Das ist der Unterschied zu jemandem, der gerne Süßes isst, aber nicht süchtig wird: Du hast als Süchtiger keine Wahl.

Bei Sucht reicht Willenskraft nicht aus. Oft tritt das Gegenteil ein. Je stärker du dir vorgenommen hast, heute keinen Zucker zu essen, desto schlimmer fällt der Zuckerkonsum aus. Der Rückblick zeigt klar, dass du trotz etlicher ernsthafter Versuche, mit Süßem aufzuhören, immer weitergemacht hast. Keine noch so große Willenskraft kann dich aus dem Teufelskreis herausziehen. Im Gegenteil. Du wirst im Laufe der Jahre bemerkt haben, dass deine Willenskraft in Bezug auf Zuckerenthaltsamkeit eher nachlässt.

Die Keine-Willenskraft-Falle

Die Stimme, die sich bei der Keine-Willenskraft-Falle im Kopf meldet, sagt: »Ich bin nicht der Typ, der die Dinge durchzieht, der täglich schreibt und dieses ganze aufwendige Programm macht.« Oder: »Ich bewundere diejenigen, die so was können. Ich kann das nicht.« – Okay! Schau es dir an. Was bedeutet das in letzter Instanz? Es ändert sich nichts, sondern die Bewegung der letzten Jahre wird weitergehen, du wirst noch mehr zunehmen, deine Lebenslust und gute Laune werden immer weniger werden, dein Selbstwertgefühl bleibt im Keller etc. (denk dir selbst aus, wie dein Leben weitergehen wird). Menschen, die in der Keine-Willenskraft-Falle festsitzen, haben oft Schwierigkeiten, eine Entscheidung zu treffen. Sie warten lieber bis zum allerletzten Moment, bis sich etwas ohne ihr Zutun entscheidet. Du hast die Wahl, weiter zu warten – oder ins Programm einzusteigen mit allen beängstigenden Konsequenzen. Du spürst, dass sich durch die Arbeit im Programm etwas Entscheidendes (wieder dieses entscheidende Wort!) in deinem Leben verändern wird. Entscheide, ob du das willst – oder ob du lieber da bleibst, wo du jetzt bist. Es ist deine Entscheidung. Übrigens: Etwas zu lassen ist auch eine Entscheidung.

Die Unabhängigkeitsfalle

»Das geht nur mich etwas an.« Kennst du diese Haltung? Klar ist es dein Problem, wenn du in all die Klamotten nicht mehr reinpasst, die im Kleiderschrank hängen (außer in die zwei doofen Hosen, die du täglich im Wechsel trägst und die auch schon am Bauch kneifen). Es ist dein Problem, wenn du krank wirst, dich langsam zu Tode futterst und immer unglücklicher wirst. Du willst selbstbestimmt bleiben und dir nichts vorschreiben lassen? Du reagierst bei so einem »rigiden« Programm schnell mit Trotz und Abwehr? Aber stimmt das auch, dass es allein dein Problem ist?

In welcher Stimmung bist du, wenn du völlig übersäuert[*] von Kaffee und Schokolade von deinem Kind gebeten wirst, ihm bei den Hausaufgaben zu helfen? Was sagst du einem Freund, der dich spontan besuchen will, du aber gerade eine große Schachtel Kekse verdrückt hast? In welcher Laune empfängst du deinen Mann, wenn

---

[*] Alle Stoffwechselreaktionen sind vom Säure-Basen-Verhältnis abhängig und können im Blut nur innerhalb eines bestimmten Wertes optimal ablaufen. Der pH-Wert des Blutes muss etwa bei 7,4 liegen. Zucker ist ein stark säurebildendes Nahrungsmittel. Entstehen über einen langen Zeitraum saure Stoffwechselabfälle, die nicht neutralisiert werden können, so entsteht eine chronische Übersäuerung, die schädlich für den gesamten Organismus ist.

1. Schritt: Die inneren Stimmen

du kurz vorher heimlich den Süßigkeitenvorrat fürs kommende Wochenende weggenascht hast, auch wenn er nichts davon merken wird? Ist das der Zustand, in dem du sein willst? Und betrifft es dich wirklich nur allein?

Mach dir klar, in welchen Situationen andere Menschen von deinem Suchtverhalten oder den Folgen (üble Laune, verstärktes Genörgel, Schlafbedürfnis etc.) beeinflusst werden. Nach einer Zucker-Fressattacke sagst du Dinge, die du nicht wirklich so meinst. Nach dem Hoch kommt das Tief, das deine Laune beeinflusst. Meist bist du kurze Zeit später schlecht drauf, und das bekommen deine Mitmenschen zu spüren.

Eine fiese unbewusste Masche ist, die Kinder und/oder den Partner auch süchtig zu machen, um die eigene Sucht zu kaschieren. Es fällt niemandem auf, wenn ihr alle ein Eis essen geht (auch wenn du zwei Kugeln und eine Portion Sahne mehr verdrückst). Keiner hat gemerkt, dass du wieder die treibende Kraft hinter dem Ausflug in die Eisdiele warst. So vertuschst du deine Sucht vor dir und anderen und ziehst nach und nach deine Familie mit in den Zuckerkonsum.

Wenn du heimlich, kurz bevor die Kinder von der Schule kommen, noch eine Tafel Schokolade und zehn Kekse verdrückt hast, bist du leicht geneigt, den Kindern auch eine kleine Nascherei vor dem Mittagessen zu erlauben. In Wahrheit züchtest du dir Mitabhängige heran, die deine Sucht tarnen.

Wenn du Mutter einer Familie bist, wirst du erleben, wie deine Zuckerabstinenz sich dagegen sofort auf das Mittagessen und die Schulbrote und alle Speisen auswirkt. Alle in der Familie essen gesünder, weil du bewusster damit umgehst, andere Sachen einkaufst und mehr darauf achtest, dass die Kinder nicht so viel naschen. Die gute Nachricht: Die Kinder werden dich nachahmen, auch deinen Zuckerverzicht. Es geht also nicht nur dich allein etwas an!

Die Ist-mir-egal-Falle

An manchen Tagen scheint alles schiefzulaufen, und selbst wenn äußerlich alles scheinbar gut läuft, gibt es Tage, an denen du dich innerlich völlig schief fühlst. So schief, dass dir alles ausweglos erscheint. In solchen Phasen kann die Ist-mir-egal-Falle zuschnappen. Vielleicht ist irgendein Auslöser der Anlass für deine Schräglage geworden, vielleicht ist es auch wie aus heiterem Himmel über dich gekommen, jedenfalls fühlst du dich hundsmiserabel und du suchst Trost und Zuflucht. Zucker scheint dir diesen Trost zu spenden und – schnapp – bist du in der Falle.

Wenn du ganz aufmerksam bist (aber gerade das willst und kannst du in solchen Zeiten schlecht sein), dann hörst du die Stimme, die in dir »Is-mir-egal« nuschelt. Alles ist dir dann egal. Du bist einfach nur stumpf und hirnlos und willst dich einlullen, ohne an die Konsequenzen zu denken. Alles fühlt sich nebelig und dicht an, und du bist unfähig, diesen Zustand zu reflektieren. Wenn du dann ein Stückchen naschst, kannst du ganz deutlich noch einen weiteren Satz hören: »Jetzt ist's eh egal.« Du tröstest dich damit, morgen im Programm weiterzumachen und – wenn schon, denn schon – heute richtig zuzulangen.

Typisch für die Egal-Falle ist, dass du nicht schreiben kannst, wenn du dich so fühlst. Schreiben würde dich in einen anderen Bewusstseinszustand führen, und genau vor dem fliehst du ja. Du kannst dich noch nicht einmal in Selbstvorwürfen ergehen wie sonst. Dir ist einfach alles egal. Du hörst die inneren Stimmen zwar, die dich davon abhalten wollen, aber auch die sind dir egal. Der Egal-Zustand ist ein Symptom dafür, dass du mit irgendeinem oder mehreren sich überlagernden Themen ziemlich in der Patsche sitzt und festhängst. Auf diesem Nährboden wächst die Ist-mir-egal-Falle. Schreiben hilft!

1. Schritt: Die inneren Stimmen

Erlaube deinem Verstand und deinen Gefühlen nicht, in diese Dumpfheit abzurutschen. Schreibe täglich. Vernachlässige das Schreiben nicht. Es ist der Rettungsanker, der dir zeigt, warum du dich lieber mit Dumpfheit umgeben willst, statt dich mit dem Thema dahinter zu beschäftigen. Ist-mir-egal ist ein Hinweisschild, das dir zeigt, dass du gerade mittendrin bist in einem fetten Thema, das du dir nicht ansehen willst. Ein Thema, das vielleicht mehr Zeit zum Schreiben erfordert als nur die üblichen drei Seiten. Nimm dir dann mehr Zeit zum Schreiben, und bearbeite das Thema, das gerade anliegt. Durch das Schreiben wird sich dein Bewusstseinszustand verändern. Je bewusster dir wird, was eigentlich mit dir los ist und welche Schritte in Wirklichkeit anstehen, desto weniger kann die Egal-Falle zuschnappen.

Die Entzugserscheinungsfalle

»Das halte ich nicht durch.« Mit deiner Lieblingsdroge aufzuhören, ist in den ersten Tagen ganz schön hart. Durch den Zuckerentzug wirst du vielleicht mega-gereizt, müde oder hibbelig, übellaunig oder depressiv. Deine Familie muss einiges mittragen. Es hilft, sich abends beim Gute-Nacht-Sagen zu entschuldigen. Kinder verstehen das, auch wenn sie den Grund nicht kennen, warum die Mama den ganzen Tag so zickig war.

Wenn der Zuckerentzug dir arg zu schaffen macht, kann ganz schnell die Entzugserscheinungsfalle zuschnappen. Die Stimme sagt: »Das halte ich nicht durch.« Beobachte sie! Meist ist es wie ein Anfall, der nach wenigen Minuten vorbei ist. Lenk dich ab! Die Emotionen von Verzweiflung, Selbstmitleid, Gereiztheit und Gier ebben ab. Leider fühlt sich das im Moment der emotionalen Welle so an, als würde es niemals wieder aufhören. Das ist typisch für den Entzug, und das ist gleichzeitig auch die Falle. Du denkst, es geht immer so weiter.

Ich sage dir jetzt, damit du es weißt: Nach ein paar Minuten ist diese Attacke vorbei. Schreiben hilft. Genauso hilfreich ist es, die Situation zu ändern und den Ort zu verlassen, an dem du gerade bist. Finde heraus, was dir in so einer »Entzugswehe« hilft, die auch Jieper, Schmachter, Jap oder Janker genannt wird.

Manchmal ist die Zuckerabstinenz ganz leicht. Du hörst einfach auf, so wie viele Raucher das Zigarettenrauchen, ohne viele Entzugserscheinungen zu haben, aufgeben können. Doch Vorsicht: Es kann sein, dass der Jieper mit Verzögerung kommt, um dich dann unerwartet hinterrücks anzufallen. Sei wachsam!

Manchmal kommen die Anfälle wehenartig alle paar Minuten, aber auch das wird weniger. Oft bist du schon nach dem dritten Tag über das Gröbste hinweg. Das macht doch Mut, oder? Die Entzugserscheinungen werden seltener. Der Jieper verschwindet irgendwann ganz, so dass du sogar die Süßigkeiten in greifbarer Nähe liegen lassen kannst, ohne dir dabei etwas zu verkneifen. Es hört sich unglaublich an, aber du hast nach einer Weile gar keinen Appetit mehr darauf. Ehrlich wahr! Rückfällig wirst du meistens aus einer dummen Situation heraus:

- Die neuen Nachbarn haben eingeladen und drücken dir als Willkommensgeschenk einen Teller mit Torte in die Hand, und du willst nicht dumm auffallen ...

- Deine Freundin kommt aus dem Urlaub wieder und hat die absolute Delikatesse mitgebracht: Baklava aus Kurdistan (Blätterteig, gefüllt mit Pistazien, in Sirup eingelegt). Sie macht die Packung gleich auf und möchte, dass du probierst ...

- Du isst ganz aus Versehen, weil du nicht aufgepasst hast, und aus reiner Gewohnheit den Keks, der zum Latte macchiato im Café serviert wird ...

1. Schritt: Die inneren Stimmen

Das Problem ist, dass ein Ausrutscher so gut wie gar nicht bemerkt wird. Aber der Ausrutscher ist wie eine Laus: Er legt viele Eier, und eh du dich versiehst, machst du noch eine Ausnahme. Spätestens bei der dritten Ausnahme in Folge kannst du das Programm abhaken. Du erleidest einen Rückfall und naschst schlimmer als vorher. Jede Kontrolle ist wie weggeschwemmt, und alles fängt von vorne an: die Selbstvorwürfe, die Hoffnung auf morgen, die Machtlosigkeit. Und oft braucht es Tage, Wochen oder Monate, bis du den Schritt zurück ins Programm schaffst.

MERKE DIR:
ES IST LEICHTER, IM PROGRAMM ZU BLEIBEN,
ALS AUS EINEM RÜCKFALL WIEDER INS PROGRAMM
ZURÜCKZUFINDEN.

Die Sucht ist wie ein Dämon: Sobald du ihm die Ketten abnimmst, beißt er sich wieder an dir fest, betäubt dich, setzt sich auf dich, bricht deinen Willen und lässt dich wie eine Marionette nach seiner Pfeife tanzen.

Spüre in dir selbst nach, ob es für dich eine Hilfe ist, den dir nahestehenden Menschen von deiner Zuckerabstinenz zu erzählen, damit du ihr Verständnis und ihre Unterstützung erhältst, oder ob es besser für dich ist, daraus dein Geheimnis zu machen. Geheimnisse haben Kraft. Finde heraus, was für dich der richtige Weg ist.

Die Leichtsinnsfalle

Irgendwann wirst du dein Wunschgewischt erreicht haben, auch wenn das nicht mehr das Ziel für dich ist. Irgendwann wirst du ganz tief in dir das Gefühl haben, über alles hinweg zu sein, nicht mehr abhängig zu sein, alles erreicht zu haben, was du mit dem Programm erreichen wolltest. In dem Glauben, alles überwunden zu haben, denkst du, du könntest eine Kleinigkeit naschen. Spar dir diese Erfahrung. Das ist Leichtsinn. Diese Süßigkeit wird dir sauer aufstoßen. Bei mir kam der Leichtsinn ganz unschuldig in Form von Schlagsahne auf Kaffee angeschlendert. Dieser Leichtsinn, den ich nach vielen Monaten Zuckerabstinenz anfing und dann täglich zelebrierte, zog mich nach und nach immer tiefer in die alten Muster hinein. Ich begann damit, die Sahne ungesüßt auf den Kaffee zu häufen. Irgendwann entdeckte ich Vanillearoma, und der Schritt zu einem Hauch Vanillezucker in der Sahne war dann nicht mehr weit. Es folgte gesüßte Sprühsahne und als krönender Abschluss einige wenige Schokostreusel. Ich glaubte tagelang, dass es mir nichts anhaben könnte und log mir vor, weiter zuckerfrei zu leben. Dann übermannte mich plötzlich der alte Jieper, und ich konnte den Rückfall nicht mehr aufhalten. Der altbekannte Zuckersuchtdämon nahm die Zügel in die Hand, und ich futterte wieder Unmengen von Süßem. Die süße Kaffeesahne war der Beginn meines Leichtsinns, der mich in einen Rückfall zog, aus dem ich übergewichtiger hervorging als jemals zuvor. Spar dir die Erfahrung, durch Leichtsinn wieder rückfällig zu werden!

Nach einigen Wochen oder Monaten im Programm glaubst du, alles überwunden zu haben. Eine innere Stimme gaukelt dir vor, dass du jetzt stark, unabhängig und frei bist und selbst entscheiden kannst. Glaube ihr nicht! Es ist eine Illusion. Verfalle nicht dem Leichtsinn, auf diese Stimme zu hören. Die Wahrheit ist: Du bist nur einen Bissen von einem Rückfall entfernt.

Die Genussfalle

Eine laute Stimme im innereigenen System sagt dir oft, dass Süßes ein unglaublicher Genuss ist, auf den du jetzt verzichtest, und dass das nicht wirklich sein muss oder hoffentlich nicht lange währt. Ohne diesen Genuss kommt dir das Leben öde und fad vor. Du fühlst dich wie eine langweilige, abstinente, genussfeindliche Nonne, die auf jeden Spaß verzichten muss (diese Stimme übertreibt meistens). Oft begegnet dir im Außen jemand, der genau dieser Stimme

1. Schritt: Die inneren Stimmen

in dir zustimmt und deinen Zuckerverzicht nicht nachvollziehen kann und möchte. Wenn diese Stimme in dir lebt, dann befindest du dich in der Genussfalle.

Es ist ein übler Selbstbetrug, dir selbst einzureden, dass du etwas Süßes mit Genuss und mit Bewusstsein essen und dir damit die ersehnte Fülle schenken kannst. Als Süchtiger hast du immer einen völlig anderen Umgang mit Zucker als ein Nichtsüchtiger. Sich selbst einzureden, dass du »jetzt ganz anders« mit Süßem umgehst und jetzt »bewusst genießt« ist Selbstbetrug. Es nicht lassen zu können, auch wenn du es willst, ist der Indikator dafür, dass du in deiner Sucht gefangen bist – Genuss hin oder her. In Wahrheit sehnst du dich nach einer ganz anderen Art der Fülle und des Genusses ... und du weißt es!

Stell dir vor, jemand würde zu einem trockenen Alkoholiker sagen, dass er auf eine ganze Menge Spaß verzichtet (bei Alkohol ist die Falle der vermeintliche »Spaß«, bei Zuckersüchtigen der vermeintliche »Genuss«) und dass dieser radikale Schritt übertrieben und wahrscheinlich nicht nötig ist. Du würdest diese Person doch eindeutig als inkompetent erkennen, als die Person, die die Abstinenz eines Süchtigen zu untergraben versucht. Warum fällt dir das bei Zucker so schwer? Wahrscheinlich vermeidest du, dich mit der Tatsache zu konfrontieren, dass Zucker dich süchtig gemacht hat und dadurch, genau wie Alkohol für einen Alkoholiker, eine Droge für dich ist. Du siehst dir die Wahrheit nicht an und hoffst darauf, bald wieder Zucker genießen zu können.

In Wahrheit genießt du den Zucker als Süchtige oder Süchtiger selten, sondern du naschst heimlich, unbeobachtet und schnell, sogar Süßes, was du nicht so gerne magst. Hast du schon einmal ganz bewusst darauf geachtet, wann du Süßes wirklich genießt? Eigentlich sind nur die ersten Bissen erleichternd. Das ist der Moment, in dem der niedrige Zuckerpegel wieder steigt. Danach schlingst du den ganzen Rest runter, der noch da ist. Das ist kein Genuss. Diese ersten Bissen genießt du selten, sondern du schlingst schon voller Gier. Und selbst wenn du naschst und dabei diese ersten Bissen genießt, machen die dann folgende Reue und deine Scham über den Kontrollverlust alles zunichte. Es ist wahr: Süßes schmeckt lecker und kann ein Genuss sein ... aber leider nicht für einen Süchtigen. Du kannst nicht reduzieren. Du kannst nicht das eine Stückchen Schokolade genießerisch auf der Zunge zerschmelzen lassen und es dabei belassen. Menschen, die nicht süchtig sind, können das. Zuckersüchtige nicht, weil sie die Kontrolle verlieren und die ganze Tafel auffuttern (und meist noch viel mehr). Genuss ohne Reue ist bei Sucht nicht möglich. Als Süchtiger schaffst du immer ein Gegengewicht zu deinem Genuss auf der anderen Seite der Waagschale. Dort liegen Scham- und Schuldgefühle, Betrübnis, Übellaunigkeit und Verzweiflung. Zucker ist für dich ein Lebkuchenhaus, in dem eine Hexe wohnt.

Wenn du also voller Panik fragst, ob du dann nie wieder Süßes genießen kannst, dann erhältst du folgende Antwort: Ja, du musst auf diesen ersten, erleichternden Bissen verzichten, der wirklich köstlich schmeckt. Ja, du kannst diesen ersten, himmlischen Genuss nicht mehr haben. Und noch einmal ja, du wirst lange Zeit nicht reduzieren können und daher auf diesen ersten Genussbissen (der eigentlich keiner ist ... siehe oben) verzichten müssen. Doch was du jetzt noch nicht wissen kannst, ist Folgendes: Erst wenn du einige Wochen im Programm gelebt hast, kannst du die Erfahrung machen, dass Zuckerverzicht kein Verzicht mehr ist, sondern ganz leichtfällt. Und das Beste: Du wirst gar keine langweilige Nonne, sondern bist viel energiegeladener und weniger übellaunig als vorher. Du hast dann so wenig Appetit auf Süßes wie ein ehemaliger Raucher auf eine Zigarette. Es ist sogar so, dass dir dein jetziges Lieblingsnaschi dann viel zu süß ist und dir gar nicht mehr schmeckt. Kaum zu glauben? Probier es aus! Nach einem Jahr Zuckerverzicht nimmst du einmal bewusst einen dieser ersten Genussbissen deiner

1. Schritt: Die inneren Stimmen

jetzigen Lieblingsdroge ... und, du wirst sehen: Dir wird mit Sicherheit schlecht davon.

Die Alternativmethode-Falle

Alles in dir bäumt sich bei den Worten »lebenslänglicher Zuckerverzicht« auf. Zu lange schon schleppst du dich mit der unbewussten Hoffnung herum, dass du bald einen Weg finden wirst, der es dir erlaubt, wenigstens ein wenig zu naschen. Und dieser Weg, so gaukelt dir deine Hoffnung vor, ist auch ganz einfach zu gehen – einfach und ganz natürlich. Eigentlich willst du so viel Schokolade essen, wie du kannst, und dabei nicht fett werden, und du suchst die ganze Zeit unterschwellig nach dem Patentrezept. Welche Alternativmethode könnte dir vielleicht helfen, bevor du diesen drastischen Schritt des Verzichts gehst? Hypnosekassetten? Makrobiotik? Trennkost? Sich-schlank-Denken? Akupunktur? Schüssler-Salze oder Bachblüten? Stevia und Aspartam? Selbsterfahrungsgruppen? Darmbakteriensanierung? Die neue Methode von der X erzählt hat? Mehr Sport? Fasten? FDH? Ein sanfterer, neuerer, alternativerer Weg?

Wenn du so abgeschreckt bist von dem Wort »lebenslänglich« und noch zu verliebt bist in deine Lieblingssüßigkeit, bist du für dieses Programm noch nicht bereit. Ich rate dir dann, den Weg zu gehen, der für dich sinnvoller, erfolgreicher, sanfter oder sonst wie aussieht, und deine Erfahrung damit zu machen. Es gibt viele verschiedene Menschentypen und viele Wege zum Erfolg.

Dieses Programm ist für verzweifelte Menschen, Menschen die ganz unten angekommen sind, die keine Hoffung mehr haben, die nicht noch einen gescheiterten Versuch erleben möchten, Menschen, die zu dieser radikalen Maßnahme bereit sind. Ganz ehrlich: Ich beneide jeden, der es einfacher schaffen kann. Ich konnte es nicht. Wenn du es kannst: Viel Erfolg damit! Und ich hoffe, das klingt nicht ironisch. Es ist auch nicht so gemeint. Ich bin einfach nur etwas neidisch, weil dieser leichtere Weg für mich nicht gangbar war.

Welches ist deine Alternativmethode, von der du glaubst, dass sie dich retten könnte, und die nicht mit lebenslangem Zuckerverzicht droht? Entscheide dich, ob du diese Alternativmethode erst ausprobieren möchtest, bevor du dich auf das Zuckersuchtprogramm einlassen willst.

Die Ungesundfalle

Ähnlich, wie Fleischesser auf Vegetarier reagieren, so können sich auch Sätze in dir verhärtet haben, die dir vorgaukeln, dass der völlige Verzicht auf Zucker ungesund sei. Die Stimmen sagen: »Der Körper braucht Zucker« und »Das kann nicht gesund sein« bis hin zu der Horrorvision von »Darmpilzen, die sich durch die Darmwand fressen, wenn sie keinen Zucker mehr bekommen«. Erkenne, dass diese Schreckensvisionen geschickt getarnte Fallen sind. Natürlich braucht der Körper Zucker, aber er baut ihn sich selbst aus Kohlehydraten auf. Und ein Darmpilzbefall mit Candida sollte abgeklärt und naturheilkundlich behandelt werden, wenn Bedenken bestehen. Hinter dieser Angst steckt die eigentliche Angst des inneren Kindes, das vor lauter Panik, keinen Zucker mehr zu bekommen, den Fuß in die Hintertür steckt. Es hat wahnsinnige Angst, diese lebenswichtige süße Genussquelle zu verlieren. Erkenne, dass es nicht der Zucker sein kann, der dieses riesengroße namenlose Bedürfnis des inneren Kindes stillen kann, sondern dass es etwas ganz anderes sein muss, das dem Kind dauerhaft hilft. Durch die Arbeit im Programm wirst du eine ganz andere süße Quelle freilegen, die das Kind ernährt. Diese Quelle ist schon da, sie ist nur verschüttet worden, doch du kannst den Zugang finden.

1. Schritt: Die inneren Stimmen

Die Nebenschauplatzfalle

Leider ist das Vernichten aller Süßigkeiten in der Wohnung nicht immer machbar, besonders wenn man mit einem Partner oder Kindern zusammenlebt, die gerne oder zumindest ab und zu naschen. Mache dir klar, dass du mit deiner Zuckersucht so oft in eine Sackgasse gelaufen bist, dass daraus die Erkenntnis geboren wurde, dass es ohne kompletten Zuckerverzicht für dich nicht weitergeht. Dies ist eine radikale, aber notwendige Lösung. Du bist durch viele Versuche und Irrtümer zu diesem Schluss gekommen. Es steckt dein persönlicher Leidensweg dahinter, wenn du als einzig gangbaren Ausweg nur noch den totalen Zuckerverzicht siehst. Du bist diejenige in der Familie, die diesen Leidensweg gegangen ist, nicht dein Partner und nicht deine Kinder. Es ist wichtig, dass du deine eigene Zuckersucht überwinden lernst, statt dich mit der vermeintlichen Zuckersucht deines Partners oder der deiner Kinder zu befassen. Für sie stellt der Verzicht etwas Erzwungenes dar, weil sie den Leidensweg nicht durchlaufen haben, den du gegangen bist.

Natürlich musst du deine Kinder davor bewahren, ebenfalls zuckersüchtig zu werden. Aber du wirst sehen: Je mehr du selbst lernst, die tieferen Ursachen für deine Sucht zu begreifen, desto besser wirst du auch dein Leben in den Griff bekommen und ein positives Vorbild werden, so dass Zuckersucht für deine Kinder nicht zum Thema werden muss. Die Zuckerkonsummengen deiner Kinder werden sich durch deine neue Ernährung sowieso reduzieren. Stehe zu deiner Zuckersucht, und erkläre deinen Familienmitgliedern, dass sich für dich (und nur für dich) jetzt einiges ändern wird. Du brauchst deine Kraft für deinen eigenen Überwindungsprozess.
Es ist eine Falle, den Hebel bei den anderen ansetzen zu wollen. In der Psychologie nennt man das »einen Nebenschauplatz schaffen«, der einen von der eigenen Problematik ablenkt. Es geht in den ganzen nächsten Wochen erst einmal um deine ganz eigenen persönlichen Themen, die dich in die Abhängigkeit geführt haben. Um

73

nichts anderes. Alle Nebenschauplätze, welcher Art auch immer, gilt es als Fallen zu durchschauen, die dich von der Mitarbeit im Programm abhalten wollen.

In der eigenen Psyche gibt es eine treibende Kraft, die sich extrem gegen den Zuckerentzug wehrt. Diese unbewusste Kraft aus dem eigenen System schafft sich Situationen, die so aussehen, als könne der Weg der Zuckerenthaltsamkeit nicht weitergegangen werden. Es ist ein raffinierter und nicht leicht zu durchschauender Mechanismus. Es treten scheinbar von außen Lebensbedingungen ein, die den Verzicht extrem erschweren, oder von innen werden Gedanken so laut, dass sie den Willen, im Programm zu bleiben, übertönen. Entlarve all diese Fallen!

Weitere Beispiele für Fallen

Hier einige Beispiele aus älteren Aufzeichnungen, als ich noch unter häufigen Rückfällen litt und bevor ich das Programm entwickelt habe. Sie zeigen, wie du dir selbst bzw. deinen inneren Stimmen auf die Schliche kommen kannst. Ich nenne den Persönlichkeitsanteil in mir, der mich durch tausend Tricks wieder zum Zuckeressen bewegen will, den Verführer.

- Die neueste Masche heißt Unterbrechungsfalle, getarnt als zeitweilige Unterbrechung des Programms aus Unpässlichkeit oder sonst etwas. Im Grunde will der Verführer mich zum Aufhören verleiten. Haha! Gefahr erkannt – Gefahr gebannt!

- Gestern merkte ich, dass ich, weil ich kein Gramm abgenommen hatte, unterschwellig total gefrustet war. Ich hatte gehofft, dass die tagelangen Entbehrungen doch wenigstens auf der Waage Früchte tragen würden. Doch ich muss mir klarmachen, dass Abnehmen der Beipackzettel ist, ein blinder Passagier, ein Trittbrettfahrer. Das Thema ist die Überwindung der Zucker-

1. Schritt: Die inneren Stimmen

sucht, nicht das Abnehmen. In diese Falle bin ich gestern getappt, und ich habe das Gegenteil von dem getan, was ich wollte. Der Frust bewirkte, dass ich mehr aß, statt weniger zu essen, um weniger zu wiegen. Völlig verrückt! Ein Teufelskreis, der so aussieht: Ich bin depressiv, weil ich so schwer bin vom vielen Essen, und ich esse so viel, weil ich depressiv bin vom Schwersein. Totale Falle! Wie nenne ich die bloß? Ich sage mal Gewichtsfalle zu ihr. Das Schielen nach der Waage. Die Abhängigkeit, wie viel sie anzeigt. Erkenntnis: Habe die Gewichtsfalle kennengelernt und werde meine Laune nicht mehr von einer Zahl abhängig machen.

(Anmerkung: Irgendwann habe ich mich entschlossen, mich nicht mehr zu wiegen. Die Waage zu ignorieren war eine Maßnahme, die mich sehr befreit hat. Ich spüre selbst, ob die Hosen enger oder weiter werden, dazu brauche ich keine Zahlen.)

- Ich redete mir selbst ein, dass dieser eine Keks eine Ausnahme ist und ich danach weitermache, zuckerfrei zu leben, aber mein Arm ging wie ferngesteuert immer wieder zu den Keksen. Im Hirn war nur der Satz: »Ach, heute lass ich's mal sausen! Morgen mach ich weiter!« (die Ausnahmefalle und Jetzt-ist's-eh-egal-Falle) und »Jetzt hab ich schon angefangen (mit der Kekspackung), dann kann ich auch weitermachen« und »... nur ein kleines bisschen. Das kann doch nicht schaden. Deshalb bin ich noch lange nicht wieder abhängig.« Erkenntnis: Die Ausnahmefalle ist mein schlimmster Feind.

- Gestern begegnete ich einer neuen Falle des Verführers in mir. Er ist ziemlich raffiniert und hatte eine ganz neue Masche. Mittags erhielt ich einen Anruf, dass meine beiden Tonskulpturen beim Brennen geplatzt sind. Ich war total schockiert, weil sechs Tage Arbeit zunichte waren. Dann kam der Verführer und wollte mir ein Trösterli aufschnacken. Mir ging es wirklich mehrere Stunden saumäßig schlecht. Als ich die Tonleichen abholte, war ich am Boden zerstört (genau wie die Skulpturen). Meine Lieblingsfigur war in 100 Stückchen zersprengt. Ich war total schlecht drauf und übellaunig, auch den Kindern gegenüber. Interessant war der Verführer, der ununterbrochen sagte, dass ich doch jetzt ein kleines Tröster-Schokostückchen oder wenigstens einen Aufmunter-Cappuccino mit süßer Sahne verdient hätte. Zum Glück durchschaute ich die Falle sofort und machte mir klar, dass es mir davon nicht wirklich besser gehen würde. Erkenntnis: Trösterli bringen nix!

- So, nun zur Schlagsahne-Ausnahme-Falle: Ich nenne diese Falle so, weil ich bemerkt habe, dass ich mir Sprühsahne, die ich mit Vorliebe auf Kaffee trinke, öfter »erlaubt« habe. Den Zuckergehalt darin habe ich einfach weggelogen. Ein paar Schokostreusel obenauf versüßen die Sache noch etwas. «Ja, Schlagsahne zählt nicht!«, sagt der Verführer so selbstverständlich, dass ich es nie infrage gestellt habe. Er ist ganz überzeugt, dass dieses kleine bisschen Sahne keinen Rückfall bewirken wird. Meine Erfahrung ist die, dass es ein erster Ausnahmeschritt ist und mein Körper es auch so wertet. Ich bekomme wieder einen Jieper auf mehr und muss dann zusehen, wie ich mir plötzlich eine Müslischüssel voll Schlagsahne mit Schokostreuseln reinziehe (heimlich und schnell natürlich, damit die Kinder das nicht sehen – und ich selbst möglichst auch nicht so richtig mitbekomme, dass ich wieder aus dem Programm ausgestiegen bin).

- *(Nach einem Rückfall)* Am Bedenklichsten ist, nicht zu schreiben, denn das ist sonst immer die Methode, bei der ich eigentlich wieder klar werde und wieder zurückkehre zum Ausgangspunkt, zu meinem Versprechen und zu meinem eigentlichen Ziel. Die große Schwierigkeit ist, dass meine Zuckersucht so dämonisch geworden ist, dass sie mein ganzes Leben beeinflusst – und leider besonders meinen Selbstwert. Wenn

1. Schritt: Die inneren Stimmen

ich, und war es auch noch so kurz, rückfällig geworden bin, setzt sofort die Höllenmaschinerie von Vorwürfen ein, der Ankläger in mir. Ich bin dann so gebeutelt von Selbstvorwürfen, die so subtil und zermürbend sind, dass ich sie schon gar nicht mehr in Worte fassen kann. Es ist eine wortlose Daueranklage. Es ist einfach ein Zustand, in den ich falle und der mich von da an bis zum Ende des Tages begleitet. Ich spüre auch die Wirkung des Zuckers so genau, wie einen Rausch. Er wirkt wie Alkohol. Ich bin ganz matschig in der Birne und antriebslos. Erst am nächsten Morgen ist dieses Gefühl verschwunden. Dem gegenüber spüre ich auch genau, wie es sich anfühlt, keinen Zucker zu essen. Ich fühle mich viel besser. Es ist doch fatal, dass ich nicht damit aufhören kann, obwohl ich das weiß.

- Unglaublich, wie viele Stimmen im eigenen System dazwischenquatschen, wie viele verschiedene Fallen es gibt und wie beeinflussbar ich bin. Das wirklich Wichtige beim Schreiben und Reflektieren ist, dass ich lerne, diesen Stimmen nicht mehr zu glauben. Vorher war ich so identifiziert, dass ich tatsächlich glaubte, ich selbst würde denken, dass ich zum Beispiel jetzt dringend ein Stück Schokolade brauche. Inzwischen bin ich der Beobachter dieses ganzen Durcheinanders in meinem System.

- Zurück zu den Schokowürfeln. Sie schmeckten nicht, auch meinem Sohn nicht. Er nahm einen kleinen Bissen und gab mir dann den angebissenen Rest. Aber ich wusste, ich musste die Packung leer kriegen. Das ist auch so ein schrecklicher Zwang. Ich muss alles aufessen, nicht nur die angebissenen Teile des kleinen Sohnes, sondern die ganze angefangene Packung. Das ist das Alles-aufessen-müssen-Zwangsverhalten. Es war wie ein Selbstgänger. Dazu kommt dann ein unglaubliches Tempo, so als könnte ich durch Geschwindigkeit den Fehltritt übersehen, als würde das schnelle Runterschlingen nicht so

77

leicht bemerkt werden von der Aufsichtsinstanz in meinem System. Überhaupt erkenne ich eine Tendenz zum heimlichen Runterschlingen, selbst wenn niemand in der Nähe ist. Dieser Anteil ist so stark, dass ich mich sozusagen vor mir selbst verstecke. Grotesk, nicht wahr? »Schnell runter damit, damit es niemand merkt, auch du selbst nicht!«

• Habe wieder einen kleinen Rückfall gehabt und dabei wieder etwas gelernt: Wenn man richtig über den Berg ist, einen kein Jieper mehr quält, man satt und zufrieden ist, das Leben gut ist und man sich wohlfühlt, dann kommt ein ganz übler Schurke aus dem eigenen System daher. Verführer wäre ein zu gutmütiger Name. Es ist eine linke Natter, eine Sevirius Snape, ein Falschspieler und Gauner, ein Fallensteller und Reinleger. Ich finde noch keinen Namen. Die List ist folgendermaßen: Mir ging es also gestern rundum gut. Keine Lust auf Süßes. Nun schleicht sich dieser Schleimbeutel an und flüstert mir zu, dass ich erstens noch nicht drüber hinweg sein kann und dass zweitens, wenn ich es wäre, ein Stückchen Schokolade ja nix schaden würde und dass ich drittens ja tatsächlich drüber hinweg bin und mir darum keine Gedanken machen muss und dass viertens das Leben einfach langweilig und doof ist ohne die »kleinen Freuden«, und fünftens sollte ich aufhören, alles so tierisch ernst zu nehmen, und sechstens werde ich selbst langweilig und doof, wenn ich so lebe, und siebtens werde ich überhaupt keinen Spaß mehr haben und »keiner wird mich mehr wollen«. Diese ganze gequirlte Sch... flüsterte er mir gleichzeitig ins Ohr, und ich merkte, dass ich tatsächlich alles etwas öder fand, obwohl ich spürte, dass es mir eigentlich besser ging als sonst. Aber ich machte den Fehler, ihm ein klein bisschen zu glauben, und schon hatte ich eine üblere Laune.
Ich nenne diesen Typ im Kopf den hinterlistigen Schleimbeutel, und seine Falle ist die Das-Leben-ist-öde-Falle. Die Gefahr

1. Schritt: Die inneren Stimmen

dabei ist, dass man als gerade genesender Abhängiger wie eine durchsichtige Raupe ist, vollkommen verletzlich und neu in der Welt. Man kennt den Zustand nicht, so zuckerunabhängig den Alltag zu leben, einfach einzukaufen, an der Bäckerei vorbeizulaufen, nicht dauernd zu denken, wo und wann es etwas Gutes zum Naschen gibt. Diese ganze Hintergrundmelodie, dieses Suchtdenken, das sonst ständig den Alltag durchdringt und unbewusst den ganzen Tag beeinflusst, fällt plötzlich weg. Und in dieser neuen, unbekannten Phase ist man unsicher und fühlt sich ganz seltsam fremd in seiner eigenen Haut. Kein Wunder, dass das der richtige Moment für den hinterlistigen Schleimbeutel ist.

➤ _Aufgabe: Fallen finden_

Beobachte die inneren Stimmen, die dir Fallen stellen. Achte genau darauf, wann der Jieper einsetzt und wie es sich anfühlt. Welche Gefühle hattest du kurz davor? Frust? Das Gefühl, nicht geliebt oder abgelehnt zu werden? Angst? Wut? Ohnmacht? Was für Phantasien hast du dabei? Sei Beobachter dessen, was in deinem Kopf, in deinen Gefühlen und in deinem Körper abläuft. Sei ein Wissenschaftler, der schriftlich festhalten soll, wie sich Zuckerentzug auswirkt. Es gibt unendlich viele Fallen. Es ist wichtig herauszufinden, wann der Jieper entsteht und welche Fallen es bei dir gibt.

Durch das bewusste Beobachten brauchst du deine inneren Stimmen nicht mehr für wahr zu halten. Du löst die Identifikation mit den inneren Stimmen. Du bist nicht sie. Dies ist ein Prozess der Desidentifikation. In Wahrheit quatschen diese Stimmen, diese Persönlichkeitsanteile, dich voll. Du kannst dir anhören, was sie zu sagen haben, aber du musst ihnen nicht glauben. Du bist der, der sie wahrnimmt und ihnen zuhören kann. Bisher warst du identifiziert mit den Stimmen in deinem Kopf. Aber du bist der Beobachter! Nähre diese Anteile nicht weiter, indem du ihnen glaubst (damit identifiziert bist). Glaube allein dem Anteil in dir, der im Programm bleiben und von der Sucht befreit werden möchte.

Welche Fallen kannst du bei dir entdecken? Schreibe alles auf, und ziehe deine Erkenntnisse daraus!

➤ *Aufgabe: Auf die eine andere Stimme hören*
Eine Stimme in dir ist anders. Sie ist immer wohlwollend, jederzeit bereit, dir zu helfen, dir zuzuhören, dich gut zu beraten, dir Erkenntnisse zu vermitteln, dich zu trösten, deine Verwirrung zu entwirren, deine Fragen zu beantworten, dich auf den Punkt zu bringen, deinen Tag zu strukturieren, deine Emotionen zu ordnen, deinen Geist zu klären. Dies ist die Stimme des inneren Mentors. Er unterstützt dich bei all deinen Vorhaben, auch im Zuckersuchtprogramm.
Kannst du seine Stimme hören? Achte auf diese eine andere Stimme. Im Lauf der Wochen wirst du diese Stimme immer deutlicher vernehmen.

Reinigungsprozess

Sobald du dich entscheidest, im Programm zu leben, beginnt ein Reinigungsprozess. Die Auswirkungen sind vielfältig. Auf der körperlichen Ebene spürst du schon nach wenigen Stunden, dass sich das Chaos in deinen Därmen beruhigt und du nicht mehr so aufgebläht bist. Nach wenigen Tagen hast du bereits das Gefühl, dass irgendwie alles »umgemodelt« wird: Dein Bauch wir flacher, und es fühlt sich an, als ob das ganze Körperfett anders gelagert wird. Auch wenn auf der Waage die gleichen Pfunde stehen, hast du eindeutig das Gefühl, schlanker zu sein.

Das ist auch der Grund, warum du dir überlegen solltest, ob es für dich vielleicht besser sein könnte, dich in den ersten Tagen, vielleicht sogar in den ersten Wochen, gar nicht zu wiegen. Es frustriert dich nur, wenn du dich nach vielen Tagen Zuckerentzug auf die Waage stellst und feststellst, dass du nur 100 Gramm verloren hast. Unterschwellig hast du darauf gehofft, dass das Programm zum Ab-

1. Schritt: Die inneren Stimmen

nehmen genau das Richtige für dich ist. Und nun bist du frustriert, weil du trotz der Quälerei der ersten Wochen nicht abgenommen hast. Das war eine Falle, hast du es bemerkt? Mach dir noch einmal klar, dass dich das Programm von deiner Sucht befreit. Punkt!

Leider sitzt dieser Wunsch so tief, das Programm zum Abnehmen zu benutzen, dass du dir diesen Sachverhalt immer wieder klarmachen musst. Darum beginnt das Buch auch mit dem Satz: »Ich gebe zu, zuckersüchtig zu sein.« Es gibt keine Garantie für weniger Fett an der Taille. Abnehmen ist eine Nebenerscheinung, die sich ganz langsam entwickelt, so wie dein ganzes Essverhalten sich nach und nach verändern wird.

In den ersten Tagen besteht die Gefahr, den fehlenden Zucker mit einem Nachschlag beim Mittagessen oder anderen Zusatzessereien zu kompensieren. Manchmal jedoch können diese Ersatzessereien entgleisen, so dass du vier Bananen am Nachmittag oder drei Tüten Käsekräcker zum Fernsehen statt Zuckerzeug isst. Du wirst aber durch das Schreiben immer ehrlicher zu dir werden und dein Fehlverhalten schon bald als unangenehm erleben. Es fühlt sich dann fast so an, als wärst du rückfällig geworden, obwohl du keinen Zucker gegessen hast. Du fühlst körperlich, dass etwas nicht stimmt, ähnlich wie in den Zeiten des Zuckerkonsums, wenn der Körper mit Müdigkeit, Unwohlsein, Völlegefühl oder träger, behäbiger, unbeweglicher Steifheit reagierte. Ich nenne diesen Zustand »gesmasht« sein (von engl. »smash«: zerschlagen, zertrümmern, zerschmettern, wobei »smashed« auch »high sein« bedeutet und damit die Ambivalenz der Droge gut trifft). Wenn dir das passiert ist, dann steigst du am nächsten Tag einfach neu ein, schreibst darüber auf deinen Seiten, bleibst im Programm, änderst dein Verhalten und isst normal weiter.

Als Begleiterscheinung des Zuckerentzugs können Kopfschmerzen, Müdigkeit, Erschöpfungszustände, leichter Muskelkater im ganzen

Körper oder Schlafstörungen auftreten. Nimm es einfach gelassen hin. Wenn es dir möglich ist, dann schlafe, wenn du müde oder erschöpft bist. Dein Körper zeigt dir, was er braucht.

Schau dir an, wie schlanke Menschen essen. Sie schlingen nicht. Sie nehmen kleine Bissen auf die Gabel und kauen langsam und gründlich. Sie essen den Teller oft nicht leer. Irgendwann machst du das auch ganz automatisch, ohne dich zu zwingen, ohne es dir angewöhnen oder anerziehen zu wollen. Dein Essverhalten wird sich auf ganz natürliche Weise nach und nach ändern. Du bekommst wieder ein gutes Gefühl dafür, worauf du Appetit hast, was dir gut bekommen würde und wann du genug hast. Die Abstände zwischen den Mahlzeiten regeln sich ganz von selbst, und du brauchst keine Zwischenimbisse mehr.

Auf der emotionalen Ebene können starke Gefühle durchbrechen. Du bist in der ersten Zeit der Zuckerenthaltsamkeit dünnhäutiger als sonst. Die übliche Betäubung fällt weg, und der Ausstieg aus der Sucht ändert plötzlich alles. Es können ganz seltsame Zustände auftreten, die sich anfühlen, als wärst du wie in Watte gepackt. Vielleicht hast du auch eine erhöhte Sensitivität. Dann wieder überkommt dich eine Welle der Traurigkeit, von der du nicht weißt, woher und warum sie dich überfällt. Es ist gut, den Tränen freien Lauf zu lassen, wenn du kannst. Das reinigt ungemein. An anderen Tagen beutelt dich stundenlange Unzufriedenheit bis hin zum Unglücklichsein, ohne dass du den Grund dafür benennen könntest. Oder es packt dich ein Glücksgefühl, so dass du ständig jauchzen könntest. Lass einfach alles zu. Beobachte diesen Prozess, und schreibe darüber.

Eine starke Gereiztheit kann eine Begleiterscheinung sein, die länger anhält. Du merkst vielleicht, dass du viel mehr meckerst als sonst. Eine gute Nachricht: Es hört bald auf. Bald wirst du dich wie von fern daran erinnern, wie sich eine dumpfe Übellaunigkeit durch deine zuckerreichen Tage zog, als du noch mit deiner üblichen

1. Schritt: Die inneren Stimmen

Übersäuerung gelebt hast, und wie gereizt du in der ersten Phase des Entzuges warst. Mach dir klar, dass du nur ein paar gereizte Tage (maximal zwei Wochen) durchstehen musst, um danach ein neues seelisches Gleichgewicht zu finden.

Mental ist auch einiges in Aufruhr. Der Zustand, nicht dauernd an Naschkram zu denken, ist dir unbekannt. Eigentlich denkst du als Zuckersüchtige mindestens 100 Mal am Tag daran, was du denn jetzt wieder naschen könntest, wo noch etwas in der Wohnung liegt (oder ob du etwas aus den Vorräten der Kinder klauen und später ersetzen könntest), welche Backware du dir gleich beim Bäcker kaufen willst, auf welche Süßigkeit im Supermarkt du jetzt Appetit hast, wann du dir in welcher Eisdiele ein Eis kaufen könntest (und welche Sorten und wie viel), ob die Kids noch Schokolade übrig gelassen haben, ob die Sprühsahne im Kühlschrank noch für eine deiner Megaportionen reicht, ob du genug Geld im Portemonnaie hast, um noch einkaufen zu gehen (das Einkaufen ist eine Tarnung. Du kaufst zwar Brot, Käse und Butter, aber natürlich auch Schokolade – und darum geht's dir vorrangig), ob du vielleicht Zimtschnecken backen solltest, ob du heute Pfannkuchen zum Mittagessen machst, ob du die Pralinen für Mutters Geburtstag lieber selbst verdrücken solltest ... und so weiter.

Diese ganze Gehirnakrobatik fällt plötzlich weg. Allerdings gibt es da noch einen mentalen Nachhall, den man in den ersten Tagen zu spüren bekommt, besonders in Situationen, in denen die Macht der Gewohnheit zuschlägt. Zum Beispiel direkt nach dem Mittagessen, wenn du einen Nachtisch gewohnt bist. Dann rotiert der Kopf noch einige Tage und fragt, was du denn noch Süßes essen könntest. Oder bei der üblichen süßen Kaffeepause, zu der es bisher immer eine kleine Nascherei gab. Plötzlich wird der Kaffee solo zur Qual, weil es so ungewohnt ist, nichts dazu zu schnabulieren. Der Magen will eigentlich nichts. Du bist völlig satt, aber der Kopf dreht durch und rattert das ganze alte Programm ab.

Sieh es dir an. Es gehört mit zum Reinigungsprozess. Nach einiger Zeit wird es weniger, und – kaum zu glauben – es hört irgendwann ganz und gar auf. Und was du dann hast, ist Gold wert: Zeit und Energie wie nie zuvor. Dann wird dir bewusst, wie viel Zeit, Energie und natürlich auch Geld du jahrein, jahraus verplempert hast für so etwas Dummes wie Süßigkeiten.

Nach vielen Monaten des kompletten Zuckerverzichts finde ich es immer noch erstaunlich, dass ich so viel abgenommen habe, ohne mich anderweitig einzuschränken. Eigentlich war es einfacher als jede Diät oder Fastenkur. Ich habe oft die doppelte Portion beim Mittagessen gegessen, abends Chips, Erdnüsse oder Käsestangen gefuttert und auch sonst nicht darauf geachtet, weniger Kalorien zu mir zu nehmen. Meist ging es mir nach einem Chips-und-Erdnuss-Abend allerdings wieder so schlecht, als hätte ich Zucker gegessen. Ich war wieder so gesmashed, dass ich darüber schreiben musste. Durch die Selbstreflexion regulierte sich dann nach und nach diese zwanghafte Magenvollstopferei der ersten Zeit im Programm. Ich wusste, dass irgendetwas in mir nicht im Gleichgewicht war, wenn ich so einen Abend erlebt habe, und habe morgens dann darüber geschrieben, um mein unbewusstes Defizit zu klären. Inzwischen passiert es mir relativ selten, und ich weiß dann, dass »was im Busch ist«. Ich lasse einfach nur den Zucker weg und arbeite im Programm, und mein Körper findet nach und nach zu seiner gesunden Figur zurück.

Es ist ein erstaunliches Phänomen und anscheinend bisher unerforscht, dass man etliche Kilos verlieren kann (das hat natürlich einige Monate gedauert), indem man nur den Zucker weglässt, auch wenn man sonst viele Kalorien zu sich nimmt. Ich vermute, dass der Körper mit all diesen ungesunden, toten Kalorien nichts anderes anzufangen weiß, als sie einzulagern. Anscheinend macht er das bei anderen Lebensmitteln nicht so stark, sondern kann sie besser verarbeiten. Dieses Phänomen ist noch nicht erforscht, und

1. Schritt: Die inneren Stimmen

ich vermute, dass die Zuckerlobby ein solches Forschungsprogramm verhindern würde. Hier ist die gute Nachricht: Ganz egal, wieso du abnimmst, obwohl du nur Zucker weglässt – es funktioniert!

Nach einer Weile, wenn du es schon normal findest, keinen Zucker mehr zu essen und du schon lange keinen Jieper mehr hattest, ist es immer noch erstaunlich, dass du weiter abnimmst und endlich dein Wunschgewicht erreichst. Es kommt dir dann so vor, als würdest du abnehmen, ohne etwas dafür zu tun, weil du das Schreiben und die Arbeit im Programm als völlig alltäglich erlebst, so wie das tägliche morgendliche Duschen. In diesem Zustand weißt du, was du durch einen Rückfall aufgeben würdest: das gute Gefühl, die erfreulichen Zahlen auf der Waage zu sehen und deinen Körper im Spiegel mit Wohlwollen betrachten zu können, die Freude, in früher allzu enge Hosen wieder gut hineinzupassen, das Glückgefühl, wenn du auf deine gute Figur und dein gutes Aussehen angesprochen wirst. Und das ist nur das Äußerliche. Innen ist auch vieles verändert worden, und Menschen, die dir nahestehen, werden auch das bemerken.

Im großen Gegensatz zu deiner Suchtzeit, in der kein Tag ohne Selbstvorwürfe verging, gibt es jetzt etwas ganz Neues: Du fühlst dich gut, und du fühlst dich gut, und du fühlst dich gut!
Dann weißt du, dass es dumm wäre, das alles aufzugeben für einen kurzen Moment mit der einen Leckerei, die einen scheinbar himmlischen Genuss verspricht. Du weißt, dass du durch diese ganze anstrengende erste Phase des Entzuges wieder hindurch müsstest, und sagst dir dann: Das ist es nicht wert!

2. Schritt:

Hilfen

Der Jieper ist das Hinweisschild · Ein Stoßgebet · Der innere Mentor
Blocker · Die vier tragenden Säulen · Dein Körper
Bewusstheit schaffen · Angreifer und Verbündete · Ein Begleiter
Gewinner und Versager · Der Zuckersuchtdämon

Der Jieper ist das Hinweisschild

Die erste zuckerfreie Woche liegt hinter dir. Klasse! Du hast die ersten Erfahrungen im Programm gesammelt: Schreiben, Aufgaben und deine erste Zeit der Fülle. Noch drehen sich alle Gedanken 100 Mal am Tag um Zucker. Du hast den Rettungsring Zucker abgelegt, der dir einerseits bisher Schutz und Halt gegeben hat, der jedoch andererseits zu einer Fessel geworden ist. Zucker hat bisher ein Loch gefüllt, eine Not überdeckt, einen Schmerz getröstet, eine Langeweile getötet, ein unerfülltes Bedürfnis beruhigt oder dich durch Einlullen vor einer Konfrontation bewahrt. Du hast den Zucker bisher gebraucht, um bestimmte Gefühle nicht fühlen zu müssen. Und nun ist dieser Rettungsring weggefallen, und du treibst auf diesem Meer der Gefühle, das dich jederzeit überfluten und verschlingen könnte – einzig mit dem unbekannten Rettungsanker des Zuckersuchtprogramms. Es sind Gefühle, die so unangenehm sind, dass du sie nicht haben willst.

Die Momente, in denen du sonst Zuckerkonsum als notwendig erlebt hast, sind Hinweisschilder, die dich an deine verschiedenen unaufgelösten Probleme führen werden. Leider sind es gerade die Themen, die du bisher mit Zucker blockiert hast. Durch deine Selbstbeobachtung kommst du den Themenbereichen nach und nach auf die Spur.

Welche Situationen sind es bei dir, in denen du den größten Jieper erlebst? Welche Gefühle kommen hoch, wenn du dich nicht mehr mit Zucker einlullen und betäuben kannst?

➤ *Aufgabe: Den Jieper als Hinweisschild benutzen*

Irgendwann vor einigen oder vielen Jahren hast du entdeckt, dass du Zucker benutzen kannst, um etwas Unangenehmes in dir nicht mehr fühlen zu müssen. Diese Entdeckung war unbewusst. Im Laufe deiner Sucht hast du Zucker bei den verschiedensten Themen benutzt, um unangenehme Gefühle durch glückliche Süße zu überlagern. Finde heraus, welche Gefühlsbereiche sich seit deiner Sucht wieder unangenehm zu Wort melden. Ist es Einsamkeit, Traurigkeit, Verzweiflung, Wut, Depression, Unglücklichsein? Oder verspürst du einen Zuckerjieper, wenn du dich langweilst, hungrig und ausgelaugt bist oder dich unerfüllt fühlst? Erfasst dich der Naschhunger in Situationen, in denen du dich minderwertig, hässlich, ungeliebt oder vernachlässigt fühlst? Erlebst du einen Zuckerjieper, wenn ein unbenennbares, unstillbares Verlangen von dir Besitz ergreift? Oder kannst du nicht widerstehen, wenn alle etwas essen, weil du dich sonst ausgeschlossen, fremd, verängstigt und getrennt fühlen würdest?

Schreibe auf, was du bei dir entdeckst.

Alle Gefühle, die du bisher mit Zucker betäuben konntest, werden jetzt langsam freigespült werden. Die Aufgaben jeder Woche werden dich mit verschiedenen Themenbereichen konfrontieren, so dass du dich damit auseinandersetzen kannst. Manche werden dich mehr betreffen, andere weniger. Wichtig ist, dass du alles, was in dir hochkommt, anschaust und mit einer positiven Einstellung beobachtest.

2. Schritt: Hilfen

Heiße deine unangenehmen Gefühle willkommen. Indem du diese Gefühle erkennst, annimmst und die damit zusammenhängenden Themenbereiche bearbeitest, baust du dir ein sicheres Schiff, mit dem du aus deinem Meer der chaotischen Gefühle heraussegeln kannst.

Es wird einige Zeit in Anspruch nehmen, bis das Schiff wirklich seetüchtig ist. Jetzt, wo du noch ganz am Anfang der Reise stehst, musst du dir klarmachen, dass jeder Schritt, jedes Schreiben, jede Erkenntnis, jedes Bearbeiten der Aufgaben, jede Zeit der Fülle eine Planke für dein Schiff ist. Mit der Zeit wird das Schiff immer fester und fahrtüchtiger werden. Aber es wird, wie alle Prozesse, Zeit brauchen. Und bis dahin wird noch so manche Welle über dich schwappen – oder anders ausgedrückt: Zu Beginn des Prozesses bist du offen, verletzlich und empfindlich, wie ein Genesender nach einer langen Krankheit. Das ist normal und gehört dazu. Das ist Teil des Prozesses, in den du dich begeben hast.

Wenn also der Jieper ganz furchtbar an dir zehrt, dann beobachte die Umstände, beobachte die jeweiligen Gefühle und Gedanken, und schreibe alles auf. Der Jieper ist das Hinweisschild zu einem Thema, über das du schreiben solltest. Schreibe dich aus deiner Zuckersucht heraus. Jede Seite ist Arbeit am Schiff, so dass du den Rettungsring (um die Hüften) irgendwann nicht mehr benötigen wirst. Und bis dahin machst du weiter im Programm.

In dieser Phase des ersten Beginns, wenn das Schiff noch nicht fertig, aber das Seil schon gekappt ist, ist es äußerst wichtig, sich Hilfe zu holen. Die größte Hilfe ist es, sich an eine höhere Macht zu wenden.

Ein Stoßgebet

Vielleicht hast du Lust, dich auf folgendes Experiment einzulassen? Wenn dich das nächste Mal ein ganz schrecklicher Heißhunger nach Süßem überfällt, dann bitte eine höhere Macht um Hilfe. Bitte einfach um Hilfe und Beistand und darum, dass die Attacke abgewendet wird, und du wirst sehen: Es funktioniert! Ein sehr wirkungsvolles Stoßgebet ist: »Gott, bitte hilf mir!«
Wer oder was auch immer diese höhere Macht ist, er/sie kann deine Begierde nach Süßem beseitigen. Probiere es aus! Du wirst erfahren, dass es funktioniert. Der Appetit verschwindet. Du hast selbst nichts dazu beigetragen. Du hast nur eine höhere Macht um Hilfe gebeten.

➤ *Aufgabe: Klopfe an, und es wird dir aufgetan*

Kannst du spüren, dass eine höhere Macht anwesend ist? Was ist es für dich? Du bist umgeben von helfenden Kräften. Die höhere Macht ist dir näher als Hände und Füße. Sie ist um dich und in dir. Du erfährst sie innerlich im Herzen, und sie spricht zu dir, wenn du in die Stille eintrittst. Versuche, deinen ganz persönlichen Zugang zu finden, und es wird dir Hilfe zuteil werden. Alles, was du brauchst, ist der unbedingte Wunsch, mit dem zwanghaften Naschen aufzuhören. Und dann, spüre den Raum, den Ort, den Moment, den Augenblick, spüre die Anwesenheit von etwas ganz anderem und ... bitte um Hilfe ... und sie wird dir gegeben werden. Klopfe an, und es wird dir aufgetan.

➤ *Aufgabe: Deinen Gott finden*

Falls diese Bitte um Hilfe bei dir nicht gewirkt hat, versuche es erneut. Vielleicht ist es ein tiefsitzender Zweifel daran, dass es diese helfende Kraft gibt. Vielleicht zweifelst du auch daran, dass sie dir helfen wird. Wenn das so ist, dann schreibe auf, warum du daran zweifelst, dass dein Gott dir bei dieser Aufgabe helfen kann. Was glaubst du, ist der Grund, warum diese Bitte um Hilfe bei anderen wirkt, aber bei dir nicht?

Der innere Mentor

Eine der Säulen, auf denen das Zuckersuchtprogramm aufbaut, ist das tägliche Schreiben. Sobald du tiefer in die Technik des Schreibens einsteigst, wirst du die heilsame Wirkung eines inneren Zwiegespräches erfahren, das sich aus den Fragen und Antworten mit deinem »inneren Mentor« ergibt. Dieser Kontakt tritt ein, nachdem du etwa anderthalb bis zwei Seiten geschrieben hast: Dann wechselt das Gehirn von der linken, dominanten, logischen auf die rechte Gehirnhälfte, das heißt, du schaltest auf ganzheitliches, intuitives Denken um.

Jetzt ist der Zeitpunkt gekommen, Fragen zu stellen, und du wirst sehen: Es kommen Antworten aus dir selbst heraus, die oft verblüffend einfach, unerwartet und immer wegweisend sind. Stelle deine Frage, und deine Hand wird die Antwort aufs Papier schreiben. Sobald du die Frage formuliert und geschrieben hast und in dich hineinhorchst, wirst du merken, dass die Antwort in dir hochsteigt, sich in Worte kleidet und dass deine Hand im Schreibfluss einfach weiterschreibt und dir diese Antwort mitteilt. Die Antwort wird dir direkt in der Du-Form gegeben und war schon in der Frage verborgen. Du konntest sie bisher nur noch nicht formulieren und zum Vorschein bringen. Das Schreiben offenbart deine Frage und deine Antwort darauf. Dieser innere Ratgeber wird in diesem Buch »der innere Mentor« genannt, du kannst ihn aber auch ganz anders nennen. Durch das Schreiben wird der Mentor erweckt.

Es ist empfehlenswert, diese Seiten möglichst morgens zu schreiben. Du bekommst von deinem inneren Mentor, einer neutralen, wohlgesinnten, inneren Instanz, wertvolle Tipps für den vor dir liegenden, unberührten Tag und für dein Leben. Nach und nach werden so alle deine Lebensfragen beantwortet. Selbst zu den scheinbar unwichtigsten Dingen kannst du Fragen stellen. Wie aus einer intuitiven Quelle fließen die Antworten aufs Papier. Der innere Mentor ist die größte Hilfe innerhalb des Programms. Nutze sie unbedingt! Mit deinem inneren Mentor wird folgender Satz zur gelebten Erfahrung: »Wenn du einen Schritt tust, kommt er dir zwei Schritte entgegen.«

Wenn du den Dialog mit dem inneren Mentor über einige Monate praktiziert hast, wirst du feststellen, dass sich deine Intuition erhöht. Diese innere Stimme ist dann nicht nur beim Schreiben anwesend, sondern auch tagsüber in allen möglichen Lebenslagen. Auf diese Hilfe kannst du dich immer und überall verlassen.

Das Schreiben ohne den Dialog mit dem inneren Mentor genügt nicht, um dich von deiner Sucht zu befreien. Erst durch deine Fragen, durch die Handlungsempfehlungen des inneren Mentors und dadurch, dass du diesen Empfehlungen folgst und sie in die Tat umsetzt, ändert sich grundlegend etwas. Du fragst zum Beispiel: »Was soll ich heute vorrangig tun?« oder »Was sagst du dazu?« Dann erhältst du Rat, Beistand, Hilfe, Unterstützung und all das, was nötig ist, um Schritt für Schritt neue Wege zu beschreiten. Das ist der »Casus Knacktus«. Die Frage «Was muss ich beachten?» öffnet dein Bewusstsein, lässt einen neuen Raum entstehen, bringt dich zum Lauschen. »Wie geht es weiter?« ist eine Bitte um Hilfe, auf die eine deutliche Antwort folgt, meist in Form von möglichen Handlungsschritten.

Diese Hinweise in die Tat umzusetzen, bewirkt eine große Veränderung. Insofern unterscheidet sich diese Art des Schreibens fundamental von den üblichen Tagebuchaufzeichnungen und Selbstreflexionen. Es ist nicht nur ein Wahrnehmen und Registrieren, sondern – durch den Dialog – ein Schlüssel zu einer wirklichen, praktischen Hilfe, und das Tag für Tag, alle Lebensbereiche betreffend. Du kannst dieser Stimme des inneren Mentors trauen, die sich dir beim Schreiben offenbart. Der innere Mentor macht dich klar und bewusst, und du wirst unglaublich gut geerdet, wenn du seine Handlungsempfehlungen befolgst. Das Besondere ist, dass du vorher nicht ahnst, was er antworten wird. Wenn du zum Beispiel verzückt über die Schönheit des Frühlingsmorgens schreibst, kann es passieren, dass dein innerer Mentor auf die Frage »Was liegt heute an?« deutlich sagt, dass du die längst fällige Steuererklärung in Angriff nehmen solltest. Oder du regst dich über Hans und Franz auf und hoffst, dass er dir zustimmen wird, aber stattdessen erinnert er dich an deine Erkenntnis vom Morgen, bei der dir klar wurde, dass du lernen musst, Grenzen zu setzen, und rät dir, eine Stunde abzuschalten und einen Spaziergang zu machen, um deine negativen Gefühle loszuwerden. Diese unverhofften Antworten sind einfach genial. Dein Mentor bringt dich auf den Punkt, er arbeitet sanft und auf liebevolle Weise mit dir und hat immer nützliche Tipps. Totaler Zuckerverzicht plus Schreiben plus Kontakt zum inneren Mentor plus das Befolgen der Empfehlungen des Mentors führt zur Überwindung der Sucht, weil du alle Ursachen deiner Sucht bearbeitest. Durch die Hilfe des inneren Mentors wirst du lernen, mit all deinen Problemen Schritt für Schritt umzugehen.

Diese Schreibtechnik geht weit darüber hinaus, nur die Zuckersucht zu überwinden. Der innere Mentor ist die Instanz, die dir Wege zeigt, alle Lebensbereiche zu beleuchten und all deine Erkenntnisse in die Tat umzusetzen, indem er dir täglich in kleinen Portionen Aufgaben stellt, die zu bewältigen sind, und indem er dich unterstützt. Und das ist die wichtigste Hilfe, die du dir holen kannst. Nutze sie unbedingt!

Blocker

Eine weitere Hilfe für die Momente der Versuchung können Leitsätze oder Affirmationen sein, die dir helfen, der Versuchung zu widerstehen. Es sind Sätze, die du wie einen Schildzauber um dich legen kannst. Hier im Buch werden sie Blocker genannt. Ähnlich wie ein Pop-up-Blocker im Computer das unerwünschte Öffnen von zusätzlichen Pop-ups blockiert, so unterbindet ein Blockersatz die unerwünschte Funktion, zu Naschzeug zu greifen. Folgende Sätze sind Blocker:

- Zucker hilft mir nicht wirklich, sondern macht alles nur noch schlimmer.
- Das ist es nicht wert.
- Ich bin nur einen Bissen von einem Rückfall entfernt.
- Es geht nicht darum abzunehmen, sondern um die Befreiung aus dem Teufelskreis der Sucht.
- Die Lösung wird kommen. Solange halte ich den Mangel aus.
- Es geht mir kein Stückchen besser, wenn ich jetzt Zucker esse.
- Es ist leichter, im Programm zu bleiben, als nach einem Rückfall wieder ins Programm einzusteigen.
- Zucker macht mich unglücklich.
- Rauslassen, statt reinfressen.

Durch Schreiben drückst du dich aus und lässt etwas hinaus, was bisher innen war. Beim Essen nimmst du etwas in dich hinein. Eine Freundin fand für sich den einfachen, aber wirkungsvollen Blocker: »Lieber schreiben statt fressen!«

➤ *Aufgabe: Deine Blockersätze finden*

Suche dir einen Blocker aus, oder erfinde einen eigenen, der dich über eine Versuchung hinwegtragen kann. Wenn du deinen Blocker gefunden hast, schreibe ihn in großen Buchstaben in dein Heft, und unterstreiche ihn. Dann schreibst du den ganzen Satz noch zehnmal hintereinander auf, damit er sich richtig tief einprägt. Er soll sich fest in deinem Gehirn verankern, wie ein Ohrwurm. Du wirst sehen: Blocker sind eine gute Hilfe bei Versuchungen. Je flüssiger du deine Blockersätze wie ein Gedicht hersagen kannst, desto hilfreicher sind sie, wenn ein Jieper dich überfällt.

2. Schritt: Hilfen

➤ _Aufgabe: Blockerkarten_

Überlege dir kurze, prägnante Worte, die dich bei einem Jieper blocken. Zum Beispiel:

ZUCKER – NEIN DANKE.

ZUCKERFREIE ZONE.

RÜCKFALLGEFAHR!

FINGER WEG!

NASCHEN VERBOTEN!

HUNGER WORAUF?

So eine Blockerkarte ist wie ein Warnschild. Wenn dir diese Blockersätze zu massiv sind, kannst du auch Worte wie HEILUNG, FREI VON ZUCKER oder DER NEUE WEG benutzen. Suche aus, was zu dir passt. Nun gestaltest du Postkarten mit diesen Worten und hängst sie dir an die Orte, an denen Gefahren lauern: den Kühlschrank (Joghurt), den Küchenschrank (Marmelade und Honig), das Naschiregal etc. Nimm dir Zeit, diese Karten richtig schön zu gestalten. Male sie bunt an, oder beklebe sie. Es sollen Hingucker werden. Durch die Gestaltung der Karten prägen sich die Worte tiefer ein, und außerdem bleiben die Blockerkarten länger hängen, wenn sie schön aussehen.

Die vier tragenden Säulen

Es gibt vier Lebensbereiche, die wie vier tragende Säulen deine Persönlichkeit im Alltagsleben im Gleichgewicht halten. Gerätst du mit einem dieser Lebensbereiche in eine Krise oder droht eine starke Veränderung, kannst du notfalls auf drei Säulen stehen. Wird eine weitere Säule angeknackst, ist dein Gleichgewicht ernsthaft gefährdet. Es ist wie bei einem Stuhl: Drei Stuhlbeine halten dich noch, selbst wenn diese drei etwas wackeln, aber auf einem Stuhl mit zwei Beinen kannst du nicht mehr sitzen.

Diese vier Säulen sind:

- Gesundheit
- Wohnen und Wohnumfeld
- Partnerschaft/Beziehungen/Familie
- Arbeit und Geldverdienen/Beruf bzw. Berufung
  (Die Reihenfolge ist willkürlich.)

Es ist normal, dass einige Säulen etwas wackeln. Manchmal wackeln auch alle ein wenig. Das ist noch keine ernsthafte Krise. Es ist ratsam, dass du eine solche Umstellung wie den Zuckerverzicht in einer Lebensphase durchführst, in der du auf allen vier Säulen einigermaßen sicher stehst. Jede ernsthafte Krise in einem der vier Lebensbereiche kann deinen Entschluss, im Programm zu bleiben, ernsthaft gefährden.

➤ *Aufgabe: Lebenssäulencheck*

Wie gut sind deine vier tragenden Lebenssäulen verankert? Reflektiere mental über deinen momentanen **Gesundheitszustand**. Was ist körperlich nicht ganz so, wie es sein sollte oder könnte? Was kannst du tun, um deinen Gesundheitszustand zu verbessern?

Gibt es irgendwelche Probleme, die dein **Wohnen** oder **Wohnumfeld** betreffen? Fühlst du dich wohl zu Hause, sicher und geborgen? Kannst du in deinem Zuhause Energie tanken? Findest du die notwendige Ruhe? Schläfst du gut in deinem Bett? Wie ist das Verhältnis zu den Nachbarn? Magst du deine Einrichtung? Gibt es irgendetwas, was du gerne ändern würdest?

Wie sieht es in deiner **Partnerschaft** aus? Hast du irgendwelche offenen oder unausgesprochenen Konflikte mit deinem Mann/deiner Frau/deinen Kinder/deinen Eltern, mit einem Partner oder einem ehemaligen Partner oder anderen Menschen? Welche momentane oder

2. Schritt: Hilfen

ehemalige **Beziehung** oder Situation mit einem anderen Menschen belastet dich sehr? Gibt es Probleme in deiner **Familie**, die dich belasten? Hast du Sorgen oder Ängste in Bezug auf ein Familienmitglied? Was ist mit Kindern?

Wie ist dein Verhältnis zu Geld? Erlebst du Mangel oder Fülle? Hast du Schulden? Wenn ja, wie lange noch? Wie groß ist die Belastung, die das Thema Geld bei dir verursacht? Verdienst du dein eigenes Geld, oder verdient dein Partner das Geld? Wie geht es dir mit deiner Geldsituation? Und wie geht es dir mit deinem **Beruf**? Ist er deine Berufung? Ist er genau das, was dich erfüllt und dir Freude macht, auch in den nächsten 20, 30 oder 40 Jahren? Hast du Existenzängste in Bezug auf Geld oder deinen Beruf?

Zeichne vier senkrechte Skalen mit einer Einteilung von 1 bis 10, und mache dir visuell klar, wo dein Lebenssäulenbarometer sich gerade befindet. 10 ist die höchste Punktzahl, die du vergeben kannst. Datiere die Skalen. In einigen Wochen wirst du erneut einen Blick auf diese Lebenssäulen werfen.

Es könnte sein, dass du durch den Lebenssäulencheck bemerkst, dass du ganz viele Baustellen hast, die dir jetzt wie ein Berg ungelöster Probleme erscheinen. Sage dir dann, dass du jetzt auf dem Weg bist, deine Baustellen nach und nach anzusehen und etwas in deinem Leben zu ändern. Lass dich nicht durch den Berg entmutigen. Du hast den wichtigsten Schritt getan: hinsehen. Jeder Zuckersüchtige, der ins Programm einsteigt, wird irgendwann merken, dass er in einen tiefgreifenden Veränderungsprozess eingetreten ist. Und sicherlich weißt du auch, dass du nach dem Durcharbeiten des Zuckersuchtprogramms noch lange nicht damit fertig sein wirst. Dieser Prozess wird dich schrittweise dorthin führen, wohin dein Herz dich schon immer führen wollte. Es wartet schon so lange darauf, dass es endlich losgeht. Und du bist jetzt auf dem Weg – auf deinem Weg.

➤ *Aufgabe: Das derzeitige Hauptthema bearbeiten*

Nach diesem Lebenssäulencheck hast du bestimmt gespürt, welches Thema dich am meisten emotional bewegt hat. Deine Aufgabe ist jetzt, nur über dieses eine Thema zu schreiben und alles zu Papier zu bringen, was dir dazu einfällt, was du loswerden willst, was dich quält oder bedrückt. Wenn du mindestens zwei Seiten geschrieben hast, bitte deinen inneren Mentor um Rat, und warte auf die Antwort. Sei offen. Die Antwort wird kommen.

Das Zuckersuchtprogramm ist ein tiefgreifender Einschnitt in dein Leben. Da die Umstellung wie eine Krisenzeit der Gesundheitssäule zu bewerten ist, ist es nötig, dass du auf einige Fundamentpunkte achtest, damit du nicht aus dem Gleichgewicht gerätst. Die Basispunkte für den Gesundheitsbereich sind: gesundes Essen, ausreichend Schlaf, tägliche Bewegung an der frischen Luft und ... Aufräumen und Saubermachen (!).

Durch die Zuckerabstinenz wird dein gesunder Appetit zurückkehren, so dass du viel mehr Lust auf frische, natürliche, gesunde Speisen bekommst. Diesen Punkt wirst du also bald im Griff haben. Wenn nicht, dann schreibe über dein Essverhalten, und befrage den inneren Mentor, wie der nächste Schritt aussieht.

Achte auf genügend erholsamen Schlaf, da durch die leichte Überreiztheit und Dünnhäutigkeit leicht Schlafstörungen und Schlafmangel auftreten können.

Tägliche Bewegung an der frischen Luft, mindestens 15 bis 20 Minuten, ist eigentlich selbstverständlich. Falls du es nicht sowieso schon tust, versuche, es so oft wie möglich in deinen Zeitplan einzubauen (vielleicht als Zeit der Fülle?).

Aufräumen und Saubermachen hört sich erst einmal befremdlich an, aber es ist für deine Psyche wichtig. Es hört sich bieder und deutsch an, aber es ist nicht zu unterschätzen, wie wichtig dieser Punkt ist. Zuckersüchtige neigen zu depressiven Verstimmungen, die besonders in der Entzugszeit stärker werden können. So seltsam es klingen mag, aber Aufräumen und Saubermachen ist eine der hilfreichsten Maßnahmen gegen üble Stimmungen. Probiere es aus!

Dein Körper

Es gibt einen Quälgeist im eigenen System, der dir durch unerfüllte Wünsche schlechte Gedanken und Gefühle bereitet. In bestimmten Phasen bist du wie hypnotisiert von deinen unerfüllten Wünschen und fühlst dich elend und schlecht mit dem Ist-Zustand. Diese Wünsche betreffen alle Lebensbereiche. Vielleicht wünschst du dir mehr Geld oder Erfolg im Beruf, einen tollen Mann oder der unerfüllte Kinderwunsch wird übermächtig. Unerfüllte Wünsche können tatsächlich übermächtig werden – wie eigene Wesenheiten – und dich besetzen. Dein ganzes Leben wird dann negativ davon beeinflusst, und du kommst aus dieser Gedankenspirale schwer wieder heraus.

Besonders verletzend sind unerfüllte Wünsche in Bezug auf deinen Körper. Wenn du durch deine Zuckersucht an Übergewicht leidest, kennst du dieses Leid, das aus einem übermächtigen Wunsch nach einem schlanken, fitten Körper geboren wurde. Unerfüllte Wünsche werden zu einer Qual, zu einer Quelle des Leides und – bezogen auf deinen Körper – zu einer Quelle des Selbsthasses, der Verzweiflung und der Depression. Auch wenn du weißt, dass du durch diese Gedankenspirale nichts änderst, hast du unterschwellig den Wunsch, dass irgendwann das Maß so voll ist, dass »etwas passiert«. Wenn du schon lange unter deiner Zuckersucht leidest, dann trägst du seit Jahren diesen negativen Quälgeist in Bezug auf deinen übergewichtigen Körper mit dir herum, der dein Leben beeinflusst und dich in der Gefangenschaft hält. Bisher hattest du durch deine Sucht keine andere Wahl. Dieser Mechanismus selbstzerstörerischer

Gedanken ist untrennbar mit deinem Suchtverhalten verbunden. Jetzt bist du auf dem Weg, diese Gefangenschaft zu verlassen. Sieh dir an, wie wenig Eigenliebe du bisher hattest, wie wenig du deinen Körper schätzt. Nimm dir einen kurzen Moment Zeit, und gehe einfach einmal in Gedanken durch, was du an deinem Körper alles nicht magst, angefangen bei deinen Füßen bis hinauf zum Scheitel. Tue es jetzt!

Erschreckend viel, was du nicht magst, nicht wahr? Und was magst du an deinem Körper? Meist ist es vergleichsweise wenig, was auf der positiven Seite der Liste stehen würde.

Seit Jahren benutzt du dieses ungewöhnliche Instrument, dass dir für die paar Lebensjahrzehnte geliehen wurde. Bald schon wirst du dieses Wunderwerk als Hülle zurücklassen müssen. Und so vieles an diesem Körper magst du nicht. Um aus diesem Mechanismus des Eigenhasses auszusteigen, musst du lernen, das »halbvolle Glas« zu betrachten. Sicherlich kennst du das Bild von dem halbgefüllten Glas. Die Sichtweise, nur die leere Hälfte zu betrachten, ist das, was dein *mind* macht, wenn er sich ständig vorstellt, was er gerne hätte, aber nicht hat.

Übe dich darin, das Glas als halbvoll zu sehen – nicht als halbleer. Dazu gehört auch, dir vorzustellen, was du alles schlechter haben könntest. Dadurch fällt es dir leichter zu schätzen, was du hast.

Achte darauf, wann die Gedankenspirale anfängt, die dich in den alten negativen Strudel spült. Schreibe über deine negativen Gedanken. Sieh sie an. Bitte deinen inneren Mentor um Hilfe, und arbeite mit dem Bild des halbgefüllten Glases, um diesen Mechanismus zu durchbrechen.

➤ *Aufgabe: Was ich an mir mag*

Schreibe auf, worüber du froh bist in Bezug auf deinen Körper. Oft sind es die vielen Selbstverständlichkeiten, die du schon lange nicht

2. Schritt: Hilfen

mehr gewürdigt hast. Schreibe mindestens zehn Punkte zu deinem
wundervollen Körper auf.

➤ _Aufgabe: Das Leben fühlen_

Nimm dir einen Moment Zeit, und setze dich entspannt hin. Atme
ruhig und langsam, und spüre in deinen Körper hinein. Er ist voller
Leben. Alles in dir ist lebendig. Spüre diese feine, leichte Energie, die
alles durchpulst. Sei mit deiner Aufmerksamkeit ganz intensiv in einzelnen Körperteilen.

Du bist nicht dein Körper. Der Körper hat ein Eigenleben. Tritt in
eine neue Beziehung mit ihm. Sei liebevoller zu ihm. Fang heute
noch damit an! Du könntest dich schön anziehen, so dass du dich
richtig wohl fühlst. Du könntest dich aufmerksam schminken, deinen Körper liebevoll duschen oder baden, dich schön frisieren, dich
liebevoll eincremen, ein Fußbad nehmen, tanzen und vieles mehr.
Los! Leg dieses Buch weg, und mach jetzt sofort etwas für deinen
wundervollen Körper!

➤ _Aufgabe: Minizeit der Fülle für deinen Körper_

Tanzen hilft enorm! Lege dir deine liebste Musik auf, und bewege
dich so, wie es dein Körper möchte. Das ist übrigens eine prima Minizeit der Fülle. Mache jeden Tag dieser Woche etwas Liebevolles für
deinen Körper, auch wenn es nur zehn Minuten sind. Zum Beispiel:
Yoga, Solarium, Sauna, schwimmen, tanzen, Fahrrad fahren, spazieren
gehen, eincremen, schönmachen, joggen, baden ...

Und nun sieh dir an, wie stark dich deine bisherigen negativen Überzeugungen davon abgehalten haben, das zu tun, wozu du eigentlich
Lust hättest. Was würdest du tun, wenn du dich rundum richtig
wohl mit deinem Körper fühlen würdest? Würde deine Antwort vielleicht so lauten: Wenn ich ein gutes Körpergefühl habe, dann ...

... traue ich mich wieder, Miniröcke zu tragen.

... kann ich wieder im Bikini ins Freibad gehen.

... finde ich den richtigen Mann, weil ich dann mutiger bin.

... habe ich mehr Spaß beim Sex.

... werde ich mir knallig bunte Klamotten kaufen.

... bin ich attraktiv, selbstbewusst und glücklich.

➤ *Aufgabe: Zeit der Fülle für deinen Körper*

Wie lauten deine Sätze? Schreibe zehn Endungen auf für den Satz:
»Wenn ich ein gutes Körpergefühl habe, dann ... «. Wie wird es sich
anfühlen, und was wirst du machen, wenn du dein gutes Körpergefühl wieder hast? Kannst du einen kleinen Teil davon jetzt schon ver-
wirklichen? Schreibe auf, womit du in dieser Woche deinen Körper
verwöhnen möchtest.

Verwende in dieser Woche deine Zeit der Fülle für deinen Körper.

Bewusstheit schaffen

Stell dir vor, du hast eine Nacht in einem guten Hotel verbracht
und gehst nun morgens zum Frühstücksbuffet. Rührei, Brötchen,
Käse- und Wurstsorten, Marmeladen, Obstsalat, Müslis, Kaffee,
frisch gepresster Orangensaft, Croissants ... Das Buffet quillt nur so
über vor Köstlichkeiten. Eigentlich bist du noch satt vom Vorabend,
aber der Duft, der Anblick und die Tatsache, dass du so viel essen
kannst, wie du willst, weil es ja im Preis enthalten ist, machen dich
ganz unruhig. Du spürst den Impuls, dir den Teller übervoll zu füllen und zu essen ... essen ... essen. Selbst wenn du keinen Zucker
nehmen würdest, würdest du über die Stränge schlagen. Gier und
Völlerei lassen dich zu unverträglichen Mengen greifen.

2. Schritt: Hilfen

In solchen Momenten (und davon wird es noch viele geben, auch zu Hause) hilft es, Bewusstheit zu schaffen. Halte kurz inne, und mache dir dein Körpergefühl bewusst. Wie fühlen sich dein Magen und deine Därme an? Atme langsam und ruhig, und horche nach innen. Spüre deine Atmung. Sei ganz in der Gegenwart. Wie viel Hunger hast du jetzt wirklich? Worauf hast du wirklich Appetit? Dann nimmst du dir eine kleine Menge von dem, worauf du wirklich Appetit hast, und isst im Zeitlupentempo. Dabei gehst du mit deiner Bewusstheit ganz in den Mund und schmeckst jeden Bissen. Dadurch, dass du mit deiner Bewusstheit im Körper bist, kann die Gier nicht mehr so gut zugreifen. Du genießt diese ersten Bissen und spürst dann wieder in deinen Körper, ob du wirklich noch mehr brauchst. Wenn du diese bewusste Aufmerksamkeit über den gesamten Frühstückszeitraum aufrechthalten kannst, wirst du wirklich nur das essen, was dir gut bekommt. Und du wirst damit belohnt werden, die folgenden Stunden des Tages ein angenehmes Körpergefühl zu haben.

Gier und Völlerei sind jedem Zuckersüchtigen bekannt. Kontrollverlust, der zu übermäßigem Konsum von Zucker führt, ist an der Tagesordnung. Leider kann es auch ohne Zucker zu periodischen Fressanfällen kommen. Diese Essstörung hat den Namen *Binge Eating*. Ein Symptom dieser Störung ist das gierige Hineinschlingen der Nahrung. Du bist wie besessen und musst essen, bis du das Gefühl hast, fast zu platzen. Im Gegensatz zu Bulimikern wird die Nahrung jedoch nicht erbrochen. *Binge Eating* führt meistens zu Übergewicht und dem bekannten Kreislauf aus Scham und Schuldgefühlen. Essanfälle sind ausschließlich psychisch bedingt und werden überwiegend durch negative Gefühle ausgelöst. Daher ist auch hier das Schreiben im Dialog mit dem inneren Mentor das erste Mittel der Wahl, um aus diesem Teufelskreis ausbrechen zu können. Indem du beim Essen Bewusstheit schaffst, deinen Körper fühlst und extrem langsam kaust, hast du eine weitere gute Hilfe, einem drohenden Fressanfall vorzubeugen. Sei wachsam! Sei aufmerksam!

Sei bewusst! Sei gegenwärtig! Fressanfälle können nur in einer Unbewusstheit entstehen. Je bewusster du bist, desto weniger können Gier und Völlerei nach dir greifen.

Angreifer und Verbündete

Da Leugnen und Selbstbetrug Teil der Krankheit sind, vergisst du leicht, dass du zuckersüchtig bist. Das ist gefährlich! Du willst sein, wie alle anderen sind, und wie alle anderen willst du auch essen können, was dir schmeckt. Angehörige und Freunde unterstützen diese Haltung, indem sie dich zum Essen in der Gemeinschaft überreden wollen. Die größte Gefahr liegt darin, dass die anderen das widerspiegeln, was du unbewusst als Muster in dir trägst. Dann geschieht mit an Sicherheit grenzender Wahrscheinlichkeit Folgendes: Jemand von außen sagt genau *die* Sätze, die du unbewusst in dir trägst, und schon schnappt die Falle zu. Daher ist es ganz wesentlich herauszufinden, welche Glaubenssätze in dir wirken.

Probiere folgende Sätze aus. Welche kennst du besonders gut? Hast du derartige Sätze schon gehört?

Verführung:

- »Eine kleine Ausnahme steckst du locker weg. Danach kannst du genauso zuckerfrei weitermachen.«

- »Du bist aber hart zu dir selbst. Sei mal ein bisschen netter zu dir.«

- »Gönn dir mal was Gutes.«

Vorwurf:

- »Du hast in letzter Zeit ein seltsames Essverhalten. Wann hörst du damit auf?«

- »So spartanisch könnte ich nicht leben! Da hat man ja gar keinen Spaß mehr (mit dir). Das Leben ist zu kurz, um immer nur zu verzichten.«

- »So zickig, wie du in letzter Zeit durch den Zuckerverzicht geworden bist, finde ich dich unerträglich. Ich glaube, es ist besser, wenn du wieder etwas Süßes isst.«

Neid:

- »Du hast doch schon so viel abgenommen. Nun übertreib es mal nicht!«

Die Sätze, die dich besonders angreifen, sind auch in deinem Inneren lebendig. Finde heraus, welche Angreifer- und Verführersätze in deinem eigenen System wirksam sind und bei welchen Sätzen du folglich besonders wachsam und aufmerksam sein musst.

➤ *Aufgabe: Den Umkehrsatz finden*

Welches ist für dich zurzeit der wichtigste Angreifer- oder Verführersatz, das heißt, welcher Satz trifft dich am meisten? Schreibe den Umkehrsatz dazu auf, und sage ihn mehrmals am Tag in Gedanken oder laut vor dich hin. Beispiel: »Eine kleine Ausnahme steckst du locker weg.« Umkehrsatz: »Ich mache keine kleine Ausnahme, weil ich sonst rückfällig werde.«

Sei besonders wachsam bei allem, was von außen an dich herangetragen wird und sich auf deinen Zuckerverzicht bezieht. Auch hier musst du ganz genau zwischen Angreifern und Verbündeten trennen. Du wirst erleben, dass besonders *die* Menschen durch deinen Zuckerverzicht unangenehm berührt werden, die selbst wissen oder ahnen, dass sie auch schon lange keine Kontrolle mehr über ihren Konsum haben. Es ist wichtig, dir klarzumachen, welche Menschen aus deinem Freundes-, Verwandten- und Bekanntenkreis, besonders von all denen, die dir nahestehen, dein neues Essverhalten in Bezug auf Zucker unterstützen und welche Menschen es angreifen oder belächeln.

Wer sind deine Angreifer, und wer sind deine Verbündeten? Bei dieser Feststellung geht es einzig und allein um den Angriff bzw. die Unterstützung in Bezug auf deine Zuckerenthaltsamkeit. Du kannst die netteste Freundin der Welt haben, die aber deinen Zuckerverzicht nicht gut aushalten kann und dauernd versucht, deinen Entschluss zu unterwandern (»Ich hab deinen Lieblingskuchen nur mit Honig gebacken, weil du ja zur Zeit keinen Zucker isst.« Oder: »Du bist mal wieder in einer deiner extremen Phasen. Ich hoffe, das ist bald vorbei.«). Auch wenn ihr sonst prima miteinander auskommt, musst du diese Freundin zu einem Angreifer zählen, weil sie deine neue Zuckerenthaltsamkeit nicht unterstützt.

Sobald du weißt, wer dich von deinen Bekannten und Verwandten unterstützt oder wer dich sabotiert, ist es leichter, dich vor der Begegnung zu schützen, die Angreifersätze abzuwehren und nicht an dich heranzulassen. Mache dir klar, dass die meisten Menschen dich unbewusst angreifen. Das wird dir helfen, es ihnen nicht übel zu nehmen. Du musst dich schützen, um nicht in deinem Vorhaben geschwächt zu werden. Du lehnst dadurch nicht den Menschen ab, sondern nur sein Verhalten in Bezug auf deinen Zuckerverzicht.

Verzeihe ihnen, denn den Angreifern ist nicht bewusst, dass du als Zuckersüchtige anders bist als andere. Mach dir immer wieder klar, dass sie nicht wissen und auch nicht verstehen können, wie es dir geht. Vielleicht sind sie selbst zuckersüchtig und können dieser Tatsache noch nicht begegnen. Vielleicht können sie es aber auch einfach nicht verstehen. Sie wissen nicht, durch welche leidvollen Phasen du gegangen bist und wie entsetzlich zermürbend dein Kampf war, aufhören zu wollen und nicht zu können. Sie wissen nichts von deinen vielen gescheiterten Versuchen, deinen Selbstvorwürfen, deiner Scham und deiner Verzweiflung. Sie wissen nicht,

2. Schritt: Hilfen

dass du nur einen Bissen davon entfernt bist, wieder in die Sucht zu fallen. Sie wissen nichts von Zuckersucht und davon, dass es eine Krankheit ist, die du nun endlich ernst nimmst. Du musst dich nicht rechtfertigen, nicht diskutieren, nichts erklären, wenn du es nicht willst. Entweder sie unterstützen dich, oder sie tun es nicht.

➤ _Aufgabe: Angreifer und Verbündete einordnen_

Nimm dir zwei Seiten in deinem Schreibheft. Auf der einen Seite sammelst du im Laufe der Arbeit im Programm die Namen derjenigen, die dich bei deinem Zuckerverzicht unterstützen. Auf die andere Seite schreibst du die Namen derjenigen, durch die du dich angegriffen oder nicht ernst genommen fühlst. Achte in Zukunft sehr sensibel darauf, wie jemand auf deinen Zuckerverzicht reagiert oder ob er/sie die Seite wechselt. Ist es ein Angreifer, ein Verbündeter oder hat er/sie eine neutrale Haltung?

➤ _Aufgabe: Passende Antworten_

Überlege dir passende Antworten für Angreifer. Es ist gut, ein paar Sätze parat zu haben. Da die meisten Menschen mit ihrer eigenen Zuckersucht konfrontiert werden, sobald du das Thema zur Sprache bringst, solltest du dir gut überlegen, ob es angebracht ist, es zu erwähnen, oder ob eine ausweichende Antwort sinnvoller wäre. Viele Menschen werden sich von deinem Verhalten unbewusst angegriffen fühlen, sobald sie hören, dass du gar keinen Zucker isst. Weil sie selbst unter Zuckersucht leiden, bekämpfen sie unbewusst dein neues Verhalten (zum Beispiel: »Ist das denn gesund?«). Sei dir außerdem bewusst, dass du schräge Blicke erntest, sobald du dich als süchtig bekennst.

Lass nicht zu, dass ihre Sätze und ihre Blicke in dir Wurzeln schlagen. Es gibt in der ganzen Welt Tausende von Menschen, die erfolgreich seit Jahren auf jeden Zuckerkonsum verzichten. Du bist nicht allein mit diesem Verhalten.

Ein Begleiter

Eine der größten Hilfen auf dem Weg, die Abhängigkeit zu überwinden, ist ein vertrauter Freund, der dich begleitet. Jemand, der in Zeiten der Not ein offenes Ohr für dich hat, der dich unterstützt, dich ermutigt und dir wohlwollende Ratschläge erteilt, ist Gold wert. Vielleicht kennst du in deinem Freundeskreis jemanden, der dich in deiner Entzugszeit und den zwölf Wochen des Programms unterstützen könnte. Am hilfreichsten wäre es, wenn der- oder diejenige selbst Erfahrungen mit Zuckerenthaltsamkeit gemacht hat, aber es ist keine Voraussetzung. Vertrauen und Offenheit sind die Basis. Vielleicht findest du jemanden, der auch zuckersüchtig ist und mit dir zusammen das Zuckersuchtprogramm durcharbeiten möchte. Das wäre eine große Unterstützung. Sicherlich weißt du, dass die Anonymen Alkoholiker auch so arbeiten. Jeder, der neu einsteigt, bekommt einen ehemaligen, trockenen Alkoholiker als Begleiter zur Seite gestellt, mit dem er alle Schwierigkeiten besprechen und den er in der Not anrufen kann.

➤ *Aufgabe: Einen vertrauten Freund wählen*

Dank der heutigen Technik kannst du auch jemanden wählen, der über Skype oder E-Mail erreichbar ist. Überlege dir gut, wer für dich infrage käme, und suche dir dann einen vertrauten Freund.

Gewinner oder Versager

Wenn du nicht im Programm lebst, befindest du dich emotional sofort auf der Verliererseite. Du fühlst dich schlecht mit dir und deinem Verhalten. Versager- und Schamgefühle gehören zu jeder Sucht dazu. Deine Selbstvorwürfe haben sich schon so automatisiert, dass du beim kleinsten Rückfall in einen Strudel der negativen Emotionen und Gedanken fällst. Deine Gefühle wirken sich auf dein ganzes Leben aus. Du fühlst dich als Versager in allem, und

2. Schritt: Hilfen

du strahlst es aus. Selbst wenn du im Programm geblieben bist, dir aber als Ersatz den Bauch mit anderem Essbaren bis zum Rand vollgeschlagen hast, spürst du, dass du irgendwie nicht im Programm warst und dich »falsch« verhalten hast. Deine Unzufriedenheit wird ebenso stark wie während deiner Zuckersuchtzeiten, denn du weißt, dass du einen Teil deines Lebens auf »falsche Art« lebst. Und wieder fängt der Teufelskreis der Selbstvorwürfe an.

Und wie anders ist es, wenn du im Programm bist? Du hast vielleicht nicht abgenommen, aber du kannst den Leuten wieder gerade in die Augen sehen. Du schämst dich nicht mehr. Du bist nicht voller Selbstvorwürfe, Versagergefühle und Heimlichkeiten. Du bist im Programm, und das gibt dir eine ganz neue Sicherheit, ein neues Selbstwertgefühl, mehr Würde.

In dem Roman *Der Hauptmann von Köpenick* von Carl Zuckmayer gibt es eine eindringliche Szene, in der Vogt seinem Schwager die Gedanken mitteilt, die er im Gefängnis hatte: »*Und denn, denn stehste vor Gott, dem Vater. Und der fragt dir ins Jesichte: ›Wat haste jemacht mit dein Leben?‹ Und da muss ick sagen: ›Fussmatten, die hab ick jeflochten im Gefängnis!‹ Aber Gott sagt dir: ›Jeh wech!‹, sagt er. ›Ausweisung‹, sagt er. ›Dafür hab ick dir det Leben nicht jeschenkt. Det biste mir schuldig. Wo is et? Wat hast mit jemacht?‹*«

Was hast du mit deinem Leben gemacht? In Zeiten der Sucht, wenn du dir den Bauch wieder bis zum Rand gefüllt hast, gab es vielleicht Momente, in denen du gespürt hast, dass irgendwie alles falsch läuft in deinem Leben. In Momenten der völligen Übersättigung, wenn der Suchttrieb für einen kurzen Moment still ist und Raum für andere Gedanken bleibt, kommen die Zweifel. Vielleicht bist du auch schon lange so verzweifelt abhängig, dass du gedacht hast, dass du dein Suchtverhalten dein ganzes Leben lang nicht in den Griff bekommen wirst und dass du - zumindest was diesen Lebensbereich betrifft - irgendwie total versagt hast. Du spürst immer wieder, dass das Leben kurz ist und du dir selbst etwas verbaut hast oder

109

die notwendige Umkehr nicht geschafft hast. Und dieses Gefühl der Ohnmacht, der Scham, der Hilflosigkeit und des Versagens beeinflusste schon oft dein Grundlebensgefühl.

Kennst du das Gefühl, dieses kurze, wertvolle Leben sinnlos zu verschwenden? Kennst du das Gefühl, versagt zu haben, weil du deine Sucht nicht in den Griff bekommst? Kennst du die Angst, die Chance deines einen Lebens nicht genutzt zu haben? Jeder, der tief in der Sucht steckte, kennt diese Gefühle nur zu gut.

Dein Suchtverhalten beeinflusst deinen Selbstwert. Kennst du das Gefühl, dich unter Menschen begeben zu müssen, obwohl die Selbstzweifel, Minderwertigkeitsgefühle und Peinlichkeiten so groß sind, dass du kaum ein Brot beim Bäcker kaufen kannst? Du denkst, dass alle dir ansehen können, was für ein Versager du bist. Am liebsten würdest du dich verkrümeln, nicht gesehen werden und mit einem Berg Zuckerzeug und deinen Lieblingsmedien abtauchen. Und dieses kaputte Selbstwertgefühl ist völlig unabhängig von deinem äußeren Erfolg, deinen Beziehungen, deinem Geld, deinem Prestige in der Gesellschaft und deinem Aussehen. Du kannst hinreißend aussehen (meist fühlen wir uns dicker und hässlicher, als die anderen uns sehen), du kannst dein Leben im Griff haben, eine erfolgreiche, geschätzte Person des öffentlichen Lebens sein ... sobald du dich im Teufelskreis der Sucht befindest, spürst du, dass dir jeden Moment alles entgleiten könnte. Du hast das Gefühl, ein Seiltänzer zu sein, der jeden Moment abstürzen kann. Selbst wenn du weißt, dass dieses Schwarz-Weiß-Denken (Gewinner oder Versager) nicht der Realität entspricht, so fühlt es sich für dich oft so an, als gäbe es nur das eine oder das andere.

Mach etwas Besseres aus deinem Leben! Durchbrich den Bann der Sucht! Werde ein Gewinner! Gewinne dein Leben zurück. Die Überwindung der Zuckersucht wird dein Leben und deinen Selbstwert völlig verändern.

2. Schritt: Hilfen

Der Zuckersuchtdämon

In unserem naturwissenschaftlich denkenden Zeitalter wird der folgende Beitrag wahrscheinlich als blanker Unsinn eingestuft werden. Beiträge, die von Besetzungen und Dämonen handeln, werden als lächerlich oder nicht diskussionswürdig abgetan und suspekten esoterischen Gruppen zugeschoben. Psychologisch geschulte Leser werden eine Dämonisierung als Abspaltung eines Schattenanteils der Persönlichkeit deuten und eine Besetzung als neurotische Phantasie bewerten. Dennoch wage ich den Vorstoß, von Dämonen und Besetzungen zu sprechen, da ich diverse Phänomene dieser Art bei zahlreichen Aufstellungen erlebt habe (systemisches Familienstellen nach Hellinger).

Angenommen, es gibt tatsächlich so etwas wie Besetzungen (das heißt: eine unsichtbare Wesenheit, die Besitz von jemandem ergriffen hat und ihm ihren Willen aufzwingt), dann liegt es doch nahe, von einem Zuckersuchtdämon zu sprechen, einer negativ wirkenden Wesenheit, die den Menschen wie eine Marionette benutzt. Als Zuckersüchtiger kennst du die Empfindung, völlig außer Kontrolle den ganzen Naschkram aufessen zu müssen, obwohl du schon lange satt bist und es auch nicht mehr richtig schmeckt. Dein Wille schrumpft auf ein Minimum, und alle Bedenken werden mit einem »Is' egal« weggewischt. Der Dämon hat dich im Griff, und du musst alles machen, was _er_ will. Du bist Sklave des Zuckersuchtdämons.

➤ _Aufgabe: Den Dämon binden_

Nimm dir etwa eine halbe Stunde Zeit, in der du nicht gestört wirst. Stell dir vor, dass du die Zuckersucht seit Jahren deshalb nicht überwinden kannst, weil du von einem Dämon besetzt bist. Wie sieht dein ganz persönlicher Zuckersuchtdämon aus, der dich seit Jahren in der Gewalt hat?

Schließe für einen Moment die Augen, und stelle dir vor, dass der Dämon der Zuckersucht dir gegenübersitzt und du ihn dir ganz in Ruhe anschauen kannst. Schließe die Augen jetzt für einen kurzen Moment, und visualisiere den Umriss eines Wesens, das dir gegenübersitzt. Tue es jetzt! (...)

Jetzt liest du die folgenden Fragen langsam durch. Nach jeder Frage schaust du, was als Antwort aus deiner Phantasie kommt. Gehe von Frage zu Frage, bis du ein Bild hast, das sich nach und nach wie aus vielen Puzzleteilchen zusammensetzt. Es ist ein Bild deines persönlichen Zuckersuchtdämons.

Wie weit entfernt sitzt er? Wie groß ist er/sie? Ist er männlich, weiblich oder neutral? Was hat er/sie an? Welche Farbe hat die Kleidung? Welche Farbe die Haut? Kannst du Haare oder Hände oder weitere Details erkennen? Welche Haltung hat er/sie? Wie ist der Körperausdruck, der Gesichtsausdruck? Was empfindest du dabei?

Diesen Dämon kennst du schon lange. Stell dir vor, wie er dich anfasst, wenn er Gewalt über dich hat. Ist es eine sanfte, verführende Berührung oder ein fester Griff? Wo berührt er dich normalerweise? Packt er dich im Genick, oder zerrt er dich an der Hand oder am Kragen irgendwo hin? Nimmt er Besitz von dir, indem er in dich eindringt und deinen ganzen Körper ausfüllt, so dass du nur noch eine Hülle bist? Spricht er dann zu dir (wie?), oder schweigt er immer? Welchen Gesichtsausdruck hat er, wenn er dich zum Zuckeressen bringt? Lacht er hämisch, oder ist er ernst? Wechselt er die Rollen? Was für eine Ausstrahlung hat er? Was für eine Energie verbreitet er? Wie geht es dir mit ihm?

Und jetzt stelle dir folgende Szene vor: zwei Stühle im Raum. Du sitzt deinem Dämon gegenüber. Du rufst eine helfende Kraft auf, die tausendmal stärker ist als der Dämon. Diese helfende Kraft bittest du, den Dämon für dich zu binden. Diese Kraft sagt zu dem Dämon:

2. Schritt: Hilfen

»Hebe dich hinweg, Dämon!« Durch diese magische Anrufung muss der Dämon die Bande zu dir lösen. Du bittest die helfende Kraft, ihn zu binden, ihn zu fesseln oder in Ketten zu legen (so, wie es sich für dich richtig anfühlt) und ihn dann vor die Tür zu setzen. Dann bittest du die helfende Kraft, dich mit einem Schutz zu umhüllen.

Und nun spielst du diese Szene nach, wie ein Theaterstück. Stelle einen Stuhl in den Raum, der Stuhl, auf dem du sitzt, und einen Stuhl gegenüber, der Stuhl, auf dem der Dämon sitzt. Dann begibst du dich in die Rolle der helfenden Kraft, die sich vor den Dämon (zwischen euch beide) stellt und zu dem Dämon sagt: »Hebe dich hinweg, Dämon!« usw. Schlüpfe zwischendurch in alle drei Rollen. Fühle, wie es sich anfühlt, auf dem Stuhl des Dämons zu sitzen und der Dämon zu sein. Dann begibst du dich in die Rolle der helfenden Kraft. Du machst alle Bewegungen, die einen Schutz für dich aufrufen. Du wirst intuitiv die richtigen Bewegungen finden. Es ist gut, wenn die helfende Kraft den gebundenen Dämon abführt. Sie braucht ihn nur vor die Zimmertür oder Haustür zu setzen. Wirf ihn raus! Und da muss er ab jetzt bleiben.

Dieses Bild soll sich ganz tief in dir verankern, damit du innerlich weißt, dass du den Dämon der Zuckersucht gebunden und vor die Tür gesetzt hast. Der Dämon ist gefesselt. Irgendwann wird die Zeit kommen, in der der Dämon befreit und erlöst werden wird und dahin zurückkehren kann, woher er kam. Aber solange es noch nicht so weit ist, muss er gebunden bleiben.

Wichtige Warnung: Du selbst hast den Dämon etliche Male unbewusst eingeladen und eingelassen. Er war dir ein willkommener Gast. Ein Teil in dir wollte die Betäubung, die der Dämon der Sucht dir angeboten hat. Pass auf! Du bist gerade eben erst ins Programm eingestiegen. Du bist noch ganz jung und frisch auf dem Pfad der Genesung. Wird der Dämon vor seiner Zeit der Erlösung entfesselt, kann er nicht anders: Er muss dich wieder packen und zu seinem Sklaven machen. Sei wachsam! Jeder Rückfall entfesselt den Dämon.

3. Schritt:

Falsche Glaubenssätze entlarven

Glaubenssätze · Sekundärgewinn · Eigenliebe
Der wichtigste Wunsch · Spirituelles Wachstum · Widerstand
Kreativität · Ein erfülltes Leben angesichts des Todes · Der Jieper hört
nicht auf · Energieversorgung · Ehrlichkeit · Schockierende Folgen

Glaubenssätze

Das Schreiben ist ein Bewusstwerdungsprozess. Das, was dir im Moment des Schreibens durch den Kopf geht, schreibst du auf. Meist gibt es ein Haupt- und mehrere Nebenthemen, mit denen du am Tag beschäftigt bist. Bei konfliktbeladenen Themen wirst du feststellen, dass mehrere innere Stimmen gleichzeitig zu einem Thema Stellung beziehen. Du weißt vielleicht bei einer Sache nicht, wie du dich entscheiden sollst, weil die Stimmen gleich stark oder gleich laut in dir sind und jede Partei gegensätzliche Positionen bezieht.

Das Wesen vieler Konflikte ist dadurch gekennzeichnet, dass gegensätzliche Ansichten zu einem Thema in deinem Kopf vorhanden sind. Im schlimmsten Fall können dich diese gegensätzlichen Kräfte, die an dir ziehen, so lähmen, dass du in eine depressive Stimmung verfällst. Durch das Schreiben kannst du diese verschiedenen Stimmen ansehen und tiefer in den Prozess der Desidentifizierung einsteigen, wie er schon im ersten Schritt beschrieben wurde. Je besser du lernst, deine inneren Stimmen durch das tägliche Schreiben zu beobachten, desto klarer werden sich die verschiedenen Persönlichkeitsanteile herausschälen. Diese Anteile sind manchmal so stark wie eigenständige Persönlichkeiten, daher spricht man auch von Teilpersönlichkeiten.

Du bist nicht diese Stimmen. Du bist der Beobachter. Die Persönlichkeitsanteile sind ein Teil von dir, aber sie sind oft so eigenständig und eigenwillig wie einzelne Personen innerhalb des Gesamtsystems. Das innere Kind hast du im ersten Schritt schon kennengelernt. Neben ihm gibt es zum Beispiel den Anteil, der allen immer alles recht machen und eine weiße Weste haben will. Dann gibt es die Heilige und in anderen Situationen das Gegenteil – die Hure. Es gibt einen Vernunft-, einen Herz- und einen Gewissensanteil und viele, viele andere. Durch das Aufschreiben hältst du die inneren Stimmen fest, kannst sie dir mit einem gewissen Abstand ansehen und dir ihrer bewusst werden. Ohne das Schreiben bist du meist identifiziert mit dem, was du denkst. Es ist aber nur der Denkapparat im Gehirn, getrieben von den Programmen der Persönlichkeitsanteile, der all die Sätze denkt und dir die Bilder bestimmter Szenen vorspielt wie Filme.

Das Schreiben bringt dir zu Bewusstsein, was da oben los ist. Ohne das Schreiben würde ein großer Teil wieder im Unterbewussten verschwinden und dich von dort aus beeinflussen. Diese Beeinflussung aus einer feststehenden Überzeugung wird Glaubenssatz genannt. Oft sind solche Glaubenssätze unbewusst. Zum Beispiel hast du etwas unbewusst beurteilt, es für wahr gehalten und diesen Gedanken dann wieder vergessen. Und da das Gehirn wie eine Endlosschleife funktioniert (es wurde wissenschaftlich erwiesen, dass neunzig Prozent unserer Gedanken Wiederholungen sind), werden diese Sätze immer wiederholt. Diese Glaubensmuster sind wie

3. Schritt: Falsche Glaubenssätze entlarven

Computerprogramme, die auf der Festplatte installiert sind und sich beim morgendlichen Aufwachen automatisch hochladen.

Das Problem besteht darin, dass dieser Prozess so unbewusst abläuft, dass du kaum bemerkst, wie oft du etwas denkst, verurteilst oder beurteilst, und gleichzeitig diesen Gedanken für wahr hältst. Du bist überzeugt davon, dies sei deine Meinung. Durch die Desidentifikation hast du die Chance, diese Gedanken zu beobachten und zu erkennen, dass die meisten davon nicht richtig sind. Kurz gesagt: Das, was du denkst, ist noch lange nicht wahr.

Es ist wichtig, dass du dir die Glaubenssätze, die du in Bezug auf Zucker in dir trägst, ansiehst. Bevor du ins Programm eingestiegen bist, gab es einen Teil in dir, der Zucker über alles in den Himmel loben konnte. Du hast ganz bestimmte Lieblingsnaschereien, bei denen du vielleicht immer noch genießerisch mit den Augen rollst und so gut wie gar nicht widerstehen konntest (die belgischen Pralinen, die es nur auf dem Weihnachtsmarkt gibt; Tiramisu nach Annelieses Rezept; Omas Apfelkuchen mit Schlagsahne). Die Glaubenssätze zum Thema Zucker lauten ungefähr folgendermaßen:

A. »Süßes ist ein Genuss und ein wichtiger Teil in meinem Leben. Ich liebe Süßes, und es schmeckt so lecker. Wenn ich auf diesen Genuss verzichte, dann fehlt ein wichtiger Teil in meinem Leben. Es wird irgendwie öde und leer.«

B. »Es ist mir wichtig, es mir schön zu machen, mir etwas Gutes zu tun und mein Leben zu genießen. Ich liebe es, mir etwas Gutes zu gönnen.«

C. »Süßigkeiten schenken mir ein angenehmes, behagliches Gefühl. Besonders an Festtagen oder in Gesellschaft genieße ich die traditionellen Leckereien.«

D. »Kaffee und selbstgebackener Kuchen, nachmittags in der Familie... Das ist einfach ein himmlischer Genuss.«

E. »Ich mag meine weiblichen Rundungen. Ich fühle mich wohl in meinem Körper. Auch mein Mann hat nichts dagegen, dass ich zugenommen habe.«

Diese oder andere Glaubenssätze hast du mehr oder weniger bewusst seit Jahren mit dir herumgetragen. Du hast daran geglaubt, sie für wahr gehalten und danach gehandelt. Glaubenssätze sind wie installierte Programme: Du kannst nicht anders, als dich nach ihnen zu richten. Meist werden die Glaubenssätze erst unglaubwürdig, wenn sich ein Konflikt anbahnt. Durch Übergewicht, offensichtlich krankhaftes Handeln und Willenlosigkeit dem Zuckerkonsum gegenüber bricht das System langsam zusammen. Dennoch ist es wichtig, die alten Glaubenssätze noch einmal bewusst anzusehen und zu entlarven. Es ist ein Löschen und Deinstallieren eines alten Computerprogramms in deinem Kopf.

Es gibt dieses schöne Bild von einem Teufelchen und einem Engelchen auf jeder Schulter. Das Teufelchen versucht, dich zum Naschen zu überreden, indem es dir ähnliche Sätze wie die oben beschriebenen zuraunt. Das Engelchen auf der anderen Schulter flüstert dir zu, wie wichtig es ist, die Zuckersucht zu überwinden und im Programm zu bleiben. Hier ist einfach Entlarvung notwendig. Du wirst sehen, sobald du die Sätze des Teufelchens entlarvt hast, verlieren sie an Macht. Sie werden lasch und sind nicht sonderlich überzeugend. Du nimmst den alten Überzeugungen, die irgendwo tief in dir verwurzelt sind, den Wind aus den Segeln, indem du sie bewusst ansiehst und dich entscheidest, sie nicht zu glauben.

Die Kehrseite der oben genannten Beispiele könnte sich folgendermaßen anhören:

A. (»Süßes ist ein Genuss ...«) »Ich esse Süßes, weil ich es muss. Es ist zu einem Zwang geworden, so dass ich es oft gar nicht mehr genießen kann. Ich esse auch, wenn es mir nicht schmeckt. Ich

3. Schritt: Falsche Glaubenssätze entlarven

habe sogar schon Zuckerwürfel oder Kandis gegessen, nur um die Sucht zu stillen. Und danach geht's mir immer schlecht, psychisch und körperlich. Das ist kein Genuss. Das ist Sucht.«

B. (»... mir etwas Gutes zu tun ...«) »Weiter in der Sucht zu leben, die Kontrolle zu verlieren, mich weiter ohnmächtig und hilflos zu fühlen und nichts dagegen zu tun, wäre ein grausames Leben, etwas, was ich mir nicht weiter antun möchte. Außerdem quält mich seit Jahren mein stetig wachsendes Übergewicht. Ich muss die Notbremse ziehen.«

C. (»... angenehme Gefühle ...«) »Ich habe auch unangenehme Gefühle, wenn ich Süßes esse: Schuldgefühle, Selbstvorwürfe und Reue (ich verstecke meist das Schokoladenpapier ganz unten im Mülleimer). Durch meine Sucht bin ich in Gesellschaft unterschwellig auf der Hut und hoffe, dass keiner die Zuckermengen bemerkt, die ich verschlinge, oder mich womöglich darauf anspricht.«

D. (»Kaffee und Kuchen ... himmlisch«) »Ja, ist es früher gewesen, aber das ist es nicht mehr, seit ich zuckersüchtig bin, weil ich im Lauf der nächsten zwei bis drei Tage den ganzen restlichen Kuchen (von anderen unbemerkt) alleine verdrücke. Es ist schon krankhaft, dass ich beim Kaffeetrinken nicht auf Süßes verzichten kann.«

E. (»Ich mag meine Rundungen ...«) »Wenn ich die Wahl hätte, würde ich gerne schlanker sein, aber ich kann nicht auf Zucker verzichten. Wenn ich ehrlich bin, dann habe ich eine unterschwellige Angst, meine Schutzhülle zu verlieren. Ich weiß nicht genau warum, aber das Fett ist wie eine Schutzmauer, wie ein dickes Fell, wie ein Panzer, den ich brauche und an dem ich festhalte.«

Beobachte deine Gedanken! Wenn dir wieder ein Glaubenssatz in Bezug auf Zucker begegnet, dann hinterfrage ihn.

Frei von Zuckersucht _____

Frage dich: »Ist es wahr ...

... dass die Praline unwiderstehlich gut schmeckt?

... dass ein unglaublicher Genuss auf mich wartet, wenn ich X probiere?

... dass es mir gutgeht und ich mich glücklich fühle, wenn ich X esse?

Meist sind diese Gedanken ganz subtil und kaum hörbar. Hinterfrage sie, drehe sie um und mache dir klar, warum sie nicht wahr sind.

Durch diese Arbeit kannst du eine ganz wichtige Hürde ausschalten: die Empfindung von Verlust. Solange noch die Überzeugung in dir lebt, dass Süßes einen köstlichen Genuss und eine Befriedigung für dich bereithält, wirst du jeden Verzicht als Verlust werten. Verzicht und Verlust stauen sich aber auf, und so wird im Lauf der Zeit eine Gegenkraft wachsen, die zwangsläufig in einem Rückfall enden wird.

Byron Katie hat in ihrer Arbeit *The Work* eine hervorragende Möglichkeit gefunden, die eigenen Glaubensmuster zu knacken. Jede ungelöste Situation aus der Vergangenheit oder Gegenwart wird mit kurzen, einfachen Sätzen aufgeschrieben. Dann wird jeder Satz nacheinander mit folgenden Fragen untersucht:

1. Ist das wahr?

2. Kann ich absolut sicher wissen, dass das wahr ist?

3. Wie reagiere ich auf diesen Gedanken, wenn ich ihn festhalte?

4. Wie fühle ich mich, und wer wäre ich ohne diesen Gedanken?

Wenn du zu einem Satz alle vier Fragen gestellt hast, drehst du die Aussage um. Frage dich:

5. Ist die Umkehrung genauso wahr wie das, was ich aufgeschrieben habe?

Wahrscheinlich wirst du erkennen, dass die Antworten, die dann folgen, genauso wahr sind wie der ursprüngliche Glaubenssatz. Kurz gesagt: Das Gegenteil ist genauso wahr. Die Grundursache des Leidens ist die Identifikation mit unseren Gedanken, mit den »Geschichten«, die ununterbrochen in unserem Verstand ablaufen. Byron Katies Methode in *The Work* durchtrennt die Illusion, dass deine Gedanken wahr sind.

Sekundärgewinn

Manche Glaubenssätze sind so tief verankert, dass es schwerfällt, die Unwahrheit zu erkennen. Dann musst du intensiv mit der Frage 1 (»Ist das wahr?«) arbeiten, so dass dir der Irrtum deutlich vor Augen steht. Ein anderes Mal ist es vielleicht so, dass du einen Widerstand spürst oder merkst, dass sich trotz deiner Bemühungen nichts verändert. Dann gibt es eine zusätzliche Frage, die dir helfen kann, deine eigenen Strukturen zu durchschauen. Diese Frage lautet: »Was habe ich davon, an diesem Gedanken festzuhalten?« Schau dir dann an, welche unbewussten Vorteile du daraus ziehst, weiter in diesen Glaubensmustern zu denken und zu fühlen. Sei ehrlich zu dir selbst. Diese unbewussten Vorteile werden Sekundärgewinn genannt. Gewöhne dir an, dich bei einem Problem selbst zu hinterfragen; frage dich, was du davon hast, es festzuhalten. Du bist nicht das Opfer, sondern der Täter. Ein erleuchteter Meister des Ostens sagte dazu: »Die Hölle, in der du lebst, hast du dir selbst geschaffen.« Manchmal ist die Hölle leichter zu ertragen als der Himmel, weil dich irgendetwas, was auf dem Weg zum Himmel liegen könnte, ängstigt oder die Alltagshölle einfach bekannt und vertraut ist. Erkenne deine Beweggründe, warum du unbewusst da bleiben willst, wo du bist.

Eigenliebe

Bisher hast du die Glaubensmuster angesehen, die dir in Bezug auf Zucker bewusst sind. Nur was an die Oberfläche deines Bewusstseins kommt, kannst du auf seinen Wahrheitsgehalt hin überprüfen und eventuell als falsch entlarven. Unter der Oberfläche des Bewusstseins bist du aber voll von unreflektierten Glaubensmustern, die deine Gedanken, deine Gefühle und dein ganzes Leben beeinflussen. Und das, was du glaubst, wird zur Realität. Du erschaffst dir deine Realität durch deine Gedanken selbst.

Den stärksten Einfluss haben deine Glaubensmuster auf deine Einstellung zu dir selbst. Stell dir einfach die Frage: Was denke ich über mich selbst? (Oder: Was denke ich über mich selbst in Bezug auf ... meine Lebensfreude, meine Liebesfähigkeit, meine Sexualität, meinen Umgang mit Geld, meine Spiritualität, meine Kreativität, meine Beziehung zu meinem Partner/meinen Kindern/meinen Eltern etc.). Sofort wirst du ein unbestimmtes Grundgefühl bekommen, wie eine Antwort, die schon im Raum steht, aber noch nicht ausgesprochen wurde. Dies ist die Grundeinstellung zu dir selbst bzw. zu dir in Bezug auf ein bestimmtes Thema. Diese Grundeinstellungen sind auf der Basis von unbewussten Glaubenssätzen entstanden und beeinflussen dein ganzes Denken, dein Verhalten und deinen Umgang mit deinen Mitmenschen.

Wenn du eine Bestandsaufnahme der Einstellung zu dir selbst machen möchtest, dann sieh dir an, wie du auf folgende Sätze reagierst. Kannst du diese Sätze annehmen: »Ich bin es wert, geliebt zu werden«, »Ich liebe das Leben, und das Leben liebt mich«, »Ich habe es verdient, innerlich und äußerlich reich und glücklich zu sein«, »Ich bin schön«, »Ich liebe mich so, wie ich bin«. Meist herrscht ein negatives und verurteilendes Denken über dich selbst vor. Die meisten Zuckersüchtigen verurteilen sich selbst und werten sich ab.

3. Schritt: Falsche Glaubenssätze entlarven

Sicherlich kennst du diesen Teufelskreis aus vielen Jahren Zuckersucht: Der Mangel an Eigenliebe führt zu Frust, der wiederum zu einem erhöhten Zuckerkonsum führt, um die unangenehmen Gefühle nicht fühlen zu müssen. Die Folgen der Zuckersucht (Übergewicht, den Vorsätzen untreu werden etc.) lassen dich dann wiederum in die altbekannten Selbstvorwürfe rutschen, und alles geht von vorne los.

Dies ist die neue Hoffnung für dich: Wenn du im Programm bleibst, wird sich all das ändern. Du findest durch das Schreiben Schritt für Schritt einen Weg aus dem Teufelskreis der Selbstvorwürfe. Durch die Übungen lernst du, mehr Selbstvertrauen zu gewinnen, und durch die Zeit der Fülle begegnest du dir selbst. Deine Eigenliebe wird wachsen.

Der wichtigste Wunsch

Die Vielzahl an Versuchen, dich selbst glücklich zu machen, indem du dir »etwas Gutes tust«, ist immer wieder gescheitert. Ständig sucht deine Begierde nach neuen Zielen, in der Hoffnung, dich glücklicher zu machen. Du willst schlanker werden, um dann glücklicher, attraktiver, beweglicher zu sein. Du willst reicher sein, um dir dann die Wünsche erfüllen zu können, die dich glücklich machen. Du möchtest mehr Sex, Zuwendung, Zärtlichkeit, Kreativität, Erfüllung, Berufung, Erfolg, Geld, Anerkennung, Selbstständigkeit, Verwirklichung, Freunde etc. Die Liste ist unendlich und wandelt sich nach jedem erfüllten Wunsch. Sie wandelt sich sogar innerhalb weniger Minuten. Die Wünsche kommen auf die Wunschliste, und die ist ziemlich lang. Sie wird aber niemals kürzer. Schau dir reiche Leute an, die scheinbar alles zu haben scheinen. Es gibt viele reiche Menschen, die depressiv und unglücklich sind.

Stell dir vor, du begegnest einer Fee, die alle Wünsche erfüllen kann. Du hast einen Wunsch frei. Nur einen. Welches ist dein wichtigster Wunsch? Was wünschst du dir am allermeisten im Leben? Was ist wirklich dein größter Wunsch, wirklich der allergrößte Wunsch für dieses Leben auf der Erde, für die verbleibenden Jahre, die du noch hier bist? Weißt du die Antwort? Sei nicht moralisch oder unecht. Finde einfach heraus, was wirklich wichtig für dich ist in deinem Leben. Finde deinen wahren, wichtigsten Wunsch heraus. Ganz schön schwer, oder?

Wenn du dir diese Frage stellst, merkst du vielleicht, dass du keine Antwort weißt. Vielleicht hat die Fee ja Zeit und kann eine Weile warten. Du brauchst jetzt nicht sofort eine Antwort auf diese lebenswichtige Frage zu finden, aber bewege sie in dir. Bewege sie immer wieder. Deine Werte ändern sich im Laufe der Jahre, abhängig von deinem Erfahrungs- und Entwicklungsstand, und dementsprechend ändern sich auch deine Wünsche. Und es ist doch wichtig zu wissen, was wirklich das Wichtigste für dich im Leben ist, oder? Durch die nächste Aufgabe kommst du der Antwort auf die Spur.

➤ *Aufgabe: Einen Brief an dich schreiben*

Eine sehr intensive Aufgabe, die ich aus verschiedenen Seminaren kenne und die ich auch in Julia Camerons Buch gefunden habe, ist, dir selbst einen Brief zu schreiben. Schreibe so, als würdest du als alte Frau an die Frau von heute schreiben bzw. als alter Mann an den Mann von heute. Was würde die alte Frau der Frau von heute sagen, was würde sie dir auf deinen Lebensweg mitgeben wollen? Was war wichtig für sie im Rückblick auf ihr ganzes Leben?

Stecke den Brief in einen Umschlag, frankiere ihn und schicke ihn mit der Post an dich selbst. Es ist schön, von sich selbst Post zu bekommen. Lies den Brief, wenn er ankommt, und bewahre ihn gut auf.

Spirituelles Wachstum

Bist du im Programm? Hast du völlig zuckerfrei gelebt? Schreibst du täglich? Oder hast du alles andere oder alle anderen wieder einmal wichtiger genommen, als im Programm zu bleiben. Vielleicht bist du aber auch ganz selbstverständlich abstinent von Zucker, aber es gelingt dir nicht, zu schreiben, deine Aufgaben zu erfüllen und dir eine Stunde Zeit der Fülle zu schenken. Auch so bist du **nicht** im Programm. Hier noch einmal die Aufforderung wie im 2. Schritt schon erwähnt: Lass dir helfen!

Die meisten von uns Zuckersüchtigen finden heraus, dass sie ohne die Hilfe einer höheren Macht nicht abstinent bleiben können. Immerhin basiert das erfolgreiche Programm der Anonymen Alkoholiker darauf. Wahrscheinlich kannst du es nicht allein. Nach und nach, durch viel Leid, reift die Überzeugung, dass du dir Hilfe suchen musst. Bitte eine höhere Macht um Hilfe, und du wirst sie erhalten. Du wirst, je tiefer du in deine Abhängigkeit gerutscht bist, immer mehr erleben, dass du die Kontrolle über dein Leben einer höheren Macht anvertrauen kannst.

Nach und nach wirst du mehr Vertrauen gewinnen. Du bekommst einen Zugang zu einer höheren Macht, und es entsteht so etwas wie ein flüchtiger Schimmer von einem spirituellen Leben. Du beginnst zu ahnen, was es bedeutet, sein Leben »in Gottes Hand« zu geben und »sein Werkzeug« zu sein. Natürlich braucht das alles seine Zeit. Spirituelles Wachstum geht langsam vor sich. Aber zwischendurch hast du Lichtblicke, Momente der Freiheit, wenn du spürst, dass du dieses ganze Wahngebäude, in dem du dich seit Jahren bewegst, aufgeben kannst. Du brauchst nichts mehr zu begehren. Du brauchst nichts mehr zu wollen. Du brauchst dich einfach nur dieser höheren Macht anzuvertrauen, dich darzubieten und um Führung zu bitten. Und zwischendurch fällst du wieder und wieder in deine alten Muster und ... du besinnst dich und machst weiter. »Herr, dein Wille geschehe« wird zu deinem täglichen Gebet.

Frei von Zuckersucht

> *Aufgabe: Ein Gebet schreiben*

Schreibe einen Brief an die höhere Macht – so, wie du sie verstehst –, indem du sie um Hilfe auf deinem Weg bittest. Lege das Gebet in dein Portemonnaie, so dass du es ständig mit dir trägst. Lies es dir ab und zu durch.

Widerstand

Es gibt einen tiefsitzenden Mechanismus, der als »Angst vor dem Unbekannten« bezeichnet wird. Seltsamerweise haben wir immer Angst vor dem Unbekannten, auch wenn es etwas ist, was wir uns schon lange wünschen. Wir harren lieber in einer unangenehmen Situation aus, als einen neuen Schritt zu wagen. Besonders wenn dieser Schritt mit einer Veränderung unserer Persönlichkeit zu tun hat und wir spüren, dass wir hinterher nicht mehr so sein werden wie vorher. Wir spüren, dass etwas Einschneidendes passieren könnte, wissen aber nicht was, und schon kommt die Angst.

Jeder neue Schritt, den du planst, und sei er auch noch so aufregend und interessant, erzeugt eine Gegenkraft. Gleichzeitig mit dem wachsenden Vertrauen wächst die Abwehr. Du gehst die ersten Schritte, wagst die Auseinandersetzung mit dem Unbekannten, und zur selben Zeit lehnt sich etwas in dir auf: Du rebellierst gegen das Schreiben, gegen die Aufgaben, gegen den Zuckerentzug, und du lehnst es ab, einer höheren Macht zu vertrauen. Der Widerstandsgeist tritt auf den Plan. Eine ganz laute rebellische Stimme in dir schreit: »Neeeeeeeein! Ich will das alles nicht. Ich will das machen, was ich will, und es dann tun, wann ich will, und es so machen, wie ich es will!«

Dieser Widerstand kleidet sich nicht wie im 1. Schritt in Worte, die zu einer Falle werden und dich vom Weg abhalten. Nein! Dieser Widerstand ist anderer Art. Er äußert sich darin, nicht richtig im

126

3. Schritt: Falsche Glaubenssätze entlarven

Programm zu sein (die kleine Apfelschorle zum Mittagessen), Schlupflöcher zu finden (nur eine halbe Seite schreiben) und Ausnahmen zu machen (schon die zweite Woche ohne Zeit der Fülle).

Was kannst du tun? Beobachten und schreiben! Jede Stimme in dir hat ihre Berechtigung. Stell dir einen großen runden Tisch vor. An diesem Tisch sitzen all deine Persönlichkeitsanteile. Du, als Tischoberhaupt, musst alle zu Wort kommen lassen. Jeder hat Redefreiheit. Dein Widerstand darf sein. Wenn du Widerstand gegen das Schreiben hast, dann schreibe darüber. Befrage deinen inneren Mentor dazu. Du brauchst nicht deine ganze Handlungsweise zu ändern, nur weil ein Einzelner laut und rebellisch ist. Höre ihm zu. Frage ihn, warum er so im Widerstand ist. Jeder hat etwas zu sagen, was wichtig ist. Aber DU entscheidest!

Kreativität

Leider ist die Kreativität bei den meisten Menschen durch falsche Glaubenssätze blockiert worden. Am inneren »runden Tisch« der Teilpersönlichkeiten sitzt einer, der, sobald das Thema auf unerfüllte Talente kommt, folgende Sätze sagt: »Ich bin nicht gut genug«, »Ich bräuchte Jahre, um X gut zu können«, »Ich habe keine Zeit ... keinen Raum ... kein Geld«, »Ich bin zu alt«, »Ich bin untalentiert«, »Ich mache mich lächerlich«, »Ich habe keine Chance« etc. Vielleicht bist du auch unbewusst eingebildet auf dein ungelebtes Talent und blockierst dich folgendermaßen: »In meiner Stadt gibt es keinen geeigneten Lehrer für mich«, »Ich möchte keine dummen Kommentare von diesen Ahnungslosen«, »Nur in den Staaten könnte ich etwas damit anfangen, und ich kann hier nicht alles aufgeben«. Jeder, der seine unerfüllten Talente nicht lebt, kennt diese Sätze. Unwahre Sätze, die mit völliger Überzeugung für wahr gehalten werden. Sieh dir diese Sätze an. Wer oder was steckt dahinter?

Jetzt, da du schon zwei zuckerfreie Wochen hinter dir hast, musst du dich dringend deiner Berufung, deinen schlummernden Talenten und deinen heimlichen Wünschen zuwenden. Du kannst dich zwar mit etlichen anderen Dingen einlullen (andere Menschen versorgen, zu viel Arbeit, Medien, unnötiges Einkaufen, Lesen etc.), aber die Bearbeitung der Aufgaben und das Schreiben führen dich nun an das Thema Kreativität heran (es ist kein Fluchtversuch mehr möglich!). Achte auf Glaubenssätze, die in dir leben und die dich dauernd von dem abhalten wollen, was du dir eigentlich wünschst.

Die alten Programme sind so angelegt, dass du ganz brav und ruhig wirst, schön im Trott läufst und gut funktionierst. Doch was ist mit deinen Herzenswünschen, Bedürfnissen, Neigungen, Sehnsüchten, Stärken, Interessen und Talenten? Oft fehlt schon der Mut, diese anderen Gedanken zu denken (selbst für dich ganz allein). Viele Träume sind begraben worden. Buddele deine Kindheitsträume aus! Folge der Stimme des Herzens, folge dem, was sich für dein Herz richtig anfühlt. Dein Leben wartet darauf, von dir ergriffen zu werden. Deine Talente und Neigungen wollen gelebt werden. Selbst wenn diverse Baustellen in deinem Leben sind, musst du dafür sorgen, dass deine Träume in deinem Leben einen Platz finden.
Was hast du in deiner Kindheit gerne getan? Wovon hast du in deiner Jugend geträumt? Welche Träume hast du irgendwann begraben? Stelle dir immer öfter die Frage: »Was macht mir richtig Freude?«

Fang etwas Neues an, was dein Leben beglückt. Oft sind es kleine Schritte, keine Riesensprünge, die eine gewaltige Veränderung bewirken können. Höre auf die Stimme deines Herzens – und dann: Geh, wohin dein Herz dich trägt! Folge deinem Traum!

➤ *Aufgabe: Folge deinem Traum*
   Zuerst musst du herausfinden, welche verborgenen Träume du hast. Schreibe fünf Jugendträume auf, die du gerne verwirklicht hättest, wenn du gekonnt hättest. Beende folgenden Satz: Wenn ich mein Leben noch einmal leben könnte, würde ich gerne ...

3. Schritt: Falsche Glaubenssätze entlarven

Einige Beispiele:

- Reiten lernen wollen
- Gesangsunterricht nehmen
- nach Australien reisen
- Französisch lernen

Nun sieh dir an, welche Gedanken in deinem Kopf sind, warum du diese Wünsche nie verwirklicht hast (»zu wenig Geld ... Zeit ... Platz, ich bin zu alt ... dick ... ungeschickt etc.). Betrachte deinen Lieblingswunsch, und überlege, ob du nicht wenigstens einen kleinen Teil davon ausleben kannst. Du könntest einen Reiterhof in der Gegend ansehen, herausfinden, wer in der Nähe deiner Stadt Gesangsunterricht gibt, dich in einem Reisebüro nach Australienreisen erkundigen oder dich bei einem VHS-Kurs für Französisch anmelden.

Deine nächste Aufgabe ist, tatsächlich eines dieser Beispiele in einen ersten Schritt umzusetzen. Du kannst dafür die eine Wochenstunde der Zeit der Fülle nutzen. Was könnte ein erster Schritt sein? Sei wachsam: Bei dieser Aufgabe fangen meist die Blockierungsmechanismen an. Achte darauf, und schreibe darüber. Den ersten Schritt zu gehen, ist die Hälfte des Weges.

Wir Zuckersüchtigen benutzen Zucker als Lieblingsblockierung für unsere Kreativität. Wir lullen uns ein, um nicht fühlen zu müssen, um die Träume in uns, die dauernd nach Erfüllung schreien, nicht hören zu müssen. Weil wir nicht wissen, wie wir anfangen sollen, Angst vor Fehltritten haben oder schon zu oft enttäuscht wurden ... Egal, wie deine Argumente aussehen: Zucker hilft dir, dich einzulullen und alles zu vergessen. Dein Herzenswunsch wird betäubt, und alles bleibt beim Alten. Wenn du das nicht mehr willst, dann geh den ersten Schritt noch in dieser Woche!

Ein typisches Symptom für Zuckersüchtige im Programm ist die Blockierung, die auftritt, wenn es darum geht, dir eine Zeit der Fülle zu nehmen. Die beste Methode, die Zeit der Fülle zu verdrängen, ist, »keine Zeit gefunden zu haben«. Das ist natürlich ein fadenscheiniger, vorgeschobener Grund. Wenn du Besuch bekommen würdest, wenn eines deiner Kinder Geburtstag hätte, wenn etwas wirklich, wirklich wichtig wäre, würdest du auch Extrazeit finden. Du nimmst dir nur die Zeit nicht – und du weißt es! Als Zuckersüchtige bist du es seit langem nicht mehr gewohnt, dir süße Freude im Leben zu bereiten (ohne Zucker). Daher ist es wichtig, deinen versteckten Wünschen auf die Spur zu kommen. Sie werden dein Leben versüßen. Außerdem übst du dich dadurch in einer wichtigen Aufgabe, die Zuckersüchtigen sehr schwerfällt: nicht für andere, sondern nur für dich selbst zu sorgen. Betrachte die Zeit der Fülle als wichtigen Heilungsschritt für die Befreiung von deiner Zuckersucht.

➤ *Aufgabe: Materielle Wünsche*

Zuckersüchtige haben oft die Grundstruktur, sich mehr um andere zu kümmern als um sich selbst. Die Impulse, für dich etwas Gutes zu tun, sind seit Jahren verschüttet und auf Zuckerkonsum umgebogen worden. Typisch ist, dass du nicht richtig für dich sorgst. Als Zuckersüchtige/r fällt es dir leichter, für andere zu sorgen, als für dich selbst. Daher folgt jetzt die ultimative mentale Spritze, nur für dich! Wie würdest du dich versorgen, was würdest du dir Freudiges, Genussvolles kaufen, wenn du 500 Euro nur für dich ausgeben dürftest? Schreibe zehn Dinge oder Erfahrungen auf, die du dir von diesem Geld kaufen würdest!

Was würdest du mit 10.000 Euro machen, die du nur für dich ausgeben sollst? Na? Wie fühlt sich das an? Da kommt man doch langsam den eigenen Wünschen auf die Spur, oder? Versuche irgendetwas von all dem, was du in den letzten Aufgaben über deine Kreativität und deine Wünsche entdeckt hast, innerhalb deiner Zeit der Fülle in dieser Woche zu leben.

P. S.: Es muss nicht 500 Euro kosten!

3. Schritt: Falsche Glaubenssätze entlarven

Wenden wir uns den kleinen Freuden des Alltags zu. Meist sind es die ganz kleinen Dinge, die den Moment zu etwas Besonderem machen: ein schöner Blumenstrauß in der Küche, ein kleines Schmuck- oder Dekorationsstück, der Schal im Schaufenster, den du dir kaufst, weil du ihn schon zum dritten Mal bewunderst, das Zwitschern der Vögel nach Sonnenuntergang, nachts in den Sternenhimmel blicken, den Sonnenaufgang erleben, den Duft einer Rose genießen, Gänseblümchen pflücken.

Wenn du dir klarmachst, in welchen Momenten du Freude erlebt hast, wirst du sehen, dass es meist nicht Dinge waren, die die Freude auslösten, sondern dein Bewusstseinszustand. Du konntest in eine innere Stille eintauchen und den Moment genießen. Die meisten Dinge, die uns irgendwann Freude bereitet haben, sind immer noch da, aber wir erleben sie nicht mehr. Sie sind im Hintergrund, weil wir nicht lauschen, nicht im Moment sind, nicht hinsehen.

➤ *Aufgabe: Drei Minuten Aufmerksamkeit*

Nimm dir jeden Tag dieser Woche drei Minuten (!), in denen du ganz aufmerksam bist, ganz still wirst, lauschst, einfach schaust und ganz im Hier und Jetzt bist. Nimm eine Drei-Minuten-Pause vollkommener Aufmerksamkeit für den Moment.

Meist schaffen wir es nicht, drei Minuten ohne Gedankenunterbrechungen im Hier und Jetzt zu sein. Unsere Gedankenproduktionsmaschinerie läuft ununterbrochen. Es ist einfach so. Verurteile dich nicht deswegen. Kehre zurück zum gegenwärtigen Moment, und sei wachsam. Diese Übung hört sich vielleicht leicht an, aber es ist eine der schwersten Übungen überhaupt, dafür aber auch eine der effektivsten. Es ist Meditation im Moment, egal, wo du gerade bist. Du schaltest in einen anderen Bewusstseinszustand um. Du wirst sehen, es ist pure Energie und der einzige Weg, wirklich zu genießen.

Frei von Zuckersucht

Ein erfülltes Leben angesichts des Todes

Es hört sich ein bisschen makaber an, aber es ist meistens eine erkenntnisreiche Übung, sich vorzustellen, man hätte nur noch eine kurze Lebensspanne vor sich. Könntest du dein Leben jetzt beenden mit dem satten Gefühl im Bauch: »Ja, ich habe mein Leben gut gelebt! Ich bin glücklich und zufrieden gestorben«? Hast du all das beendet, was du beenden wolltest? Hast du all denen, die du liebst, oft genug gesagt, wie sehr du sie liebst? Was ist mit den vielen kleinen Dingen, den Anrufen, den Briefen, den Geschenken, die du immer machen wolltest und nie gemacht hast? Wenn du dir vorstellst, dass deine Lebensspanne nur noch kurz bemessen ist, was würdest du tun? Meist kommen wir nach einigem Nachdenken darauf, dass zwischenmenschliche Beziehungen etwas ganz Wichtiges in diesem Leben sind und dass wir den Menschen, die wir lieben, es nicht oft genug sagen und zeigen können. Manchmal spüren wir auch, dass wir noch jemandem verzeihen müssen oder um Verzeihung bitten müssen.

Nimm dir einen Zollstock mit einer Zentimetereinteilung. Halte den Zollstock bei der Achtzig-Zentimeter-Markierung fest. Das ist heutzutage die durchschnittliche Lebenserwartung. Wo stehst du? Wie geht es dir damit?
Ein seltsames Erschrecken erfasst dich wahrscheinlich, wenn du dir deine Vergänglichkeit so drastisch vor Augen führst. Obwohl wir alle wissen, dass der Tod das einzig Gewisse ist, tun wir so, als würde alles immer so weitergehen. Der Tod und die Vergänglichkeit allen Seins ist das am stärksten verdrängte Thema unserer Kultur.

➤ *Aufgabe: Unerledigtes und Unerlebtes*
   Schreibe zehn Dinge aus deiner Vergangenheit auf, die du noch vor
   deinem Tod erledigen/beenden/abschließen möchtest. Und dann
   schreibe zehn Dinge für deine Zukunft auf, die du vor deinem Tod
   noch gerne erleben/genießen/erfahren möchtest.

3. Schritt: Falsche Glaubenssätze entlarven

Der Jieper hört nicht auf

Dieser Abschnitt ist für diejenigen geschrieben, die jetzt, in der dritten Woche, noch immer in einem täglichen Kampf mit ihrem Jieper leben. Es gibt einen schlimmen Zustand: Du isst schon seit einiger Zeit keinen Zucker mehr, und alles war gut und einfach. Aber von einem Tag auf den anderen rennst du dauernd in die Küche, um irgendetwas zu essen. Du schlägst dir den Bauch voll mit allem Möglichen, außer Süßem. Du nimmst wirklich keinen Zucker zu dir, weil du es dir so sehr verboten hast. Dennoch bekommst du langsam Angst und denkst darüber nach, ob du jetzt eine Essstörung entwickelt hast. Du weißt, dass du zu viel isst, weil du schon lange keinen Appetit mehr hast und trotzdem weiter isst (wie früher beim Zucker). Was ist geschehen?

Es gibt in diesem Fall zwei mögliche Antworten. Erstens: Der Zuckerpegel im Blut ist noch nicht unten. Zweitens: Dich quält ein Thema, das an die Oberfläche will und das du mit Essen verdrängst. Prüfe erst einmal, ob dein Jieper damit zu tun haben könnte, dass dein Zuckerpegel noch nicht unten ist.

Vielleicht hast du irgendwo doch Substanzen aufgenommen, die die Sucht wieder ausgelöst haben. Wahrscheinlich weißt du, dass in vielen Lebensmitteln versteckter Zucker enthalten ist. 85 Prozent von dem Zucker, den wir essen, sind in normalen Nahrungsmitteln versteckt. Eine Dose Coca-Cola enthält zum Beispiel dieselbe Menge an Zucker wie dreizehn Zuckerwürfel. Ketchup enthält mehr Zucker als Schokolade. In Fastfood ist viel Zucker enthalten, auch wenn es würzig oder scharf schmeckt. Aber nicht nur Lebensmittel enthalten Zucker, sondern auch Zahnpasta und viele Arzneimittel. Statistisch isst jeder Deutsche einhundert Kilo (!) raffinierten Zucker im Jahr. Durchschnittlich nehmen wir also in zehn Jahren eine Tonne Zucker zu uns. Was für ein Berg! Die Kinder und Jugendlichen in der heutigen westlichen Welt haben oft schon beim

Frühstück eine Riesenportion Zucker aufgenommen (Kakao, Orangensaft, Flakes, Joghurt, Nusscreme, Marmelade ...). In der restlichen Zeit des Tages wird weiter genascht. Wir züchten eine Generation Zuckersüchtiger heran.

Leider gibt es da noch einen Pferdefuß, der erwähnt werden muss, wenn der Jieper nicht aufhört und du dich nach dem Essen wieder völlig gesmasht fühlst (»gesmasht« ist mein Ausdruck für die Zerschlagenheit, Müdigkeit und Erschöpfung und das seelische Tief nach dem Zuckerkonsum). Ich vermute, dass es mit dem Grad der Abhängigkeit zu tun hat. Wenn du, obwohl du ganz bewusst darauf geachtet hast, keinen Zucker (auch keinen versteckten Zucker) zu dir zu nehmen, dennoch nicht von deinem Jieper loskommst, liegt wahrscheinlich ein Fall von extremer Abhängigkeit vor. Dann hilft nur, alle raffinierten Nahrungsmittel, also auch weißes Mehl, wegzulassen, denn die wirken ähnlich wie Zucker.

Falls dir diese Zusammenhänge nicht bekannt sind, folgt hier nun ein kurzer Ablauf der Prozesse, die im Körper stattfinden, wenn du raffinierte Nahrungsmittel zu dir nimmst:

Lebensmittel enthalten drei Hauptarten von Grundstoffen: Fett, Eiweiß und Kohlehydrate. Unsere Grundnahrungsmittel bestehen hauptsächlich aus Kohlehydraten. Zu den Kohlehydraten zählen auch alle Zuckerarten. Man unterscheidet einfache und komplexe Kohlehydrate, je nach ihrer Molekularstruktur. Komplexe Kohlehydrate sind in Vollkornprodukten, wasserreichem Obst und Gemüse zu finden. Durch die Raffinierungsprozesse werden aus den komplexen Molekularverbindungen eines vollwertigen Nahrungsmittels einfache Molekülketten. Diese sogenannten »einfachen« Kohlehydrate findest du in fast allen Zuckersorten, in Weißmehl und geschältem Reis, kurz in allen denaturierten Lebensmitteln. Je mehr ein Lebensmittel in seiner ursprünglichen Beschaffenheit belassen wird, desto vollwertiger ist es (komplexe Kohlehydrate). Je mehr es behandelt wurde, desto denaturierter ist es (einfache Kohlehydrate). Eine Zuckerrübe zum Beispiel muss etwa 40 Arbeitsschritte durchlaufen, bis denaturierter weißer Kristallzucker daraus entstanden ist.

3. Schritt: Falsche Glaubenssätze entlarven

Alle Kohlehydrate, einfache und komplexe, werden im Körper zu Glukose (Einfachzucker) umgewandelt. Weißmehl oder weißer Reis bestehen aus einfachen Kohlehydraten und werden im Körper rasch in Glukose aufgespalten. Kurz gesagt: Weißmehl wird schnell zu Zucker und geht schnell ins Blut. Die schnelle Aufspaltung der einfachen Kohlehydrate führt zu einer schnellen Erhöhung des Blutzuckerspiegels und dadurch zu einer starken Insulinausschüttung. Doch Insulin hemmt leider den Fettstoffwechsel. Das Zuviel an Zucker im Blut wird zu Fett umgewandelt und in Depots (Fettpölsterchen) angelegt, da es nicht im Körper verbrannt werden kann. Der Blutzuckerspiegel schießt also durch Weißmehl hoch und fällt ebenso rasch wieder ab, wodurch der Körper Nachschub begehrt (Heißhungerattacke). Er verlangt nach weiteren Kalorien, obwohl genug vorhanden sind. Allen raffinierten Lebensmitteln sind jedoch genau die Vitamine und Mineralien entzogen worden, die der Körper bräuchte, um daraus effektive Energie herstellen zu können.

Die Glukose kann unter anderem deshalb nicht verbrannt werden, weil der Körper Vitamine und Mineralstoffe für diesen Vorgang benötigt. Diese sind natürlicherweise in den Nahrungsmitteln enthalten, werden ihnen aber bei der Raffinierung – beispielsweise von Mehl, Reis und Zucker – entzogen. Um die Stoffwechselvorgänge sicherzustellen ist der Körper nun gezwungen, seine eigenen Vitamin- und Mineralstoffvorräte (besonders Vitamin B1 und Kalzium) zu benutzen. Daher werden Zucker und Weißmehl auch als »Vitamin- und Kalzium-Räuber« bezeichnet. Einfach ausgedrückt: Weißmehl und Zucker sind »tote« Nahrungsmittel mit »leeren« Kalorien, die sofort in Fettpölsterchen verwandelt werden.

Im Unterschied dazu läuft dieser Prozess bei komplexen Kohlehydraten (vollwertigen Lebensmitteln) wesentlich langsamer ab. Dadurch steigen der Blutzuckerspiegel und die Insulinausschüttung langsam. Außerdem enthält das vollwertige Korn alle Mineralien, Vitamine und Spurenelemente, die der Körper zur Verbrennung des Blutzuckers benötigt, so dass keine Fettdepots angelegt werden müssen. Wenn du deine Ernährung auf komplexe Kohlehydrate

Frei von Zuckersucht

umstellen willst, solltest du dich mit dem Unterschied zwischen »Vollkorn« und »Vollwertkost« auskennen, denn die Bezeichnung »Vollkorn« auf vielen Produkten ist irreführend. Es ist erschreckend, wie wenig diese Produkte oft mit Vollwertkost zu tun haben. Leider heißt »Vollkorn« nicht immer »Vollwert« – und schon gar nicht »Bio-Vollwert«. So können Vollkornbrote die vom Gesetzgeber vorgeschriebenen 90 Prozent Vollkornmehl enthalten, dennoch dürfen in großem Umfang Zusatzstoffe beigemischt werden.

Das gleiche gilt für die Bezeichnung »Bio«. Auch hier ist für viele Menschen »Vollwert« und »Bio« identisch. Das ist absolut nicht der Fall! Etwas platt ausgedrückt kannst du dir merken: Wo Bio draufsteht, ist oft kein Bio drin! Der überwiegende Anteil der Vollkornbrote kommt aus konventionellem Anbau, bei dem nicht auf die Lebendigkeit des Nahrungsmittels geachtet wird. Zum Beispiel enthält das frisch gemahlene Getreide aus »echtem« Bio-Anbau viel mehr Vitalstoffe als Vollkornmehl, das Wochen oder Monate zuvor gemahlen wurde.

Immerhin entspricht das neue, sechseckige Bio-Siegel den »einfachen« Richtlinien der EU-Öko-Verordnung. Allerdings werden diese Richtlinien, wie man an der Fülle von Bio-Produkten im Discounter sehen kann, inzwischen von vielen Herstellern erfüllt. Im Gegensatz zu konventionellen Landwirtschaftsbetrieben, die dieses Siegel für einige ihrer Produkte bekommen, verzichten die »echten« Bio-Bauern gänzlich auf synthetische Spritz- und Düngemittel. Wesentlich strengere Vorschriften gibt es daher bei Demeter, Bioland und anderen Bio-Verbänden, die mehr Richtlinien erfüllen, als die EU für Bio-Produkte vorschreibt.

Leider bist du als Zuckersüchtiger darauf angewiesen, dich mit all den versteckten Zuckern in den industriell hergestellten Nahrungsmitteln auszukennen, denn unsere sogenannte Zivilisationskost enthält Unmengen an versteckten Zuckerzusätzen, selbst bei Nahrungsmitteln, die nicht süß schmecken (Senf, Ketchup, Saucen, Gewürzgurken, Chips, Flips, viele Brotsorten, Schwarzbrot, Cornflakes, Rotkohl, Heringssalat, Kartoffelsalat, Brotaufstriche). Bei

3. Schritt: Falsche Glaubenssätze entlarven

vielen industriell hergestellten Lebensmitteln wird Zucker als Geschmacksverstärker eingesetzt (Nahrungsmittel in Dosen, Wurstwaren, Milchzubereitungen und Fertiggerichte).

Als extreme Zuckersüchtige musst du zusätzlich zu deinem bewussten Umgang mit versteckten Zuckerzusätzen bei jeder Mahlzeit prüfen, ob dein Essen denaturierte Nahrungsmittel enthält, damit du nicht wieder in den Kreislauf der Sucht fällst. Denn nun weißt du, dass einfache Kohlehydrate genauso wirken, als hättest du Zucker gegessen. Du musst dann den Unterschied zwischen »Vollkorn« und »Vollwert«, zwischen »Bio« und »biologisch vollwertig« kennen und beachten.

Mit frischem Obst, frischem Gemüse und Vollwertprodukten, möglichst aus biologischem Anbau, kannst du nichts falsch machen. Allerdings musst du Folgendes berücksichtigen: was süß schmeckt, auch wenn es biologisch angebaut wurde, löst in uns Zuckersüchtigen dieselben Reaktionen im Gehirn aus wie Zucker. Daher solltest du im Fall einer extremen Abhängigkeit sehr süßes Obst wie Weintrauben, Bananen, Ananas, Honig- und Wassermelone meiden. Außerdem solltest du dann wirklich nur biologisch einwandfreies Obst und Gemüse einkaufen, denn viele Obst und Gemüsesorten werden künstlich mit Zucker behandelt oder überzüchtet, um einen unnatürlich hohen Zuckeranteil zu erhalten, zum Beispiel Möhren, kernlose Weintrauben oder Tomaten.

All diese Ernährungsempfehlungen sind, wie gesagt, bei einer extremen Zuckersucht zu beachten. Extreme Zuckersucht ist selten. Selbst bei einer starken Zuckersucht kannst du durchaus Weißmehl oder weißen Reis zu dir nehmen, wenn du das möchtest, ohne die üblichen Begleiterscheinungen (Jieper, »gesmashed« sein, Rückfallgefahr etc.) zu riskieren. Selbst versteckte Zuckermengen in manchen Nahrungsmitteln können dir sogar bei einer schweren Abhängigkeit nichts anhaben, allerdings erst, wenn du schon einige Monate im Programm bist. In den ersten Monaten solltest du auf versteckten Zucker in allen Nahrungsmitteln achten und ihn meiden. Mit der Zeit jedoch wirst du sensibel dafür, was dir bekommt und was nicht, bei welchen salzigen Nahrungsmitteln mit verstecktem Zucker eine Rückfallgefahr besteht und welche du unbedenklich und rationiert essen kannst. Wohlgemerkt: Hier sind nur versteckte Zucker in salzigen Lebensmitteln gemeint, auf den süßen Geschmack musst du als Zucker-Junkie völlig verzichten. Dieses Kapitel ist jedoch für diejenigen gedacht, deren Jieper selbst in der dritten zuckerfreien Woche noch nicht aufgehört hat. Prüfe dann, ob der Verzehr von Weißmehlprodukten oder von anderen denaturierten Nahrungsmitteln der Auslöser gewesen sein könnte, so dass dein Körper genau wie bei Zuckerkonsum reagiert hat.

Zuckerfreie Säfte sind jedoch grundsätzlich nicht empfehlenswert, auch bei einem geringeren Grad der Zuckerabhängigkeit. Laut unseren Lebensmittelgesetzen, darf ein Produkt die Bezeichnung »ohne Zucker« oder »zuckerfrei« führen, wenn es lediglich keinen weißen Zucker, sogenannten Haushaltszucker, enthält. Auf den Verpackungen tauchen dann Namen auf wie: Glukosesirup, Fruktose, Saccharose, Maltodextrin, Laktose, Gerstenmalzextrakt, Maltose oder Honig. Diese Zuckerarten werden den »zuckerfreien« Säften und Nahrungsmitteln oft zugesetzt. »Reiner Fruchtsaft« ist ebenfalls häufig mit Zucker gesüßt. Bis zu fünfzehn Gramm Zuckerszusatz pro Liter dürfen ohne Kennzeichnungspflicht zugemischt werden. Vorsicht ist auch bei Getränken geboten, die als »zuckerfrei« deklariert werden und Zuckeraustauschstoffe enthalten. Zuckeraustauschstoffe lösen bei Zuckersüchtigen genau den gleichen Jieper aus wie Zucker.

Aber selbst von ungesüßtem, biologischem, hundertprozentigem Direktsaft aus dem Bio-Laden kannst du rückfällig werden, selbst bei einer geringen Zuckerabhängigkeit. Ich vermute, dass die wochenlange Lagerung der Säfte den Fruchtzucker irgendwie verändert, so dass der Körper genauso wie auf gezuckerte Säfte reagiert.

Leider ist bei einer extremen Zuckersucht auch von frisch gepressten Säften abzuraten. Im Gegensatz zu »normalen« Zuckersüchtigen können dann sogar frisch gepresste Obstsäfte den Jieper auslösen. Daher ist es bei einer extremen Zuckerabhängigkeit ratsam, die

3. Schritt: Falsche Glaubenssätze entlarven

Frucht nicht zu pressen oder im Mixer zu zerkleinern, zumal die Vitamine und Mineralstoffe von zerkauten Früchten besser vom Körper aufgenommen werden, und es zudem bekömmlicher ist, die Frucht zu zerkauen, statt sie zu trinken.

Natürlich verändert Erhitzen das Obst. Du kannst also auch keinen Apfelkuchen essen, auch wenn er ohne Zucker gebacken wurde. Du musst lernen zu spüren, wann dein Körper reagiert. Vielleicht reagiert er schon bei einer Teemischung, in der der Geschmack von Süßholz enthalten ist, vielleicht schon bei einem zuckerfreien Kaugummi. Es gibt individuell verschiedene Verträglichkeiten, die du nach und nach kennenlernen wirst. Meide alles, was bei dir einen Jieper auslöst.

Bei einer extremen Zuckerabhängigkeit musst du wahrscheinlich auch auf Kaffee völlig verzichten. Du musst selbst herausfinden, wie stark der Grad deiner Abhängigkeit ist und was du von deinem Speiseplan streichen musst, um den körperlichen Jieper loszuwerden. Das Motto bei extremer Zuckersucht muss sein: nichts Suchterzeugendes (eine Sucht führt oft zu einer anderen), nichts Zentralstimulierendes, keine schnellen Kohlehydrate.

So sieht's aus! Vielleicht war eine Weißmehlpizza der Auslöser für deinen Jieper, vielleicht der Burger bei einer Fastfoodkette. Jedenfalls hat dein Körper reagiert und signalisiert dir, dass du deine Ernährung noch drastischer ändern musst. Tut mir echt leid, aber du leidest wahrscheinlich an einem extremen Fall von Zuckersucht, und wahrscheinlich weißt du es auch schon lange unterschwellig. Du solltest auf deinen Körper hören, der dir mit seinen Signalen genau anzeigt, ob du suchtmittelfrei lebst oder ob nicht. Wenn du im Programm bleibst, hast du die besten Chancen, ehrlich zu dir selbst zu sein, von der Sucht loszukommen und dein Leben wieder in den Griff zu kriegen. Und das Beste: Nach wenigen Tagen hört der quälende Jieper auf. Dann wird es einfacher.

Falls das alles nicht zutrifft, wird wahrscheinlich ein psychisch-seelisches Tief der Auslöser für deinen Jieper sein. Leider ist dies der größere Teil der Sucht. Zwanzig Prozent deiner Abhängigkeit sind körperlicher, achtzig Prozent psychisch-seelischer Natur. Schreibe, damit du für dich klären kannst, woher die Jieperattacken kommen. Dein innerer Mentor weiß es!

Energieversorgung

Eine weitere häufige Ursache, warum ein Zuckerjieper auftreten kann, ist die Unterversorgung mit Energie. Besonders häufig tritt das Zuckerbedürfnis bei Erschöpfungszuständen auf, zumal Erschöpfung meist von einer depressiven Stimmung begleitet wird, die den Hunger nach Zucker verstärkt. Hier ist ein wachsames und vorbeugendes Handeln notwendig. Der Körper ist unterversorgt und verlangt nach schneller Energie, und er weiß, dass Zucker schnelle Energie zur Verfügung stellt. Sicherlich kennst du die Situation, dass du Unmengen an Süßigkeiten gekauft hast, wenn du hungrig warst, viel mehr als in Zeiten, in denen du gesättigt einkaufen gegangen bist.

Achte gut darauf, nicht ausgehungert zu sein. Du kennst diesen Mechanismus und musst aufmerksam darauf achten, wie du dein Energielevel in einem guten Gleichgewicht hältst. Viele Situationen erschöpfen deinen Energiehaushalt: Schlafmangel, Traurigkeit, hormonelle Schwankungen, Lichtmangel, Konflikte aller Art, zu viel Arbeit, Hunger aller Art, schlechte Ernährung, Krankheiten, Bewegungsmangel etc. Du kennst die Liste selbst.

Daher ist es wichtig, dieser Unterversorgung vorzubeugen, das heißt, regelmäßige gesunde Mahlzeiten zu dir zu nehmen, viel reines Wasser zu trinken und frisches, reifes Obst zu essen, das den Hunger und den Durst stillt und dich mit Mineralien und Vitaminen versorgt. Auch ausreichender, erholsamer Schlaf gehört zu einer guten Energieversorgung, ebenso wie Bewegung, Licht und frische Luft. Beobachte, in welchen Momenten du durch Energiemangel einen

3. Schritt: Falsche Glaubenssätze entlarven

Zuckerjieper bekommst, und beuge diesen Situationen beim nächsten Mal vor. Sorge gut für dich! Achte auf eine gute Energieversorgung in allen Lebensbereichen. Übe dich darin, dir bewusst zu werden, wo dein Energielevel steht. Er schwankt innerhalb des Tages dauernd.

➤ *Aufgabe: Blitzlicht*

> Wie fühlst du dich gerade? Wie fühlt sich dein Körper an? Sei genau, und mache dir klar, wie dein Körper sich gerade anfühlt. Welche Note würdest du deinem körperlichen Energielevel geben? Wie fühlt sich deine Gemütsverfassung an? Gibt es ein oder mehrere Themen, die dich zurzeit emotional sehr absorbieren? Welche Note würdest du deiner Gemütsverfassung geben? Was beschäftigt dich mental so sehr, dass es dir Energie raubt?

Wie oft missachtest du das Alarmsystem in deinem Körper (Müdigkeit, Hunger, Durst, Genervtheit, Depression und so weiter)? Als genesender Zuckersüchtiger bist du zurzeit in einem empfindlichen Stadium. Ich nenne das gerne das Raupenstadium: geschlüpft, aber noch nicht flugfähig, empfindlich und weich, leichte Beute und daher gefährdet. Während des ganzen Programms bist du noch im Raupenstadium. Du hast dich zwar auf den Weg gemacht, aber bis zur Verpuppung dauert es noch eine ganze Weile.

Leider gibt es keinen adäquaten Ausdruck für einen zuckerfreien Zuckersüchtigen (bzw. es ist mir einfach noch kein guter Ausdruck eingefallen). Ein alkoholfreier Alkoholiker ist ein »trockener Alkoholiker«. Jeder weiß sofort, dass damit die Gefährdung gemeint ist, dass ein Schluck wieder in einen Rückfall führen kann. Bei Zucker ist es das Gleiche: Dein Körper ist einfach so gestrickt, dass du süchtig danach geworden bist. Andere Menschen können Zucker essen, ohne süchtig zu werden. Du nicht. Dein Erbgut, deine DNA, deine Konstitution, egal, was es ist: Du bist ein gerade genesender Zuckersüchtiger, der auf sich aufpassen muss, um nicht rückfällig zu werden. Achte daher gut auf alle Anzeichen eines niedrigen Energielevels, und versorge dich gut.

Ehrlichkeit

Dem Zucker völlig zu entsagen ist ein Riesenschritt. Klar, dass die Ursachen, die zu deiner Sucht geführt haben, nicht so schnell aus der Welt geschafft sind. Du bist auf dem Weg, der Zuckerkonsum ist weg, aber die Probleme sind noch alle da – und vielleicht klarer und unangenehmer als zuvor, weil das eine süße Betäubungsmittel wegfällt. Auch klar, dass du vielleicht zu anderen Betäubungsmitteln greifst. Das ist erlaubt und normal, und du darfst es, solange du dich im Raupenstadium befindest. Sei einfach ehrlich zu dir selbst, und schau dir an, welche »Zumacher« du jetzt benutzt. Womit betäubst du dich zurzeit? Füllt irgendein Junkfood den Mangel jetzt aus? Isst du mehr, oder konsumierst du jetzt salzige Knabbereien statt süße? Trinkst du mehr Kaffee als früher, oder rauchst du mehr? Oder betäubst du dich zurzeit mit anderen Dingen, zum Beispiel mit Filmen, Internet, Ebay, Büchern, Sex, Einkaufen, Arbeiten, Spielen oder ... oder ... oder?

Ziehe eine ehrliche Bilanz. Verurteile dich nicht dafür. Du bist gerade eine Raupe. Sei verständnisvoll. Es kann passieren, dass du mit anderen süchtigmachenden Substanzen oder Tätigkeiten abstürzt. Du wirst dich dann so »gesmashed« fühlen, wie früher nach einer Zuckerfressattacke. Im Moment ist das völlig normal. Du wirst selbst merken, dass es dir nicht guttut, und kannst darüber schreiben. Sei einfach ehrlich zu dir. Es wird sich in einigen Wochen ändern, denn durch das tägliche Schreiben merkst du immer deutlicher, was gut für dich ist – und was nicht.

3. Schritt: Falsche Glaubenssätze entlarven

Schockierende Folgen

Obwohl du vom Verstand her weißt, wie ungesund Zucker ist und dass du aus gesundheitlichen Gründen schon längst darauf verzichten solltest, hat dieses Wissen bisher nicht ausgereicht, deinen Konsum auf ein gesundes Maß zu reduzieren. Immer wieder kannst du bei zuckersüchtigen Menschen entdecken, wie sie ihre Sucht »schönreden«. Das Suchtverhalten wird als normal hingestellt, und die Rundungen werden als fraulich bezeichnet. »Ich fühle mich wohl mit meiner Figur« ist eine dieser Lieblingsaussagen zum Thema Übergewicht.

Wieso kann ich das nicht glauben? Vielleicht deshalb, weil ich mir immer vorstelle, dass diese Betroffenen, wenn sie das phantastische Angebot hätten, ohne Anstrengung zehn oder fünfzehn Kilo zu verlieren, dieses Angebot annehmen würden. Leider ist dieses Angebot wirklich im wahrsten Sinne des Wortes phantastisch, denn es geht nicht ohne Anstrengung.

Es gibt ein Abwehrverhalten – das du bei dir oder anderen beobachten kannst –, bei dem die Konsequenzen deines Tuns geflissentlich negiert oder verdrängt werden. Der Volksmund nennt es »gegen besseres Wissen handeln«. Ein Symptom bei jeder Sucht ist immer, dass die Folgen negiert oder beschönigt werden. Selbstbetrug, Verschleierung und Verdrängung gehören zu jeder Sucht dazu. Das Problem bei Zuckersucht ist, dass die Krankheiten, von denen du weißt, dass sie irgendwann kommen werden, ganz schleichend kommen. Und dieser Verfall ist so langsam, dass du ihn kaum bemerkst. Dennoch ist er seit Jahren dein Begleiter, doch – wie gesagt – du verdrängst ihn. Schau einfach in die Zukunft. Es wird wahrscheinlich keinen plötzlichen Einschnitt geben, der dich zum Zuckerverzicht zwingen wird, daher musst du dir die schockierenden, schleichenden Folgen des Zuckerkonsums bewusst vor Augen halten und dich fragen, auf was du eigentlich die ganze Zeit wartest.

Frei von Zuckersucht

Du kennst die Folgen:

- Übergewicht,
- Übersäuerung,
- Diabetes,
- erhöhter Blutzuckerspiegel,
- Bauchspeicheldrüsen-Erkrankungen,
- Gallenbeschwerden,
- Pilzbefall,
- kaputte Zähne,
- Durchblutungsstörungen,
- Schlafstörungen,
- Mund- und Körpergeruch,
- Hautunreinheiten,
- Allergien,
- ADHS,
- Krampfadern,
- Herz- und Kreislaufprobleme,
- Magen- und Verdauungsbeschwerden
- etc.

Worauf wartest du? Die 90-Kilo-Grenze? Die 100-Kilo-Grenze? Wo ist deine Grenze? Ein Krankenhausaufenthalt wegen Gallenkoliken? Auf einen Arzt, der dir Zucker verbietet? Welcher Auslöser soll dich zur Umkehr zwingen? Wahrscheinlich hast du, wie alle Zuckersüchtigen, die Folgen verdrängt und hoffst unterschwellig auf irgendeine Grenze. Die Wahrheit ist: Es gibt keine Grenze. Es geht immer weiter bergab.

➤ *Aufgabe: Dreimal outen*
   Bekenne dich vor drei Menschen deiner Wahl zu deiner Zuckersucht.

4. Schritt:

Das verlorene Paradies

Der Schatten · Muttermilch und Brei · Die wahren Wünsche
Als Erwachsener handeln · Suchen – Sucht – Sehnsucht · Adoleszenz
Freude und Glück · Unerfüllte Wünsche · Die Fülle des Augenblicks

Der Schatten

Du befindest dich jetzt in der vierten zuckerfreien Woche. Der schlimmste Jieper ist überstanden. In dieser Phase kann dir Folgendes passieren:

Vielleicht wird es Momente geben, in denen du wie ein gefangenes Tier in der Küche herumrennst und nach etwas Essbarem suchst, obwohl du längst satt bist. Da ist ein Hunger in dir, etwas Unerfülltes, etwas Triebhaftes, Ungezügeltes, ein riesiges, schwarzes Loch, das an dir saugt und das du mit irgendetwas stopfen musst, um nicht verschlungen zu werden. Zuerst ist es nur ein kleines, nagendes Unbehagen, eine zarte Unzufriedenheit oder eine undefinierbare Unpässlichkeit. Doch je länger du dich von deiner Lieblingsdroge fernhältst, desto größer wird der Schatten. Vielleicht hast du in letzter Zeit diese Leere immer wieder gespürt und wegen des Zuckerverzichts mit anderen Lebensmitteln gestopft? Wahrscheinlich wirst du bemerkt haben, dass du dann nicht gerade zu gesunden Nahrungsmitteln greifst, sondern dass du in Zeiten, in denen der Schatten näher rückt, gerne fiese Chips, Fastfood oder fette Stopfportionen bevorzugst. Durch die ersten Wochen des Zuckerentzuges hast du ein neues, gutes Körpergefühl kennengelernt. Doch jetzt verlierst du dieses Gefühl wieder, und dein Magen spannt unangenehm. Du kennst dieses Völlegefühl aus der Zeit deiner schlimmsten Suchtanfälle, als du dich mit Süßem vollgestopft hast. Und obwohl du nichts Süßes gegessen hast, geht es dir jetzt ähnlich. Du bist »gesmashed« und fühlst dich übellaunig, wie früher.

In einer solchen Phase erkennst du, dass du Zucker durch andere Süchtigmacher ersetzt hast – und du weißt es. Du isst wieder einmal mehr, als dein Hungergefühl dir signalisiert. Du isst, bis du zum Platzen voll bist. Du ahnst, dass du auf dem Weg bist, von der Zuckersucht in eine Essstörung zu fallen. Doch … zum Glück bist du im Programm. Durch das Schreiben kannst du dir nichts mehr vormachen. Die Seiten zwingen dich zu einer Ehrlichkeit dir selbst gegenüber, die du nie zuvor hattest. Die Seiten bringen alles ans Licht, und du erlebst dadurch deine Fehltritte viel stärker als früher.

Der Hunger in dir, dieses unerfüllte, triebhafte, schwarze Loch, ist dein Schatten, den es zu erforschen gilt. Dein Unbehagen vor der Fressattacke ist das Hinweisschild, um welche Themen sich deine Unzufriedenheit dreht. Frage dich dann, wonach du in Wirklichkeit Hunger hast. In den nächsten Wochen werden wir uns diesem Schattenanteil von verschiedenen Seiten nähern. Bleib im Programm, und schreibe darüber, wenn du in einen solchen Zustand fällst. So wie Münchhausen sich an seinem eigenen Zopf aus dem Sumpf ziehen konnte, so hilft das Schreiben dir, deinen Zustand zu verändern und dich zu befreien. Nutze die Hilfe deines inneren Mentors.

Es ist kein Zufall, dass du gerade auf Zucker als Droge abgefahren bist. Jede Droge hat eine ganz individuelle Wirkung. Selbst die Art, wie eine Droge eingenommen wird, ist ein Hinweis auf eine ganz

4. Schritt: Das verlorene Paradies

bestimmte Haltung der Persönlichkeit zu ganz speziellen Lebensthemen.

Ein Raucher saugt den ganzen Tag an seinen Zigaretten und baut eine Nebelwand zwischen sich und seiner Umwelt auf. Er vernebelt die Realität, so dass er in seinen Phantasien bleiben kann. Er schafft eine Wand zwischen seinen Träumen und der kalten, harten Welt. Zu spüren, dass er in seiner Phantasie tausend unerfüllte Bedürfnisse hat, den Schmerz zuzulassen, dass alle Träume unerfüllt sind, und die Arbeit zu tun, andere Wege zu finden, die Träume zu leben, ist der Weg eines Nikotinsüchtigen, um sich zu befreien.

Ein Alkoholiker fühlt sich wie in weiche Watte gepackt. Er wird schmerzfrei und »ertränkt« seine Sorgen. Alkohol vernebelt das Denkvermögen. Statt sinnvolle Kommunikation mit anderen Menschen zu betreiben, betäubt ein Alkoholiker die Sätze in seinem Kopf, bis er nur noch lallt. In einem fortgeschrittenen Stadium sterben die Gehirnzellen ab. Und das bei Menschen, die gerade im Mentalen ihren Sehnsuchtsbereich haben. Alkoholsüchtige sehnen sich nach Austausch und Kommunikation, nach tiefen Gedanken und verbalem Austausch. Weil die Realität in diesem Bereich aber schmerzhaft ist, wird Alkohol zum Mittel der Wahl, sich zu betäuben. Die Arbeit besteht darin, den Schmerz der Kommunikationslosigkeit und Einsamkeit zu spüren und neue Wege zu finden, sich auszudrücken, statt sich zu betäuben.

Ein Zuckersüchtiger greift zur betörenden Süße, die ein kurzes Glücksgefühl ermöglicht und ihm himmlische Gefühle vermittelt. Ein Zuckersüchtiger macht sich seinen Körper unattraktiv, weil er sich eigentlich nach Zärtlichkeit, Liebe und Sex sehnt. Durch das Fett verschwinden die typischen männlichen oder weiblichen Reize im »Babyspeck«. Zu spüren, dass der Körper tausend unerfüllte Bedürfnisse hat, den Schmerz der Enttäuschung zuzulassen und auf anderem Weg für eine Befriedigung, für Süße im Leben zu sorgen, ist der Weg, der aus der Zuckersucht führt. Zucker wird für einen Süchtigen zum Kurzbesuch im Paradies, »wo Milch und Honig fließen«.

147

Welche Droge du nimmst, hat also sehr viel mit der Art deiner unerfüllten Bedürfnisse zu tun. Im Laufe der Arbeit im Programm wirst
du feststellen, dass hinter der Zuckersucht ganz bestimmte Themen
versteckt sind, mit denen du noch ausführlich arbeiten wirst.

> *Aufgabe: Mögliche Ursachen deiner Sucht*
> Was fällt dir zurzeit über die möglichen Ursachen deiner Sucht ein,
> wenn du dies liest? Welcher Schatten verbirgt sich hinter deiner
> Sucht? Schreibe auf, und befrage deinen inneren Mentor: Für was
> steht Zucker bei mir? Welchen Mangel habe ich durch Zucker ersetzt?
> Was ist so bitter, dass ich es versüßen muss? Wonach habe ich wirklich
> Hunger? Was betäube ich mit Zucker?

Unabhängig davon, was du im Laufe der nächsten Kapitel über dich
herausfinden wirst: Der Stoff selbst ist suchterzeugend, das heißt,
dass du jahrelang Selbsterforschung, Therapien und Programme machen und tausend Erklärungen finden und Erkenntnisse haben
kannst und dennoch nicht von der Sucht loskommst, wenn du die
Droge nicht meidest. Indem du Licht auf deinen Schatten wirfst,
vermeidest du einen Rückfall.

Jetzt, in diesen ersten zuckerfreien Wochen des Programms, hast
du eine neue Chance: Du meidest die Droge und wirst mit deinem
Schatten konfrontiert, deinem uralten Mangelgefühl, deiner Angst
und Panik, deiner Unzufriedenheit, deiner Scham, deinem Mangel
an Selbstwert und anderem. Wahrscheinlich kommen durch die Arbeit im Programm Teile deiner Kindheitsgeschichte ans Licht deines
Bewusstseins. Vielleicht wirst du mit ungelösten Themen aus deiner
Vergangenheit, die bis in die Gegenwart reichen, konfrontiert werden. Du wirst Themen ansehen müssen, die du nicht bewusst ver-
arbeitet hast, du siehst alles, was du nicht fühlen und zulassen
wolltest, was du abgelehnt hast, wozu du NEIN gesagt hast. Dies
ist ein wünschenswerter Effekt. Die ganzen unbearbeiteten Storys
haben sich auf der Körperebene in Zuckersucht und Übergewicht

4. Schritt: Das verlorene Paradies

niedergeschlagen. Wenn du den Ursachen deiner Sucht auf die Spur kommst, schaffst du die Basis, um andere Wege zur Befriedigung deiner wahren Bedürfnisse zu finden.

Um die einzelnen persönlichen Themen zu klären, wirst du einen Blick auf viele Erlebnisse und Erinnerungen deines Lebens werfen müssen. Es ist wichtig, sich mit den unangenehmen Gefühlen zu konfrontieren und sie zuzulassen. Sie zu sehen und zuzulassen, ist der erste Teil der Heilung. Im zweiten Schritt sind deine Intelligenz und Kreativität gefragt, weil du Mittel und Wege finden musst, anders als bisher auf ähnliche Situationen zu reagieren. Du wirst Wege einschlagen, die du noch nicht gegangen bist. Diese Wege erfordern Mut. Mut, hinter die Fassade zu schauen. Mut, die Schmerzen, den Ärger, die Wut, die Angst, die Scham, die Ohnmacht, die Einsamkeit, die Trauer oder andere unangenehme Empfindungen auszuhalten, sie anzunehmen und dadurch zu transformieren. Mut, neue unbekannte Wege einzuschlagen.

In den nächsten Wochen wirst du dich mit den verschiedenen unbefriedigten Bedürfnissen auseinandersetzen, die dich bisher zur Droge Zucker greifen ließen. Die besondere Wirkung, die der Konsum von Zucker erzeugt, kommt den Bedürfnissen nahe, die du erreichen möchtest. Die Zuckerwirkung ist der Erfüllung dieser Bedürfnisse ähnlich. Deine Bedürfnisse werden aber durch Zucker nicht wirklich gestillt, sondern es entsteht noch mehr Hunger nach den wahren (unbewussten) Wünschen und Bedürfnissen, wodurch wiederum noch mehr Zucker konsumiert werden muss. Die Suche nach weiterer Befriedigung der ungestillten Bedürfnisse führt in den Teufelskreis der Sucht. Das Problem bei jeder Sucht ist, dass du das eigentliche Wunschziel nie erreichst, sondern auf einer Scheinebene steckenbleibst. Die Aufgaben werden dir helfen zu erkennen, nach was für einem Ziel du in Wahrheit suchst, wie du das Erreichen dieses Ziel selbst seit langem boykottierst und wie du dieses Ziel auf anderem Weg erreichen kannst.

Als Zuckersüchtige werden dir folgende Themen mehr oder weniger bekannt vorkommen. Nimm einen Stift, und unterstreiche, welche Themen zurzeit besonders viel mit dir zu tun haben.

- Du möchtest dich geborgen, beschützt und sorgenfrei fühlen.
- Du weichst vielen Schwierigkeiten so lange wie möglich aus.
- Du fühlst dich überlastet.
- Du empfindest einen unbestimmten Mangel und suchst nach Erfüllung, so als würde deinem Leben etwas ganz Wesentliches fehlen.
- Du kannst dein Leben nicht richtig genießen. Es fühlt sich an, als wartest du darauf, dass dein Leben beginnt.
- Du ringst in vielen Gebieten um Anerkennung.
- Du kannst Zurückweisung und Frust nicht gut aushalten.
- Du bist unglücklich. / Du hast Kummer. / Du bist traurig.
- Du möchtest gerne viel ändern, hast aber tief in dir Angst vor Veränderungen.
- Du kennst deinen Mangel an Selbstwertgefühl. Du liebst dich nicht.
- Du möchtest dich oft am liebsten verstecken.
- Du hast keine Erfüllung in der Liebe und in der Sexualität.
- Du fühlst dich oft einsam, isoliert, unverstanden und alleingelassen.
- Du hast einen Hang zur Bequemlichkeit.
- Du fühlst dich schuldig und weißt nicht, wofür und warum.
- Du schämst dich und findest dich sexuell unattraktiv, besonders wenn du entkleidet, ungestylt und ungeschminkt bist.
- Du fühlst dich oft matt und erschöpft und brauchst mehr Energie.

4. Schritt: Das verlorene Paradies

• Du hungerst nach mehr Lebendigkeit, Aufregung und Abenteuer in deinem Leben.

Auf der Suche nach den wahren Wünschen, die sich hinter der Sucht verbergen, werden dir in den nächsten Wochen verschiedene Aufgaben gestellt werden. Die einzelnen Aufgaben können ganz viel oder auch nur ganz wenig mit dir zu tun haben. Beim Durchlesen der Kapitel wirst du spüren, welche Themen zurzeit deine sind. Wenn dir eine Aufgabe unangenehm auffällt und du sie spontan ablehnst, solltest du aufmerksam hinsehen. Vielleicht betrifft sie dich mehr, als du wahrhaben möchtest. Wenn dich etwas trifft, betrifft es dich auch. Die Aufgabe, die dich trifft, egal, ob negativ oder positiv, bearbeitest du.

Muttermilch und Brei

Im ersten Schritt haben wir schon das »innere Kind an der Hintertür« behandelt. In diesem Kapitel werden wir uns weiter mit dem inneren Kind beschäftigen, da es untrennbar mit den Grundthemen eines Zuckersüchtigen verknüpft ist. Wie du im Verlauf des Programms sehen wirst, hat Zuckersucht sehr viel mit dem eigenen inneren Kind zu tun, das umsorgt und gestillt werden möchte.

➤ *Aufgabe: Geburt und Stillzeit*

Stell dir vor, wie sich dein Leben im Bauch deiner Mutter angefühlt hat. Warst du ein erwünschtes Kind? Haben sich deine Eltern gefreut, dass du unterwegs zu ihnen bist? Wie empfand deine Mutter es, mit dir schwanger zu sein? Was empfand dein Vater? Wenn deine Eltern noch leben, kannst du sie fragen, wie es für sie war. Ansonsten stell dir einfach vor, wie es wahrscheinlich gewesen ist. Dann schreibe es in der Gegenwartsform auf, als würdest du es noch einmal erleben. (»Es ist warm und dunkel. Ich fühle mich wohl. Meine Mutter freut sich, auch wenn sie sich Sorgen macht, ob alles gut gehen wird, weil ...«)

Und dann beschreibst du deine Geburt. Wenn es geht, frage noch einmal deine Mutter, wie alles genau war. Schreibe alles auf. Wie lange bist du gestillt worden? Wann wurdest du abgestillt? Warum? Wie fühlte es sich an, gestillt zu werden? Wie war es für deine Mutter, dich zu stillen? Beschreibe das, was du am schönsten findest bei der Vorstellung, gestillt zu werden. Versuche dich zu erinnern, wie es war oder wie es sich angefühlt haben könnte. Wenn du ein unangenehmes Gefühl bei der Vorstellung bekommst, gestillt zu werden, weil sich das Bild deiner Mutter dazwischenschiebt und du, aus welchem Grund auch immer, diese Vorstellung abstoßend findest, dann stelle dir eine Muttergöttin vor, eine Urmutter, die Mutter aller Menschen, die dich im Arm hält und stillt.

Das auffälligste Merkmal bei Zuckersucht ist das Bedürfnis nach süßem Geschmack. Es ist eine orale Befriedigung. Die meisten Süßigkeiten werden geleckt, geschleckt, gelutscht, geknuspert oder zergehen auf der Zunge. Viel Süßes wird einfach flüssig getrunken. Das süße Stück zergeht langsam im Mund oder wird durch Lutschen lange im Mund behalten. Das Zerbeißen, Durchbeißen und der Gebrauch der Zähne ist zweitrangig. Süßigkeiten sind vorwiegend weich und »zergehen auf der Zunge«.

Das Erste, was ein Neugeborenes zu sich nimmt, ist süße Muttermilch. Muttermilch ist um ein Vielfaches süßer als Kuhmilch. Jeder, der als Erwachsener richtige Muttermilch gekostet hat, wird von der Süße überrascht sein. Die Süße wirkt wie ein Beruhigungsmittel. Zucker ist ein Tranquilizer. Das Kind wird still durch das Stillen. Auf vielen Säuglingsstationen, wenn ein Neugeborenes zur Blutentnahme einen schmerzhaften Stich mit der Nadel bekommen soll, ist es das erste Mittel der Wahl, dem Baby einen Mullbausch mit Glukoselösung zum Saugen in den Mund zu legen. Das Baby beruhigt sich sofort. Die Schwestern auf der Säuglingsstation wissen das: Zucker beruhigt. Das Baby wird still, nicht nur, weil es etwas im Mund hat, sondern weil Zucker einlullt.

4. Schritt: Das verlorene Paradies

Und was bekommen Babys als erste Nahrung nach der Stillzeit? Leicht gesüßten Brei, zerquetschte Bananen, süße Möhren. Die zahnfreie Baby- und Säuglingszeit ist das Alter der völligen Hilflosigkeit, der Urinstinkte, der gedankenfreien Erinnerungslosigkeit. Das Baby ist umhüllt von weichem Babyspeck und für nichts verantwortlich. Das Unwohlsein wird durch Schreien kundgetan. Es folgt das befriedigende Gefühl, dass das Unwohlsein durch das Stillen gestillt wird. Das Baby erhält nicht nur Nahrung gegen den Hunger, sondern ein Vielfaches mehr:

• Nähe

• Wärme

• Zuwendung

• Bestätigung

• Zweisamkeit

• bekommt etwas, ohne etwas dafür geben zu müssen

• lebendige Energie

• Vertrauen

• Sicherheit

• Geborgenheit

• Körperkontakt

• Zärtlichkeit

• Schutz

• Offenheit

• wird beschenkt

• Wohligkeit

• das Ende des Unwohlseins

• Sättigung des Hungers

• Umhüllung

153

- gehalten werden
- verantwortungsfrei sein dürfen
- hilflos sein dürfen
- sich versorgen lassen
- vollendete Nährung
- Erfüllung
- Verschmelzung und Verbundenheit
- Einheit
- paradiesischer Zustand
- Liebe

➤ *Aufgabe: Die Ursache der Sehnsucht finden*

In dieser Aufgabe beschäftigst du dich damit, wonach du dich sehnst, wenn du daran denkst, im Arm gehalten und gestillt zu werden. Wonach sehnst du dich am meisten? Benutze die Liste oben, und suche die für dich wichtigste Eigenschaft heraus: die, die dich am meisten trifft. Lies dir die Liste noch einmal durch, und beginne den Satz mit »Ich sehne mich nach ...«. Welches Wort berührt dich angenehm (oder unangenehm)? Die Sehnsucht zeigt dir auf, wo dein größter Mangel sitzt. Wenn du das Wort gefunden hast, dann wiederhole im Stillen den Satz »Ich sehne mich nach ...«, und warte ab, was bei dir passiert. Dies ist eine sehr tiefgreifende Übung. Du wirst vielleicht von einer starken Sehnsucht gepackt werden und sehr traurig werden. Lass einfach alles zu, was in dir hochkommen will. Lass auch die Tränen zu. Dies ist ein wichtiger Schritt. Er gehört zur Arbeit im Programm. Du musst herausfinden, wo dein Mangel sitzt. Wenn du traurig wirst, achte darauf, welche Bilder in dir hochsteigen. Dies sind die Schlüsselerlebnisse, durch die ein Teil deines Mangelgefühls und deine Sehnsucht entstanden sind. Heiße diese Erinnerungen und die damit verbundenen Gefühle willkommen, und schreibe alles auf.

All die oben erwähnten Empfindungen werden bei dem Persönlichkeitsanteil des inneren Kindes durch den Geschmack von Süßem wieder wachgerufen. Das Problem ist, dass du wahrscheinlich eine oder mehrere dieser Empfindungen nicht ausreichend erhalten hast und daher ein Bedürfnis danach entstanden ist.

Kein Wunder, dass das innere Kind den Fuß in die Hintertür stellt, wenn es von diesem Programm erfährt. Zuckerverzicht ist für diesen Persönlichkeitsanteil fundamental existenzbedrohend. Das Baby kann sich nicht in Worten ausdrücken, sondern sein Unwohlsein nur mit Weinen kundtun. Dein ungestilltes Verlangen aus der frühen Babyzeit, das bisher mit Zucker einigermaßen befriedigt werden konnte, soll nun einfach ungestillt bleiben? Da ist es doch kein Wunder, dass das Kind in dir nicht mitmachen will. Doch du bist nun erwachsen und kannst diesem inneren Kind sagen, dass du dafür sorgen wirst, dass seine Bedürfnisse zufriedengestellt werden. Sage ihm, dass du auf es aufpassen, es umsorgen und dass du dich um es kümmern wirst.

Die wahren Wünsche

Die oben erwähnten Empfindungen beim Stillen sind die wahren Wünsche des inneren Kindes, die hinter dem Bedürfnis nach Süßem stecken. Du hast deine wahren Wünsche nicht ausreichend erfüllt bekommen, sie sind versperrt oder scheinen schwer zu erreichen. Der Zuckerkonsum erlaubt dir eine Abkürzung. Die Frage ist, warum du dich mit einem leicht erreichbaren Ersatz zufriedengibst, der dir Eigenschaften wie Einheit, Verschmelzung in der Liebe und den Paradieszustand wie ein kurzes Blitzlicht vorgaukelt. Du gibst dich mit einer schnellen Pseudobefriedigung, einem Quickie, zufrieden, auch wenn du spürst, dass es nicht das ist, wonach du dich eigentlich sehnst. Du flüchtest in einen frühkindlichen Zustand, indem du Süßes konsumierst, statt heute, als Erwachsener, die Verantwortung für dich zu übernehmen und zum Beispiel aktiv für Geborgenheit, Nähe oder Schutz zu sorgen.

Wieso mangelt es dir heute noch an dieser bestimmten Eigenschaft? Wieso konntest du in diesem Punkt nicht erwachsen werden? Wieso kannst du nicht dafür sorgen, dieses Mangelgefühl zu beseitigen? In welchen Bereichen weigerst du dich unbewusst, erwachsen zu handeln? Warum bevorzugst du diesen Ersatz seit Jahren? Warum fliehst du – jedes Mal, wenn du Zucker isst – vor der Realität in eine einlullende Scheinerfüllung? Warum unternimmst du nichts Richtiges, um deine Sehnsucht zu stillen? Wieso bist du in eine passive Konsumhaltung (wie ein Baby) gegangen statt in eine aktive Verantwortlichkeit? Warum brauchst du so oft die Illusion, die dir zum Beispiel Wohligkeit, Schutz und Erfüllung für kurze Minuten vorgaukelt, statt dir Wohligkeit, Schutz und Erfüllung in der richtigen Form zu suchen und sie zu erleben? Was steckt dahinter, dass du diese Empfindung so oft durch Zucker haben willst und sie dir nicht verantwortungsbewusst auf anderem Weg besorgst? Könnte es sein, dass die Erfüllung der Bedürfnisse dich mit Themen in Berührung bringt, die unangenehm für dich sind? Das hört sich vielleicht paradox an, ist es aber nicht. Wir sind vielschichtige Wesen, und es ist durchaus nicht abwegig, dass wir uns einerseits nach etwas sehnen und andererseits gleichzeitig Angst davor haben.

Etwas, was mit der Erfüllung deiner Bedürfnisse zu tun hat, scheint unangenehm zu sein, dir Schmerzen zu bereiten, dir Sorgen zu machen oder dich sogar maßlos zu ängstigen. Die Konfrontation mit diesem Thema ist so unangenehm, dass du die Droge der Auseinandersetzung vorziehst. Die passive Haltung des Zuckeressens ist viel beruhigender und kontrollierbarer als die beängstigende aktive Auseinandersetzung mit dem Thema. Deine Zuckersucht weist dich in bestimmten Situationen darauf hin, dass du seit Jahren vor bestimmten Themen in einen kleinkindlichen Zustand fliehst und

4. Schritt: Das verlorene Paradies

nicht richtig erwachsen werden willst. Bisher konntest du nicht anders, als in Momenten, in denen der Säugling in dir eigentlich weinen wollte, auf den Säugling zu reagieren: Das Bedürfnis musste mit Süßem gestillt werden. Aber du bist inzwischen erwachsen und weißt, dass Süßigkeiten nur eine Ersatzbefriedigung für etwas anderes sind. Jetzt geht es darum herauszufinden, ...

... in welchen Bereichen du dein Leben bisher so gestaltet hast, dass du weiter in dem alten Bedürfnisbefriedigungsmuster hängenbleiben konntest, so dass du dich nicht erwachsen mit der Bedürfnisbefriedigung deiner wahren Wünsche auseinandersetzen musstest.

... wie du diese Bereiche deines Lebens auf erwachsene Weise so gestalten kannst, dass du aus dem alten Bedürfnisbefriedigungsmuster herauskommen kannst.

Da wir den eigenen Themenbereichen gegenüber meistens blinde Flecken haben, ist ein einfaches Hilfsmittel, Umkehrschlüsse zu ziehen und das Gegenteil als wahr anzunehmen. Meist ist das genaue Gegenteil dessen, was du als Thema oder Problem mit dir herumträgst, genauso wahr wie das, was du vordergründig zu einem Thema glaubst. Du kannst einfach aus allen oben aufgelisteten Eigenschaften des Gestilltwerdens die Umkehrschlüsse ziehen und dich selbst fragen, auf welche Art du seit Jahren daran festhältst, nicht das zu bekommen, wonach du dich doch eigentlich sehnst. Finde heraus, wo du dich selbst boykottierst.

»Ich sehne mich (da)nach ...

... Nähe: Warum gehe ich so oft auf Distanz und lasse Nähe nicht zu?

... Wärme: Warum bin ich oft kalt und abweisend?

... Zuwendung: Von wem wende ich mich ab?

... Bestätigung: Wo kann ich keine Anerkennung/Bestätigung geben oder empfangen?

... Zweisamkeit: Warum habe ich mich für Einsamkeit entschieden?

... etwas zu bekommen, ohne etwas dafür geben zu müssen: Wo will ich etwas haben, ohne »meinen Preis zu bezahlen«?

... lebendiger Energie: Wo töte ich etwas in mir ab?

... Vertrauen: Warum bin ich voller Misstrauen?

... Sicherheit: Wieso bestimmt Unsicherheit mein Leben?

... Geborgenheit: Wieso fühle ich mich gehetzt und getrieben und voller Existenzangst? Wo traue ich »dem Frieden nicht«?

... Körperkontakt: Warum bin ich so unzugänglich?

... Zärtlichkeit: Warum bin ich so abweisend?

... Schutz: Warum begebe ich mich ungeschützt in schädigende Situationen?

... Offenheit: Wo mache ich dicht?

... beschenkt zu werden: Wo kann ich nicht geben und wo nicht annehmen?

... Wohligkeit: Warum gestalte ich mir mein Leben so unangenehm?

... dem Ende des Unwohlsein: Wo verharre ich in unangenehmen Situationen?

... Sättigung des Hungers: Wo vernachlässige ich mich? Welches unstillbare Verlangen trage ich in mir?

... Umhüllung: Wo achte ich nicht auf mich?

... gehalten zu werden: Wo lasse ich mich selbst schmerzhaft fallen?

4. Schritt: Das verlorene Paradies

... Verantwortung loslassen zu dürfen: Wo muss ich verantwortlicher werden?

... hilflos sein zu dürfen: Wie kann ich erwachsen werden?

... mich versorgen zu lassen: Wo vernachlässige ich mich und andere?

... vollendeter Nährung: Welche wichtigen Lebensbereiche nähre ich nicht?

... Erfüllung: Wie lange lebe ich schon mit dem Gefühl der Leere, ohne mich zu wehren?

... Verschmelzung: Wo bin ich erstarrt und festgefahren?

... Einheit: Warum erlebe ich mich als von anderen getrennt?

... einem paradiesischen Zustand: In welcher Hölle lebe ich? Warum nehme ich mich nicht so an, wie ich bin?

... Liebe: Warum liebe ich so wenig?

➤ _Aufgabe: Umkehrschlüsse_

Natürlich sind auch etliche andere Fragen als Umkehrschlüsse zu einem Thema denkbar. Arbeite mit deinem Thema oder deinen Themen sowie den Umkehrfragen, und lasse sie mithilfe deines inneren Mentors beim Schreiben beantworten. Der innere Mentor ist eine wunderbare Mischung aus der Stimme des Herzens und einer gut dosierten Portion Vernunft – und das alles verpackt in absolutes Wohlwollen für dich und deinen Lebensweg. Vertraue auf seine Hilfe! Schreibe!

Du hast nun einen großen Schritt in der Arbeit im Programm getan. Du hast ein oder mehrere ungestillte Bedürfnisse des inneren Kindes erfahren und durch die letzte Aufgabe bemerkt, dass du dich seit Jahren unbewusst daran hinderst, genau diese Bedürfnisse zu erfüllen.

Frei von Zuckersucht

Nun gehen wir zusammen noch einen Schritt weiter. Das Thema heißt: alte Muster erkennen, die bis heute wirken. Irgendwann in deiner Kindheit war es notwendig für dich (oder es wurde dir vorgelebt), so zu handeln. Um dich zu schützen oder sogar dein Leben zu retten, hast du dieses Verhalten angenommen, das dich heute daran hindert, dir selbst deine wahren Wünsche und Sehnsüchte zu erfüllen. (Häufig wollen wir noch immer unbewusst, dass jemand anderes, wie in der Babyzeit, diese Bedürfnisse befriedigt.) Sieh dir deinen Punkt noch einmal vor dem Hintergrund deiner Kindheit an. Kannst du dich an eine oder mehrere Situationen erinnern, bei denen dein Thema aus der letzten Aufgabe mit deiner Kindheit zu tun hat?

➤ *Aufgabe: Dein Thema in der Kindheit*

Setze dein Thema aus den letzten beiden Aufgaben in den folgenden Text ein.

Beispiel: **Zuwendung**

Du hast als Sehnsucht bzw. Thema vielleicht Zuwendung für dich gefunden. Jetzt stellst du durch die Umkehrschlüsse fest, dass du dich selbst oft verschließt, dich abwendest und anderen die kalte Schulter zeigst. Schau jetzt in deine frühe Kindheit. Wo musstest du dich verschließen und abwenden, um dich zu schützen? Wo war es notwendig, statt Zuwendung Abwendung zu wählen? Kannst du Situationen finden, in denen du dich abwenden musstest oder Abwendung vorgelebt bekommen hast? Wenn ja, dann ist es doch kein Wunder, dass das Kind in dir sich noch immer nach Zuwendung sehnt und gleichzeitig noch immer an dem Muster des Abwendens festhält.

Beispiel: **Geborgenheit**

Du hast vielleicht Geborgenheit als Thema für dich gefunden. Jetzt stellst du durch die Umkehrschlüsse fest, dass du dich oft selbst hetzt und treibst und dir wenig Geborgenheit erschaffst. Schau jetzt in deine frühe Kindheit. Wo musstest du auf Geborgenheit verzichten, um dich zu schützen? Wo war es notwendig, statt Geborgenheit Existenzangst zu wählen? Wo hast du »dem Frieden nicht getraut«? Kannst du Situationen finden, in denen du dich nicht geborgen fühltest oder den Mangel an Geborgenheit vorgelebt bekommen hast? Wenn ja, dann ist es doch kein Wunder, dass das Kind in dir sich noch immer nach Geborgenheit sehnt und gleichzeitig noch immer an dem Muster der Existenzangst festhält.

➤ *Aufgabe: Kindheitserinnerungen zu deinem Thema*
Sicherlich wird dich der obere Text an Kindheitserlebnisse erinnert haben. Kannst du jetzt besser verstehen, warum du die Erfüllung deiner Sehnsucht bisher vermieden hast? Schreibe über diese Kindheitserinnerungen.

Als Erwachsener handeln

Wenn du alles aufgeschrieben hast, dann mache dir klar, dass diese Gefühle zu dem inneren Kind in dir gehören. Heute bist du erwachsen. Dennoch ist das Kind in dir sehr lebendig mit seinen Bedürfnissen. Die Aufgabe für dich besteht nun darin, die Bedürfnisse des Kindes in dir ernst zu nehmen und als Erwachsener zu erfüllen. Dadurch, dass dich ein bestimmtes Thema besonders betroffen gemacht hat, kannst du davon ausgehen, dass du jetzt, in deinem Erwachsenenleben, genau mit diesem Thema zu tun hast und dass es ein zentrales Thema ist, um das du dich besonders kümmern solltest.

Wenn du zum Beispiel bei der Aufgabe »Muttermilch und Brei« gespürt hast, dass dein Hauptthema dein Mangel an Geborgenheit ist, dann überlege, in welchen Bereichen deines Lebens du dich auch heute noch nicht geborgen fühlst. Der erste Schritt ist der zu erkennen, dass du diesen Mangel empfindest und in deinem jetzigen Leben bis heute erlebst. Sieh dir einfach das gesamte Themenfeld an, das mit deinem Thema zu tun hat. Vielleicht erkennst du zum Beispiel bei dem Thema Geborgenheit, dass die finanzielle Unberechenbarkeit deiner freiberuflichen Tätigkeit bei dir wieder die alten Mangelgefühle und Existenzängste auslöst. Oder du merkst plötzlich, dass du viel zu selten bei Kerzenschein gemütlich eingekuschelt und geborgen auf dem Sofa liegst, um einfach einen Roman zu lesen.

Wenn deine Arbeit an den vorherigen Aufgaben dich zum Beispiel auf das Thema der Sehnsucht nach Zärtlichkeit gebracht hat, dann sieh dir an, wo und wann du in deinem Leben Zärtlichkeit am meisten vermisst. Was könntest du tun, um mehr Zärtlichkeit in dein Leben zu lassen? Sei kreativ. Du könntest zum Beispiel weiche, zarte Bettwäsche kaufen, eine Katze liebevoll streicheln, Massageöl kaufen und anwenden, zärtlich mit Gegenständen, Tieren, Pflanzen und Menschen umgehen, einfach zärtlicher mit dir und anderen umgehen.

Als Erwachsener zu handeln heißt, dein Thema ernst und wichtig zu nehmen und zu erkennen, dass du jahrelang vermieden hast, dich genau damit auseinanderzusetzen. Es heißt, dass du dir klarmachst, dass diese Bedürfnisse und Blockierungen schon ganz alt sind und dein inneres Kind betreffen, dass du aber jetzt frei bist, anders zu handeln als früher. Deine Angst vor der Eigenverantwortlichkeit resultiert aus deinem Kind-Ich. Das Kind-Ich ist schon beim Hören des Wortes »Verantwortlichkeit« völlig überfordert. Die Eigenverantwortlichkeit ist die Aufgabe des erwachsenen Anteils. Lerne zu trennen, wer welche Aufgaben übernehmen muss.

➤ *Aufgabe: Erste Schritte auf dem neuen Weg*
  Bewege dein persönliches Thema, das du durch die Aufgaben entdeckt hast, und reflektiere, was es im Heute mit dir zu tun hat, wo und wann du noch Mangelgefühle erlebst. Was könntest du unternehmen, um diesen Mangel in kleinen Schritten zu beenden? Sei

kreativ mit dem Thema, das du dir erarbeitet hast, und mache einen ersten Schritt zur Erfüllung deines wahren Wunsches noch in dieser Woche. Vielleicht kannst du ihn sogar in deine Zeit der Fülle integrieren.

Erzähle deinem vertrauten Freund, welches deine Erkenntnisse in Bezug auf dein Thema waren und wie du versucht hast, neue Wege dafür zu finden. Erzähle, welches deine ersten Schritte auf diesem Weg waren, um das uralte Bedürfnis zu stillen.

Suchen – Sucht – Sehnsucht

Auch wenn das Wort Sucht nichts mit suchen zu tun hat, sondern mit siechen, besteht doch ein Zusammenhang zwischen einer Suche und einer Sucht. Viele Süchtige sind spirituelle Sucher. Vielleicht ist bei dir durch die vorhergehenden Aufgaben die Sehnsucht nach einem paradiesischen Zustand angesprochen worden. Dann bewege in dir die Frage, was du darunter verstehst. Frage dich, wann du diesen Zustand schon gespürt hast und wie dieser Zustand vielleicht wieder zu erreichen ist. Die Sehnsucht nach einem paradiesischen Zustand hat auch viel mit einer spirituellen Unerfülltheit zu tun. Sieh dir an, wohin deine religiösen Interessen gehen. Vielleicht solltest du dich eine Weile mit Esoterik oder den Mystikern des Mittelalters auseinandersetzen. Finde heraus, was »paradiesischer Zustand« für dich bedeutet, und gehe neue Wege, die dich deinen wahren Wünschen näher bringen.

Bei der Sehnsucht nach dem paradiesischen Zustand, der abgewandelt in Form von Zuckerkonsum angestrebt wird, berühren wir nicht psychische, sondern seelische Bereiche. Es gibt Bereiche, bei denen die Psychologie nicht weiterhelfen kann. Eine Suche nach dem paradiesischen Zustand ist immer eine Gottsuche. Du vermisst das »göttliche Vaterhaus« oder »die große Muttergöttin«. Bei Kindern ist das Göttliche noch zu spüren. Sie sind erst kurz in dieser Welt und bringen etwas aus einem anderen Reich mit. Und daher ist ein Teil deiner Sehnsucht eine Sehnsucht nach der Kindheit, in der das Paradies noch ganz nah war. Auch in der Verliebtheit, beim Orgasmus, in der Ekstase ist dieser Zustand zu spüren. Und natürlich wird dieser pseudo-paradiesische Zustand auch durch den Konsum von Drogen erreicht. Im ersten Moment des Konsums fühlst du dich richtig gut, sonst würdest du es nicht nehmen. Jede Droge wirkt so, daher wird man ja süchtig danach. Es ist eine Hintertür in ein Pseudoparadies. Die wahre Tür zum Paradies bleibt jedoch durch Drogen verschlossen. Wenn du dich hiervon angesprochen fühlst, solltest du das Suchen hinter der Sucht erkennen und dich auf die Suche nach deiner ungelebten Spiritualität begeben.

Adoleszenz

In unserer Gesellschaft herrscht ein wirres Durcheinander bei der Frage, wann eine Frau oder ein Mann erwachsen geworden sind. Jeder spürt, dass das Erreichen des achtzehnten Lebensjahres nicht die magische Grenze sein kann, die den Jugendlichen über Nacht zum Erwachsenen macht (zumal der Zeitpunkt vom Staat erst vor ein paar Jahrzehnten willkürlich von einundzwanzig auf achtzehn heruntergesetzt wurde). Aber wann ist man denn nun erwachsen? Wenn man den Schulabschluss hat, sein eigenes Geld verdient, Kinder bekommt, zu Hause auszieht, kommuniert oder konfirmiert wird, seine Periode bekommt oder Geschlechtsverkehr hat? Diese Frage kann in unserer Gesellschaft kaum jemand befriedigend beantworten. In Naturvölkern ist diese Frage allerdings eindeutig geklärt. Sie haben festgelegte Adoleszenzrituale, in denen die Jugendlichen irgendeine Art Mutprobe oder Visionssuche durchleben oder ein Jahr von ihrer Familie getrennt leben müssen. Erst danach dürfen sie aus der Gruppe der Kinder in die Gruppe der Erwachsenen wechseln.

4. Schritt: Das verlorene Paradies

Durch unseren Mangel an einem eindeutigen Adoleszenzritual ist es niemandem möglich, genau zu definieren, wann ein Jugendlicher erwachsen ist, oder – noch schlimmer – ob ein Erwachsener jemals wirklich erwachsen geworden ist. Die Frage drängt sich auf, ob der hohe Zuckerkonsum in unserer Gesellschaft damit zu tun haben könnte. Wenn wir alle nicht wissen, ob wir wirklich schon erwachsen geworden sind, liegt die Vermutung nahe, dass wir unsere Kindanteile dauernd mit unseren Erwachsenenanteilen vermischen und verwechseln.

Ein möglicher Schritt, den wir Westeuropäer gehen können, ist der oben beschriebene Umgang mit dem inneren Kind. Dadurch können wir im eigenen System eine Trennung zwischen dem Erwachsenen-Ich und dem Kind-Ich vollziehen.

Dieses innere Kind ist nicht nur traurig, unglücklich und fordernd, sondern auch sehr bereichernd. Das Schönste ist: Es macht enorm viel Spaß, seinen Kindanteil zu leben. Immer wenn wir Spaß und Freude haben, wenn wir Lust am Spiel und an aufregenden Abenteuern haben, dann ist der Kindanteil mit im Boot oder sogar am Ruder. Es ist das innere Kind in dir, das sich köstlich amüsiert, herzlich lacht und einen Riesenspaß hat, wenn Dönkes, Quatsch und Unsinn gemacht werden, wenn du tanzt, spielst und wenn dein Herz hüpft. Bei ganz vielen freudevollen Situationen ist es das Kind in dir, das dich mit Freude, Spaß, Leben und Liebe durchflutet. Erwachsen zu werden bedeutet nicht, dass das innere Kind verschwindet.

➤ *Aufgabe: Spielzeug*

Suche etwas aus deiner Kindheit heraus (ein Spielzeug, ein Stofftier, ein Buch oder Ähnliches), bei dem du eine positive Kindheitserinnerung erlebst. Wenn du keine Gegenstände aus deiner Kindheit mehr hast, dann suche bei Ebay oder bei ZVAB (antiquarische Bücher) nach deinen damaligen Lieblingsspielsachen oder deinem schon lange vermissten Lieblingskinderbuch. Dein inneres Kind wird einen Riesenspaß haben, diese alten Sachen wiederzusehen. Wenn du willst, kannst du es ersteigern, es wieder benutzen und in dein Zimmer stellen. Nähre dein inneres Kind mit diesem Spielzeug.

➤ *Aufgabe: Kindheitsfoto*
Suche ein Foto von dir als Kind heraus, mit dem eine gute Erinnerung verknüpft ist, und stelle oder hänge es auf, so dass du es gut sehen kannst. Mache dir bewusst, dass der Kindanteil in dir lebendig ist, dass du für diesen Anteil sorgst und dass du nun neue, erwachsene Wege gehen wirst, um diese Bedürfnisse zu erfüllen.

Freude und Glück

Freude ist ein Zustand des Herzens. Wir empfinden keine Freude im mentalen Bereich, sondern im Bauch, im Körper, in unseren Gefühlen. Freude durchströmt uns. Der Urwunsch, den jeder Mensch in sich trägt, ist der Wunsch nach immerwährender Freude, nach anhaltender Ekstase, nach unvergänglichem, dauerhaftem Glück. Der Wunsch nach Fülle, Freude und Glück durchzieht unser Leben.

Wahres Glück entfaltet sich unerwartet in deinem Herzen, wenn du dafür offen bist. Eines der größten Hindernisse auf dem Weg zu einem glücklichen Bewusstseinszustand ist der Denkapparat im Kopf, der dauernd wertet, Forderungen stellt und urteilt. Es denkt und denkt und denkt in dir.

Du bist in diesen ersten Wochen einige erste Schritte in die Richtung gegangen, den Denkapparat als von dir unabhängiges Instrument zu erleben. Dein Denken funktioniert wie ein Computer, der mit bestimmten Programmen geladen ist und den du umprogrammieren kannst. Freude und Glück sind jedoch nicht über den Denkapparat zu finden. Du musst dazu mit deinem Bewusstsein ganz in deinem Körper sein, ganz im Hier und Jetzt.

4. Schritt: Das verlorene Paradies

➤ _Aufgabe: Auf Glück programmiert_

Übe dich darin, deinen Denkapparat umzuprogrammieren. Entscheide
dich für Glück und Freude. Sage sooft du kannst die Sätze zu dir: »Ich
entscheide mich für ein Leben in Freude«, »Ich entscheide mich für
ein glückliches Leben«. Oder denke dir selbst Sätze aus, die deine Entscheidung, dich auf Glück zu programmieren, ausdrücken. Wenn du
diese Entscheidung wirklich triffst, wird sich etwas in deinen Programmen verändern, und du wirst es spüren.

Unerfüllte Wünsche

Zu den größten Hindernissen für wahre Fülle und wahres Glück
zählen deine Wünsche und dein Begehren. Ununterbrochen laufen
Filme in deinem Gehirn ab, die irgendetwas in der Zukunft begeh-
renswert erscheinen lassen. Der unerfüllte Wunsch lässt dich glauben, dass du nur durch die Erfüllung des Wunsches glücklich sein
wirst. Folglich kann dein Leben jetzt gar nicht glücklich sein, weil
dein in der Zukunft liegender Wunsch ja noch nicht erfüllt ist.
Noch extremer wird dieser Mechanismus, wenn deine unerfüllten
Wünsche in der Vergangenheit liegen. Diese ist unveränderbar, so
dass du aus dem Unglücklichsein gar nicht mehr heraus kannst.

Die große Illusion ist dabei die Vorstellung des eigenen Glücks in
der Zukunft (bzw. Vergangenheit). Sie wird verklärt und scheint in
einem Kontrast zur jetzigen Realität zu stehen. In Wahrheit existiert
diese verklärte Realität gar nicht und ist eine Illusion, denn nichts
in der Welt wird dich dauerhaft glücklich machen, wenn du ehrlich
zu dir selbst bist. Aber der Wunsch flüstert dir wie ein Verführer
ununterbrochen das Gegenteil zu: »Wenn du XYZ hast, wirst du
glücklich sein.« Solche Wünsche können dein Denken wie ein
Dämon besetzen. Du befindest dich dann wie in einem Sog, der
dich in einen negativen emotionalen Strudel hinabzieht.

Durchschaue diese Illusion, und löse dich von ihr mit aller Kraft. Wie oft hast du deine unerfüllten Wünsche mit Zucker betäubt? Du wirst die Sucht nicht loswerden, wenn du dir nicht eingestehst, dass deine Wünsche dich nicht glücklich machen werden. Lasse das, was du dir am meisten wünschst, los. Es ist eine Illusion.

(P. S.: Häufig halten wir an unerfüllten Wünschen fest, weil der damit verbundene leichte Schmerz eine schöne Traurigkeit und Sehnsucht erzeugt, die uns fühlen lässt, dass wir lebendig sind. Prüfe, ob du vielleicht aus lauter Langeweile solchen Trugbildern glaubst.)

➤ *Aufgabe: Unerfüllte Wünsche erkennen*

Allem geht immer ein Erkenntnisprozess voran, den du durch Beobachten und Schreiben erfahren kannst. Lies dir im 2. Schritt noch einmal den Text zu »Dein Körper« durch, und achte in nächster Zeit darauf, wie das Programm in deinem Kopf funktioniert. Stelle fest, wann du dich auf die halbleere Hälfte des Glases konzentrierst, und übe dich darin, umzuschalten und die halbvolle Hälfte zu betrachten.

Die Fülle des Augenblicks

Der Weg zum Glück liegt weder in der Vergangenheit noch in der Zukunft, sondern im Augenblick, im absoluten Jetzt. Zuckersüchtige sind von den Themen Fülle und Glück besonders betroffen. Als Zuckersüchtiger suchst du dauernd die Süße, die Freude, das Glück und die Fülle, und weil sie unerreichbar erscheinen, greifst du zu Zucker. Durch das Programm lernst du neue Wege kennen, ohne Zucker in eine Fülle zu kommen. Daher ist die Zeit der Fülle auch so wichtig. Durch die nächste Aufgabe wirst du Glücklichsein üben können.

Wie kommt es zu einer Entfaltung des Glücks? Antwort: Suche nicht nach dem Glück. Je mehr du nach deinem Glück suchst und greifst, desto mehr entzieht es sich.

Es hört sich ganz einfach an, aber leider sind deine Programme so stark, dass du es immer wieder vergessen wirst, auch wenn du jetzt gerade die Wahrheit dahinter erkennen kannst. Meist suchst du in der Vergangenheit oder in der Zukunft, statt im Augenblick zu sein. Frage dich: Was fehlt mir jetzt gerade? Du wirst sehen: Fast immer fehlt dir – nichts!

Sei offen für alles. Du hast dich für das Glück entschieden, und es darf kommen, wann es will. Bleibe in einer objektiven Haltung, ohne zu urteilen. Sei aufmerksam. Aufmerksamkeit ist die größte Liebestat, die du dir selbst zukommen lassen kannst. Sei aufmerksam im Augenblick, achte auf das Hier und Jetzt. Jetzt, in diesem Moment, atmest du. Dein Atem ist immer da, doch du bemerkst es meistens nicht. Spüre deinen Körper. Wie fühlen sich deine Füße an? Wie fühlt sich dein Bauch an? Wie deine Hände, deine Atmung? Urteile nicht, nimm einfach objektiv wahr. Das ist der Schlüssel, der alle Türen öffnet. Sei gegenwärtig, sooft du kannst. Sei präsent. Durch deine Präsenz setzt du eine Energie frei, die dich in einen neuen Bewusstseinszustand heben kann.

Worte können nur andeuten, was gemeint ist. Du musst es selbst erfahren. Egal, wie du es nennst: Aufmerksamkeit, Gegenwärtigkeit oder Präsenz – das ist der Schlüssel zu Freude und Glück.

➤ *Aufgabe: Präsenz*
  Übe dich in Präsenz – jetzt!

5. Schritt:

Mangel und Fülle

Schwierigkeit und Leichtigkeit · Das Wunder der Aufmerksamkeit
Last · Gewichtigkeit · Bequemlichkeit · Mangel und Fülle
Genuss · Suchtpotenzial · Selbstwert

Die Themenbereiche dieses 5. Schrittes betreffen Zuckersüchtige, die mit Übergewicht zu kämpfen haben. Dein Übergewicht deutet auf Themen hin, an denen du arbeiten musst. Meistens ist Übergewicht der Auslöser, wodurch die Sucht als Sucht erkannt wird. Die krankmachenden Folgen der Sucht für ihren Körper sind Süchtigen ziemlich egal. Sie werden verdrängt. Aber das Übergewicht macht dir echte Probleme.

Bitte öffne dich für folgenden Gedanken: Dein Körper hat sich genau die Form gesucht, die du zurzeit brauchst, auch wenn du diese Form nicht haben willst. Dein Übergewicht hat auf einer dir unbewussten Ebene einen wichtigen Sinn. Es erfüllt einen Zweck. Deine Pfunde gleichen etwas aus, was ins Ungleichgewicht geraten ist.

Durch dein Essverhalten hast du etwas von außen nach innen genommen, obwohl eigentlich etwas von innen nach außen fließen wollte. Dein Körper ist fleischgewordene Emotion oder Sprache, etwas, was du bisher nicht ausdrücken konntest. Jetzt, im Programm, kannst du neue Wege gehen und endlich von innen nach außen ausdrücken, was dich bedrückt. Schreiben ist der Weg, um dich auszudrücken.

Übergewicht weist auf verschiedene Themenbereiche hin, von denen wir nun nach und nach einzelne Aspekte betrachten werden. Auch wenn du trotz deiner Zuckersucht kein Übergewicht hast, solltest du dich mit den folgenden Themen konfrontieren und in dir nachspüren, ob dich ein oder mehrere Themen davon betreffen.

Schwierigkeit und Leichtigkeit

Du bist oder fühlst dich schwer. Dein Schwersein kann ein Hinweis darauf sein, dass du etwas schwernimmst, dass du Schwierigkeiten hast, dass du die Leichtigkeit des Lebens nicht lebst. Was denkst du zurzeit über dein Leben hier auf der Erde? Hast du es schwer im Leben? Hast du mit vielen Schwierigkeiten zu kämpfen? Hast du viele Pflichten zu erfüllen? Musst du viel oder hart arbeiten (oder beides)? Bist du oft erschöpft und angestrengt, geplagt von Sorgen und Ungewissheiten? Sieht deine Zukunft so aus, als würde es noch lange so weitergehen? Ist dein Leben voller Mühsal? Bist du hier, um etwas zu leisten, um es zu etwas zu bringen?

Wenn Übergewicht zu einem Problempunkt deiner Zuckersucht geworden ist, hast du mit den Themen Schwere/Schwierigkeit und Leichtigkeit zu tun. Dein Körper signalisiert, dass du es schwer hast, dass dir das Leben schwerfällt, dass du nicht mit Leichtigkeit durchs Leben gehst, dass du das Leben nicht feierst.

Um zu erkennen, ob das Thema Schwierigkeit/Leichtigkeit dich unterschwellig begleitet, kannst du deine Glaubenssätze betrachten. Wie in den vorherigen Kapiteln ist der erste Schritt, deine Glaubenssätze zu erkennen und zu erforschen, welche unbewussten Programme du dem Leben gegenüber hast. Das, was dein Denkapparat bisher über dich und das Leben gedacht hat, hast du unreflektiert geglaubt und danach gelebt. Wenn du also an ein schweres Leben glaubst, dann erhältst du genau die Situationen, die dir deinen Glauben bestätigen.

5. Schritt: Mangel und Fülle

Die überflüssigen Pfunde sprechen eine deutliche Sprache: Du bist nicht von der Leichtigkeit des Lebens überzeugt, sondern davon, dass dein Leben schwer ist, dass du es schwer hast im Leben.

Wenn du dir ansiehst, mit welchen Sätzen du erzogen wurdest, ist es kein Wunder, dass du an ein Leben voller Anstrengung und Schwierigkeiten glaubst. Unser westliches Gesellschaftssystem ist auf Geldverdienen und Konsum aufgebaut, auf Wirtschaftswachstum und Erfolg im Beruf. Täglich wird in den Medien von steigenden Arbeitslosenzahlen, Inflation und Wirtschaftskrisen berichtet. Durch die PISA-Studie und das Noten- und Schulsystem wird schon im Kindesalter ein unglaublicher Leistungsdruck erzeugt. Du wächst mit Sätzen auf, die dir suggerieren, dass das Leben schwer, mühselig und anstrengend ist.

Das Problem bei Glaubenssätzen ist, dass sie wie unbewusste Programme wirken. Du bist gefangen in bestimmten Denkmustern, nach denen du denken und handeln musst. Wenn dein Glauben darin besteht, dass du nichts wert bist, wenn du nichts leistest (der liebste Glaubenssatz unserer Gesellschaft), dann wird dieser Satz dein ganzes Leben beeinflussen.
Kennst du solche Glaubensmuster aus deiner Kindheit? Wenn ja, dann schreibe darüber, und wandele diese Sätze in deinem Kopf um.

Häufiger jedoch, als alte Muster aus der Kindheit zu erkennen, wirst du die Schwere des Lebens in deinem Alltag wahrnehmen. Da das Zuckersuchtprogramm diverse Anleitungen zum Glücklichsein (ohne Zucker) enthält, gibt es nun eine weitere Aufgabe zum Glücklichsein, ähnlich der »Fülle des Augenblicks« aus dem vorherigen Schritt. Es ist das Wunder der Aufmerksamkeit.

Das Wunder der Aufmerksamkeit

Nenne, ohne lange nachzudenken, fünf Alltagspflichten, vor denen du dich am liebsten drücken würdest, die gerne jemand anderes tun könnte oder die dir schon lange verhasst sind (das Bad putzen, den Quartalsabschluss erledigen, das Auto waschen und saugen, den Rasen mähen, die Fenster putzen, das Unkraut jäten ...).

Kannst du dich an einen Zeitpunkt erinnern, an dem du diese Tätigkeiten getan und dich dabei ganz anders gefühlt hast? Wann hat diese unangenehme Arbeit sich gar nicht unangenehm angefühlt? Hast du das schon erlebt? Wie war das? Es sind die gleichen Tätigkeiten, aber du warst ausgeglichen und zufrieden dabei. Was war anders?

Wahrscheinlich wirst du feststellen, dass du die gleichen Tätigkeiten auch schon mit Leichtigkeit durchgeführt hast. Du selbst warst in einer Leichtigkeit. Du hast die Arbeit gar nicht als Pflicht erlebt, sondern du hattest sogar eine gewisse Lust dazu, jetzt diese Arbeit zu tun: sauber zu machen, Schreibtischarbeiten zu erledigen oder den Garten in Ordnung zu bringen.

Das Geheimnis ist: Aufmerksamkeit. Überall da, wo du deiner Umwelt mit liebevoller Aufmerksamkeit begegnest, wirst du liebevolle Aufmerksamkeit zurückerhalten.

Nimm nun eine der von dir genannten Alltagspflichten, und erledige sie in dieser Woche mit Aufmerksamkeit, aus der Leichtigkeit erwächst. Tue sie einfach bewusst, ohne Hast, ohne Pflichterfüllungsgefühle. Nimm einfach wahr, wie anders die gleiche Tätigkeit sein kann. Jede Pflicht kann zur Freude werden. Jede Tätigkeit, in Aufmerksamkeit verrichtet, kann eine Quelle der Kraft sein, wohingegen Pflichterfüllung immer kraftraubend ist, selbst bei den schönsten Tätigkeiten. Es kommt auf das Vorzeichen an, das du davor setzt, nicht auf die Tätigkeit. Wenn dir diese Aufgabe nicht gelingen sollte: Übe dich weiter darin, Pflichten nicht mehr als solche zu erleben, sondern sie in Freude zu verwandeln (oder schreibe über deinen Widerstand, diese Tätigkeiten mit liebevoller Aufmerksamkeit zu tun).

Ein treffender Satz zu diesem Thema lautet: »Wenn du deine Arbeit mit Freude machst, brauchst du nie wieder zu arbeiten.«

Es gibt noch ein anderes Thema, das mit Schwierigkeit/Leichtigkeit zu tun hat. Es kann ein Hinweis darauf sein, dass du lernen musst, dich angemessen zu beschweren, statt auf der Waage immer schwerer zu werden. Welche Situationen lösen bei dir schon seit längerem einen unterschwelligen Ärger aus?

➤ *Aufgabe: Beschwerdeschreiben/Dankesschreiben*

Schreibe in dieser Woche mindestes einen (möglichst drei) Beschwerdebriefe an Personen oder Institutionen, bei denen du dich über irgendeinen Missstand oder eine Fehlentscheidung beschweren möchtest. Sei nicht zu freundlich, aber auch nicht abfällig. Finde den richtigen, erwachsenen Ton für deinen Beschwerdebrief. Wenn du lernst, dich angemessen zu beschweren, dann tust du etwas sehr Wichtiges für dein inneres Kind, das sich das alles nicht traut, aber die ganze Zeit leise vor sich hin leidet. Du handelst erwachsen.

Nach diesem Beschwerdebrief fällt dir vielleicht ein, dass du auch einen Dankesbrief an jemanden schreiben solltest. Meist vernachlässigt man die Kehrseite einer Medaille. Kümmere dich in dieser Woche daher auch um einen angemessenen Dankesbrief.

Last

Dein Übergewicht weist auf ein weiteres ähnliches Thema hin: Last und Belastungen. Dein Körper signalisiert dir: »Du schleppst eine Last mit dir herum.« Meist ist diese Belastung eine Mischung aus aktuellen Problemen und lange zurückliegenden Ereignissen, die nicht richtig »verdaut« wurden. Vielleicht bist du auch ein »mentaler Müllsammler«, jemand, der eigene Erlebnisse und/oder Erzählungen von anderen nicht vergessen und loslassen kann, sondern immer wieder darüber nachdenkt. Du gehst dabei immer wieder durch alle damit verbundenen Empfindungen, denn Gedanken sind immer auch an Gefühle gekoppelt.

Was belastet dich? Welches sind zurzeit die Hauptthemen, unter denen du leidest? Inzwischen sind seit dem Lebenssäulencheck im 2. Schritt schon über zwei Wochen vergangen. Erinnerst du dich, welche Säule am meisten wackelte? Hat sich in den letzten zwei Wochen etwas daran geändert? Musstest du immer wieder kurz daran denken, seit du den Lebenssäulencheck gemacht hast? Wie lange hast du dieses Problem schon? Wann fing es an? Gab es Entwicklungsschritte seit Beginn dieses Problems bis zum heutigen Zeitpunkt? Welche Ängste hast du in Bezug auf die Zukunft?

➤ *Aufgabe: Deine Hauptlast beschreiben*

Schreibe über dein derzeitiges Hauptproblem, und lass dich von deinem inneren Mentor beraten. Er kennt die Schritte, die dir deine Last erleichtern werden.

Durch das Schreiben wird dir bewusst werden, welche Lasten du mit dir herumschleppst und wo und wie du die ersten Schritte gehen kannst, um diese Last abzubauen. Manchmal zeigt sich diese Belastung auch im Außen, indem unerledigte Dinge sich immer weiter häufen und du all deine Kraft aufwenden musst, um den Berg an Unerledigtem zu verdrängen. Eine Art der Verdrängung ist,

5. Schritt: Mangel und Fülle

deine Belastung nicht anzusehen und deinen inneren Mentor nicht danach zu fragen, welche Schritte die Last erleichtern würden.

➤ *Aufgabe: Kleine Entlastungen*

Suche fünf unerledigte Dinge in deinem Alltag aus, die nicht sonderlich aufwendig sind, die du aber bisher einfach noch nicht erledigt hast. Erledige sie in dieser Woche (den Knopf an die Jacke nähen, eine neue Glühbirne kaufen und gegen die alte austauschen, das Fahrrad aufpumpen, die Schuhe zur Reparatur bringen und das neue, aber defekte Radio reklamieren). Sieh diese Tätigkeiten als Entlastungsprozess. Tue sie diesmal weniger aus schneller Pflichterfüllung, sondern mit dem Ziel, dich ein wenig zu entlasten.

Falls dein Widerstand bei der Erledigung unerledigter Lasten zu groß sein sollte, dann sieh dir bitte denjenigen Anteil in dir an, der einen Sekundärgewinn davon hat, diese Dinge nicht zu erledigen, sondern weiter aufzuschieben. Frage dich, welchen Gewinn du davon hast, diese Dinge nicht zu erledigen. Meist stecken interessante Erkenntnisse hinter einem solchen Widerstand.

➤ *Aufgabe: Große Entlastung*

Und nun sieh dir an, was für Tätigkeiten du seit langem verdrängst und seit Wochen oder Monaten auf dem Stapel »Unerledigtes« vor dir herschiebst. Wovor drückst du dich? In dieser Woche ist es deine Aufgabe, eine dieser lange aufgeschobenen unerledigten Sachen zu erledigen oder zumindest anzufangen. Entlaste dich, und spüre, wie gut das tut. Geh zumindest den ersten Schritt.

Gewichtigkeit

In dem Wort »Gewichtigkeit« ist die »Wichtigkeit« enthalten. Wenn du mit dem eigenen Gewicht (der Gewichtigkeit) kämpfst, stellt sich die Frage, ob du auch mit deiner Wichtigkeit kämpfst. Wie wichtig bist du? Wie wichtig findest du dich? Meistens sind sich Zuckersüchtige eher ihrer Unwichtigkeit bewusst. Ein Mangel an Selbstwert ist typisch für Süchtige. Wie im vorigen Kapitel ist es aber unausweichlich, sich auch das Gegenteil anzusehen, das oft genauso wahr ist. Auf einer unbewussten Ebene fühlst du dich sehr wichtig (gewichtig) und zeigst es auch nach außen. Dein Körper zeigt allen, wie (ge)wichtig du bist. Dein Körper zeigt es, auch wenn du es vielleicht auf der bewussten Ebene nicht so erlebst. Dein Körper gleicht das aus, was du ihm vorenthältst. Es ist gut und heilsam, dich selbst wichtig zu nehmen. Was nicht gut ist, ist die Diskrepanz zwischen »ich-bin-nicht-wichtig« und »ich-bin-wichtig«. Hier muss etwas ins Gleichgewicht kommen. Du musst auf einer erwachsenen Ebene Gewicht bekommen, dir selbst mehr Gewicht zugestehen, dich auf eine reife Art wichtig nehmen. Werde auf eine gute und entwickelte Art wichtig statt übergewichtig.

Beginne damit, dass du dir selbst gewogen bist, und fang gleich mit deinem Übergewicht an. Bisher hast du dich für die Ergebnisse auf der Waage gehasst. Es war dir wahrscheinlich nicht bewusst, dass dein Körper etwas ausgeglichen hat, was dir im seelischen Bereich gefehlt hat. Eigentlich hat dein Körper genau richtig reagiert, indem er dich gewichtig gemacht, dich gepolstert und dir eine Schutzschicht gegeben hat. Geh in die Haltung, dein Gewicht im Augenblick als angemessen anzuerkennen und anzunehmen.

Es gibt noch die umgekehrte Haltung, die übergewichtige Menschen manchmal haben: Ihr Übergewicht zeigt allen, wie wichtig sie sind, und sie demonstrieren es auch in ihrer Art und in ihrem Auftreten. Jedoch fühlen sie sich auf einer unbewussten Ebene völlig unwichtig. Auch hier ist das Wichtig- und Unwichtigsein nicht im Gleichgewicht. Die Lösung ist, auf einer psychisch-seelischen Ebene Gewicht zu bekommen.

Welche der Gewichtigkeiten ist deine Variante? Wie wichtig bist du?

Bequemlichkeit

Bei übergewichtigen Zuckersüchtigen kann eine Persönlichkeitsstruktur vorliegen, die durch zu große Bequemlichkeit gekennzeichnet ist. Eine kindliche bis kindische Haltung dem Leben gegenüber und ein fast genusssüchtiges Verhalten liegen hier vor. Die Aufgaben des Lebens werden durch das »dicke Fell« hindurch nicht mehr oder nur abgeschwächt wahrgenommen. Faulheit überwiegt die Sehnsucht nach dem eigenen Seelenheil.

Wenn du diese Persönlichkeitsstruktur von dir kennst, dann mache dir bewusst, dass du eine Neigung zu Abkürzungen hast. Zuckersucht ist eine bequeme Abkürzung in einen pseudo-paradiesischen Zustand, die dir den Weg zu wahrem Seelenheil verbaut. Das, was du in der Bequemlichkeit suchst (Ruhe, Stille, Zeit, Loslassen, Einfachheit, Genuss, Freude etc.) ist nur durch eine echte Suche in einem veränderten Bewusstseinszustand zu finden. Werde wieder zum Suchenden, denn die Bequemlichkeit wird dich nicht zu deinen wahren Zielen führen, auch wenn es sich so anfühlt, als seien sie das, was du möchtest. Vielleicht bist du schon zu einem Sklaven deiner Faulheit geworden. Warum willst du so bleiben, wie du bist? Hör auf, dir etwas vorzuträumen, und wage neue Wege. Definiere deine Lebensziele neu, und gehe auf eine aktive Suche nach dem Sinn deines Lebens.

Mangel und Fülle

Dein Übergewicht konfrontiert dich auch mit dem Themenbereich Mangel und Fülle. Dein Körper hat eine äußere Fülle gewählt, weil du ihm signalisiert hast, dass du dich nach Erfüllung sehnst. Deine Sehnsucht nach Erfülltsein hat in dir das Verlangen geweckt, mehr zu essen, hineinzunehmen, hineinzustopfen, hineinzuschlingen, um eine wichtige gefühlsmäßige Erfahrung zu machen: erfüllt zu sein. Beim Essen versuchst du, etwas in dich hineinzunehmen, was du auf anderen Ebenen nicht bekommen hast. Etwas war unerfüllt, und du hast es mit Essen gefüllt. Dein Mangelgefühl treibt dich dazu, das Loch in dir zu füllen.

Der wahre Wunsch dahinter, das »unsichtbare Futter«, nach dem die Seele verlangt, ist Liebe. Das sichtbare Futter, nach dem du greifst, sind Süßigkeiten. Süßes steht immer für Liebe. Wenn Liebe einen Geschmack hätte, dann wäre sie süß. Die Sehnsucht, die sich hinter der Zuckersucht verbirgt, ist demnach das Bedürfnis nach Liebe, Zuwendung, Aufmerksamkeit, Lob, Unterstützung, Annahme, Bestätigung, Erfolgserlebnissen und vielem mehr.

Schau dich um! In jedem Supermarkt sind die Regale voll mit Drogen aller Art: Tabak, Alkohol, Süßigkeiten und diverse andere »Genussmittel«. Dann gibt es noch die unendliche Fülle an Luxusartikeln, die das ganze kranke Konsumverhalten unserer Gesellschaft nähren: Klamotten, Autos, Wohnaccessoires etc. Und in ihrer Freizeit dröhnen sich die Menschen mit Medien aller Art zu: Fernsehen, DVDs, Computerspiele etc. Selbst Sport und Sex können zu Suchtmitteln werden. Alle suchen »das große Vergessen« durch diverse Betäubungsmethoden, die »Spaß, Freude und Glück« versprechen – und das Gegenteil halten. Aus diesem krankhaften Verhalten unserer Gesellschaft kann man einen Schluss ziehen: Unsere Gesellschaft ist voll mit Menschen, die einen Mangel empfinden. Diese Erwachsenen sind alle unglückliche, bedürftige Kinder, die mit dem Leben hier auf der Erde nicht richtig klarkommen. Sie

5. Schritt: Mangel und Fülle

wissen nicht, wie Spaß, Freude und Glück dauerhaft zu erreichen sind.

Dieser Mangel scheint zum Menschsein dazuzugehören. Die große Aufgabe, die jeder Mensch für sich erfüllen muss, ist, den Schlüssel zu finden, der die Tür zur Fülle aufschließt. Es ist die Aufgabe des wahren Menschseins, diesen Schlüssel zum Glück zu finden, sich selbst die letzten Fragen zu stellen und sich auf die Suche nach dem Sinn des Lebens zu machen. Woher kommst du? Warum bist du hier? Wohin gehst du? Wie kannst du deine Sehnsucht stillen? Die Suche nach den Antworten auf diese Fragen macht dich zum Menschen.

Du spürst, wie die meisten Menschen, den Drang in dir, zu dieser Suche aufzubrechen. Sie drückt sich durch ein dauerndes Gedrängtwerden und Begehren aus. Diese Suche kann viele Formen annehmen. Vielleicht suchst du nach Spaß, Abenteuer, Frieden, Lust, Vermögen, Erkenntnis, Fülle, Freiheit, Heilung, Gott, Liebe, Anerkennung, Erfolg, höheren Idealen oder sonst etwas. Fakt ist: Es fehlt etwas!
Der Zuckerverzicht zwingt dich, das Mangelgefühl zu fühlen, denn nun kannst du nicht mehr die Abkürzung über Zucker nehmen und in die Scheinfülle gehen.

In diesem Prozess wirst du alte Wunden und unangenehme Gefühle spüren. Du wirst den immer wieder auftretenden Heißhunger- und Fressattacken auf den Grund gehen: dem tiefsitzenden Mangelgefühl, dem Loch in deiner Seele, der Leere. Diese Gefühle sind nicht angenehm. Durch Zuckerkonsum wurdest du sie bisher für einen kurzen Moment der Fülle schnell los. Aber nun weißt du, dass du eine Erfüllung auf seelischer Ebene suchst, die Zucker nie bieten kann. Der Weg führt durch die Leere, durch das Loch hindurch. Du musst bereit sein, dich diesen unangenehmen Gefühlen zu stellen. Erkenne die Existenz deines Mangels an, und

181

übernimm Verantwortung für ihn. Und dann füllst du diesen Mangel auf verantwortliche, erwachsene Weise.

➤ *Aufgabe: Den Mangel fühlen*

Sicherlich entsteht schon ein Mangelgefühl in dir, weil du komplett auf Süßes verzichtest. Es ist eine Leere, die durch den Genussverlust deiner Lieblingsdroge entsteht. Doch dieser Mangel ist gering gegen den Mangel, der eigentlich dahintersteht. Wenn du in die nächste Situation kommst, in der du ein Mangelgefühl fühlst und in der du früher (vor dem Programm) Zucker gegessen hättest, dann gehe in dieses Gefühl hinein. Spüre hinein. Nach was sehnst du dich wirklich? Was fehlt dir? Was für Bilder hast du dazu? Welcher Art ist der Mangel genau? Kannst du deinen Schmerz fühlen und ihn zulassen? Wie stark ist dein Mangelgefühl?

Schreibe über dein persönliches Thema und deine Erfahrungen bei dieser Übung.

Es gibt einen wichtigen Punkt in Bezug auf Mangel, den du beachten musst. Wir Menschen sind so gestrickt, dass wir uns oft nach dem Gegenteil von dem sehnen, was wir haben. Folglich wird also immer ein gewisser Mangel da sein, weil wir nicht beide Seiten gleichzeitig haben können. Die Frage ist, wie stark ist deine Sehnsucht, diesen Mangel zu füllen. Oder kannst du mit einem gewissen Mangel leben? Es wird immer einen Mangel geben. Wenn du einen Partner hast, möchte ein Teil von dir zum Beispiel frei sein. Wenn du ungebunden bist, suchst du einen Freund. Wenn du dich arm fühlst, möchtest du mehr Geld haben. Wenn du viel Materie besitzt, möchtest du ein schlichtes Leben führen.

Hier auf der Erde zu sein heißt, nicht im Himmel zu sein. Kannst du in einen inneren Frieden kommen mit dem, was jetzt gerade ist, trotz des Mangels? Kannst du den Mangel annehmen?

5. Schritt: Mangel und Fülle

In dem Moment, in dem du den Mangel annehmen kannst, nimmst du den Zustand an, in dem du jetzt bist. Der Wunsch nach Veränderung hört auf. Dadurch ändert sich etwas. Der Mangel wird nicht mehr als Mangel empfunden, und du erreichst einen Moment der wunschlosen Zufriedenheit. Auch das ist Glück.

Anleitung zum Glücklichsein:

1. Deine Wünsche loslassen.

2. Aufmerksam im Hier und Jetzt sein.

3. Frage dich: Was fehlt mir jetzt gerade? Die Antwort lautet: nichts!

Als Zuckersüchtiger kennst du den Mangel gut, viel besser als die Fülle. Daher ist es kein Wunder, wenn du vielleicht Schwierigkeiten mit der Zeit der Fülle erlebst. Es ist doch seltsam, dass alles andere irgendwie wichtiger zu sein scheint, als dir die Zeit der Fülle zu schenken. Hast du dir schon ehrlich Rechenschaft darüber abgelegt, warum du solche Schwierigkeiten damit hast? Nimmst du dich selbst nicht ernst genug mit deinen Bedürfnissen? Die Zeit der Fülle ist die wichtigste Säule im Zuckersuchtprogramm, um das Glücklichsein und das Gut-für-dich-Sorgen ohne Zucker zu üben. Es ist ein Geschenk, wie ein Miniurlaub. Du lässt diesen Gutschein einfach verfallen, wenn du deine Zeit der Fülle nicht wahrnimmst. Warum?

Vielleicht hast du einen eingebauten Mechanismus, nicht in die Fülle zu kommen. Du tust unbewusst etwas dafür, im Mangel zu bleiben. Ist das nicht fatal? Sieh dir ehrlich an, wie oft du die Chance hast verstreichen lassen. Oder hast du die Möglichkeit halbherzig genutzt, indem du eine Zeitspanne für eine Zeit der Fülle gehalten hast, obwohl sie dich gar nicht richtig erfüllte?
Und nun versprich dir selbst, die nächste Zeit der Fülle zu einem Fest zu machen, zu einem unvergesslichen Erlebnis, zu einem wahren Genuss. Erlaube dir eine Zeit der wirklichen Fülle.

➤ *Aufgabe: Auf Fülle programmiert*

Schreibe zehnmal den Satz: »Ich entscheide mich jetzt für ein Leben in Fülle, voller Freude und Genuss.«

➤ *Aufgabe: Lachen*

Wann hast du das letzte Mal herzhaft gelacht? Schlage ein paar Freunden vor, eine Lachmeditation mit dir zu machen. Ihr braucht nur zu versuchen, ohne Grund zu lachen. Das hört sich zu Beginn so gekünstelt an, dass es wirklich komisch ist. Schon nach kurzer Zeit werdet ihr jedoch kaum noch aufhören können zu lachen – probier es aus! Es ist wirklich sehr lustig und extrem gesund.

Genuss

Bisher hast du geglaubt, dass Zucker ein Genuss ist und du durch den Zuckerverzicht auf viel Genuss verzichten musst. Leider muss ich dir jetzt das Gegenteil erklären: Als Zuckersüchtiger stehst du, so paradox es sich anhört, mit dem Genuss schon lange auf Kriegsfuß. Dein Genießenkönnen bezieht sich auf das Essen von süßen Leckereien, aber dein wahres Liebes- und Genussbedürfnis kannst du dadurch nicht ausfüllen. Eigentlich kannst du nicht richtig genießen. Süßigkeiten sind ein Ablenkungsmanöver, das deine unglaubliche Sehnsucht nach Genuss auf Abwege führt und durch einen Nebenweg versucht, diese Bedürfnisse zu stillen. Doch dieser Nebenweg ist eine Sackgasse. Gerade als Zuckersüchtige genießt du dein Leben NICHT.

Das Zuckersuchtprogramm stellt dich vor das übergeordnete Ziel, deinen Lebensgenuss auf natürliche Weise zu steigern und die Wunder des Lebens erleben zu lernen. Es ist eine *Anleitung zum Glücklichsein* ohne Zucker, weil du das bisher nicht gut konntest. Das Ziel des Programms ist, mehr Fülle im Leben zu erleben, ohne

5. Schritt: Mangel und Fülle

Fülle auf der körperlichen Ebene in Kauf nehmen zu müssen, und das Leben zu genießen, ohne betäubende, einlullende Suchtstoffe zu benutzen.

Daher ist die Zeit der Fülle so wichtig: Es ist erschreckend, wie gut du für andere sorgen kannst oder für den Job funktionierst – und wie wenig du dir erlaubst, liebevoll zu dir selbst zu sein und deinen Wünschen und Bedürfnissen nachzugehen. Das ist der Teil deiner Persönlichkeitsstruktur, die dich in die Zuckersucht getrieben hat.

In den ersten Wochen ist es dir wahrscheinlich leichtgefallen, dir eine Zeit der Fülle zu schenken, aber nach und nach haben sich die alten Muster wieder eingeschlichen: Die Zeit der Fülle wird vernachlässigt. Meist verbirgt sich Angst hinter den Widerständen, die Zeit der Fülle zu leben. Angst vor dem Unbekannten, Angst vor Kontrollverlust, Angst, den bekannten Käfig zu verlassen, Angst vor Gefühlen der Fremde, Minderwertigkeit, Unsicherheit, Beklemmung, Verwirrung, Enttäuschung, Veränderung, Peinlichkeit, des Unwohlseins etc.

Du hast dir vielleicht eine Zeit der Fülle genommen, aber war es wirklich eine Zeit der Fülle? Oder war es etwas, was du sowieso machen wolltest und als Zeit der Fülle getarnt hast? Sei ehrlich zu dir selbst. Die Zeit der Fülle richtig zu leben ist etwas ganz, ganz Besonderes, und du spürst den Unterschied. Du tankst in dieser einen Stunde Energie für eine ganze Woche.

Mit dem Genuss verhält es sich ähnlich paradox wie mit dem Wunsch, »gestillt« zu werden. Du sehnst dich danach, aber du bist so voller Widerstände, dass du nach und nach erkennen wirst, dass du an dem alten Nicht-genießen-Können festhältst. Du richtest dir alles genau so ein, dass du nicht das bekommst, wonach du dich sehnst. Du hast dich selbst in einen Käfig gesperrt. Schau dir diesen Käfig an.

Frei von Zuckersucht

➤ *Aufgabe: Den Käfig ansehen*

Bitte beschreibe, wie es sich anfühlt, keine Zeit der Fülle erlebt zu haben. Beschreibe, wie du deinen Alltag gestaltest und wie du dich damit fühlst, auf die Zeit der Fülle zu verzichten. Schreibe so darüber, als hättest du ganz bewusst die Entscheidung getroffen, die Zeit der Fülle nicht in deinen Alltag einzubauen; erwähne auch, warum nicht. Schreibe, als hättest du dich bewusst dafür entschieden, in deinem Nicht-genießen-Können-Käfig zu verharren. Wie geht es dir damit, dich bewusst dagegen entschieden zu haben, dich zu versorgen (in Wahrheit entscheidest du dich natürlich unbewusst dafür, die Zeit der Fülle nicht zu genießen, aber tue bitte so, als hättest du dich bewusst dafür entschieden)?

Manchmal wirst du erleben, dass du dir etwas für die Zeit der Fülle vorgenommen hast, dass aber der Widerstand dagegen immer mehr wächst, je näher der Tag rückt. Bitte schreibe darüber, worin dein Widerstand besteht. Dieses Spotlight auf eine bevorstehende Zeit der Fülle ist wichtig, um deine Blockierungen zu erkennen und zu hinterfragen. Und wenn du dann diese Zeit der Fülle trotz deiner Blockierungen erlebst und dabei genau darauf achtest, wie es dir damit geht, ist das eine Quelle der Erkenntnis.

Gerade diese Zeiten der Fülle, in denen der Genuss »schiefgelaufen ist«, sind wichtige Spiegel deiner Persönlichkeitsstrukturen. Sieh dir an, auf welche Weise du nicht fähig bist, in den Genuss zu kommen, wie du immer wieder steckenbleibst, obwohl alles da ist, was du dir gewünscht hast. Sieh dir an, wie du dich selbst fertigmachst, wie unwohl du dich mit dir selbst fühlst, wie verklemmt, blockiert und daneben du sein kannst und wie sehr du den äußeren Umständen die Schuld daran gibst, obwohl du weißt, dass nur du es bist mit deinem momentanen Zustand, der sich selbst alles verbaut. Dies ist eine wichtige Erfahrung.

Wenn du das nächste Mal eine Zeit der Fülle erlebst, wird dir diese Selbstreflexion geholfen haben, und dann wirst du es erleben: Die Zeit der Fülle ist ein unglaublicher Genuss. Du kannst dann wertschätzen, was du vorher nicht genießen konntest.

_____ 5. Schritt: Mangel und Fülle

➤ *Aufgabe: Zusätzliche Zeit der Fülle*

Nimm dir in dieser Woche eine zusätzliche Minizeit der Fülle (eine Viertelstunde reicht schon), und mache deine Erfahrungen damit. Je öfter du bewusst in die Zeit der Fülle gehst, desto mehr Genuss wird sich in deinem Leben ausbreiten. Du wirst viel genussfähiger, und das ist äußerst wichtig für deine Genesung. – Und plötzlich erlebst du eine Viertelstunde als unglaubliches Geschenk.

Als Zuckersüchtige hast du Genuss so sehr mit einer oralen Befriedigung gleichgesetzt, dass es schon an eine orale Fixierung grenzt. Dass dein Lieblingsgenuss jetzt wegfällt, ist eine Chance, all die anderen Sinne, die sich ebenso nach Genuss sehnen, zu entdecken. Genieße ganz bewusst das Zwitschern der Vögel, die Sonne auf deiner Haut, eine Massage, ein Duftbad, den Anblick einer Landschaft oder ein gutes Buch. Mache dir dabei bewusst, mit welchen Sinnen du gerade genießt. Außerdem gibt es auch ohne Zucker tatsächlich noch eine unglaubliche Menge Gaumenfreuden, die du genießen kannst!

Suchtpotenzial

Vielleicht hast du inzwischen die eigenen Bedenken kennengelernt, auf eine andere Sucht als die Zuckersucht ausweichen zu können, wenn du auf Zucker verzichtest. Die Angst, die eine Sucht durch eine andere zu ersetzen, sitzt dir im Nacken. Du kennst wahrscheinlich ein gewisses Suchtpotenzial, das in dir steckt. Vielleicht hast du auch schon mit anderen Süchten zu tun gehabt. Der Zuckerverzicht ist ein so ungeheuer großer Schritt, dass du alle Möglichkeiten im Kopf durchspielst, was noch infrage kommen könnte, um dich dicht zu machen und dich zu betäuben. Mit welchen Süchten hattest du oder hast du noch zu tun? Wahrscheinlich musst du dir, wie die meisten Zuckersüchtigen, eingestehen, dass du eine Suchtkonstitution hast, ein Potenzial, dich auf Süchte einzulassen und dadurch aus unangenehmen Situationen zu fliehen.

Das Schreiben, die Zeit der Fülle und die Aufgaben sind ein wichtiger, aktiver Schritt innerhalb des Programms und sollten deine volle Aufmerksamkeit bekommen. Zuckerverzicht allein genügt nicht ... Und du weißt es! Die Widerstände, die Aufgaben durchzuführen, sind natürlich. Viele Aufgaben verlangen von dir, an alten Wunden zu rühren, dich in einem anderen Licht zu betrachten und fremde Wege auszuprobieren. Nicht zu schreiben ist der erste Schritt, der dich aus dem Programm herausführt. Nicht zu schreiben führt dich dazu, wieder mehr zu essen! Im Schreiben aber wirst du klar und weißt wieder, warum du etwas tust. Nicht zu schreiben ist das erste Indiz für Verweigerung, Widerstand und Auflehnung. Es ist ein Anzeichen dafür, dass gerade etwas in dir hochkommt, ans Licht drängt und angesehen werden will.

Warum ist es so wichtig, dich während deiner Zuckerabstinenz mit all diesen Themen auseinanderzusetzen? Du wirst bei der Auseinandersetzung mit den Hinweisschildern (den Momenten deines Jiepers) sehen, dass die größten Feinde eines Zuckersüchtigen negative Gefühle wie Ärger, Eifersucht, Traurigkeit, Schuld, Scham, Frustration, Wut, Verletzung und Angst sind. Durch das Schreiben distanzierst du dich ein Stück weit von diesen Empfindungen. Du lässt sie raus, du drückst dich aus, du bringst sie zu Papier, so dass sie keine Kreise mehr in dir ziehen müssen. Sie wollen schon die ganze Zeit nur eines: rausgelassen werden. Das Schreiben ist eine Form des Rauslassens.

Indem du deine Empfindungen zu Papier bringst, wirst du zum Beobachter. Du reflektierst und betrachtest bestimmte Situationen. Du erkennst vielleicht die Auslöser deiner Gefühle viel deutlicher oder siehst dein eigenes Fehlverhalten in bestimmten Situationen. Du setzt dich – im wahrsten Sinne des Wortes – damit auseinander. Die Themen rücken durch das Schreiben etwas von dir ab. Sie sind nicht mehr so dicht, und du bist nicht mehr so stark mit ihnen identifiziert. Du lernst dadurch, dich nicht mehr von diesen

5. Schritt: Mangel und Fülle

Gedanken und Empfindungen wie von einer Welle überspülen zu lassen.

Die Arbeit im Programm ist ein mutiger Akt. Gestatte dir keine Ausweichmanöver. Tue es, als hinge dein Leben davon ab. Und das tut es in gewisser Weise auch! Bitte die höhere Macht, so wie du sie verstehst, um Hilfe, damit du – trotz deines Suchtpotenzials – nie wieder in diese Hölle gerätst.

➤ _Aufgabe: Dein schlimmstes Geheimnis_

Schreibe dein schlimmstes Geheimnis auf, das, das du niemals jemand anderem mitgeteilt hast, weil es einfach zu peinlich ist. Es gibt ein oder mehrere verborgene Erlebnisse oder Taten, die du in deinen Erinnerungen in eine dunkle Abstellkammer gesperrt hast, weil es dir selbst unangenehm ist, auch nur daran zu denken. Schreibe sie auf. Sie ans Licht zu holen, befreit ungemein. Wenn du Angst hast, jemand könnte dein Geschriebenes irgendwann einmal finden und lesen, dann vernichte das Geschriebene. Dadurch, dass du es durch das Schreiben nach außen gebracht hast, verändert sich schon etwas, auch wenn du niemals jemandem etwas davon erzählen wirst. Es ist aus der Geheimniskiste aufgetaucht, und das ist ein erster Schritt zur Befreiung. Ein altes Thema wurde wieder ans Licht geholt. Meist wird es dich noch eine Weile beschäftigen, jetzt, wo es wieder ans Licht durfte. Nimm dir Zeit, darüber nachzudenken und zu schreiben.

Selbstwert

Wir wachsen mit Noten und Zensuren auf, werden bewertet, klassifiziert und nach Leistung sortiert. Als Kind können wir noch nicht sehen, wenn wir in einem Fach eine schlechte Note geschrieben haben oder sogar »sitzengeblieben sind«, dass damit nicht unsere gesamte Person, sondern nur ein Teilbereich unseres momentanen Könnens bewertet wird. Wir erleben jede Zensur als Bewertung unserer ganzen Person. Natürlich fängt dieses Lern- und Bewertungssystem schon vor der Schulzeit an. Wenn das Kind seine Bedürfnisse nicht befriedigt bekommt, für sein Verhalten getadelt wird und die »göttlichen Wesen Mama und Papa« sich abwenden, es nicht beachten, es sogar ausschimpfen oder schlagen oder, wie so oft, einfach nicht da sind, dann bezieht das Kind diese Verhaltensweisen unbewusst auf sich und seine ganze Person. Die »göttlichen Wesen« sind so unendlich mächtig und wunderbar, und das Kind ist so bedürftig und hilflos, dass es den gottgleichen Eltern immer glaubt, schon aus Liebe zu ihnen. So sät sich die Saat eines Minderwertigkeitsgefühls aus, das umso stärker wird, je mehr die Eltern sich fehlerhaft menschlich statt göttlich verhalten.

Da wir alle fehlerhafte menschliche Wesen sind, werden wir weiter, von Generation zu Generation, unsere Kinder frustrieren, enttäuschen, einengen, nicht beachten, verletzen und im Stich lassen. Wenn sich diese Erfahrungen in einem gewissen Rahmen halten, ist es eine unangenehme, aber notwendige menschliche Erfahrung. Frustration, Leid, Schmerz und Verlassenwerden gehören zum Menschsein (leider) dazu. Wir sind alle traurige, frustrierte Kinder, die sich nach Heilung ihrer Wunden und nach Liebe sehnen. Wenn diese unangenehmen Erfahrungen jedoch ein gewisses Maß überschreiten, kann daraus ein Mangel an Selbstwert erwachsen, der bis ins Erwachsenenalter in alle Gedanken, Gefühle und Handlungen eingreift und einen ununterbrochenen Einfluss ausübt.

Die Instanz des inneren Kritikers wird dann übermächtig. Sie nimmt oft die Stimme oder die Gestik der Personen an, die uns am meisten zugesetzt haben. Ich erlebe den inneren Kritiker bei meinen Kunstkursteilnehmern am stärksten bei den Zeichenkursen. Beim Zeichnen fehlen die Fülle und die heilende Kraft der Farben, und es reduziert sich auf schwarze Striche auf weißem Papier. Und jeder deiner Striche zeigt dir, wie weit du von dem Ideal, dem wirklichkeitsgetreuen Abbild, entfernt bist. Sofort setzt der innere Kritiker

5. Schritt: Mangel und Fülle

ein und bewertet und kontrolliert: »Die Nase ist viel zu lang geworden.« Meist ist dieser innere Kritiker so stark, dass er an allem rum-
nörgelt. Die Zeichenschüler haben so wenig Abstand zu dieser
Instanz im eigenen Inneren, dass sie sich sofort mit dieser Kritiker-
stimme identifizieren – und das große »ICH KANN DAS NICHT«
des Kind-Ichs übermannt sie. Der Kritiker in ihrem Kopf nörgelt,
schreit sie an, macht Vorwürfe, redet ohne Unterlass, predigt und
beschimpft sie ... und sie glauben, was er sagt. Kein Wunder, dass
sofort eine Blockade auftritt und manche dieser erwachsenen Menschen den Tränen nahe sind, vor ihrer unfertigen Zeichnung sitzen
und nicht weiterzeichnen können.

Immer wieder erlebe ich, dass Menschen, die im Elternhaus oder
in der Schule viele verletzende Worte über sich ergehen lassen muss-
ten, besonders betroffen sind von diesem Blockierungsmechanismus
des inneren Kritikers. (Daher habe ich eingeführt, vor meinen Kursen darauf hinzuweisen.) Durch das Schreiben kannst du dir diese
Sätze ansehen und dich damit auseinandersetzen. Desidentifizierung, Ursachen erkennen und Umprogrammierung sind die Schritte
zur Heilung.

Wie im äußeren Leben gilt auch bei den inneren Stimmen der Teilpersönlichkeiten: Der Ton macht die Musik. Sobald der Kritiker
seine Kommentare auf verletzende Weise, wütend oder überheblich
abgibt, wirkt er destruktiv und blockierend. Der gleiche Kommentar
in einem freundlichen Ton ist eine Hilfe. Der Kritiker wird dann
zum Mentor. Er hat Recht, wenn er sagt, dass die Nase auf der
Zeichnung zu lang geworden ist, und das ist ein guter und wichtiger
Hinweis, der uns zu genialen Autodidakten macht. Der Kritiker ist
die Instanz, die dir immer wieder helfen kann, aber nur, wenn er
nicht nörgelt und dich beschimpft, sondern wenn aus ihm ein wohl-
wollender Mentor geworden ist. Schmeiß den nörgelnden Kritiker
raus, und lass dich positiv unterstützen.

Indem du dir die Sätze des Kritikers ansiehst, kannst du feststellen, woher sie kommen. Woher kommt dieser Unterton? Kennst du diese Sätze? Kennst du vielleicht sogar diese Stimme (Eltern, Lehrer, Geschwister)? Und – ganz wichtig – ist es wahr? Indem du die Fremdeinflüsse erkennst, kannst du die destruktive, blockierende Wirkung des Kritikers aufheben.

Leider gibt es immer wieder Lebensbereiche, die so durch negative Erfahrungen belegt sind, dass ein Kritiker in deinem Gehirn dein Tun kommentiert und dich blockiert. Der Kritiker spult bei bestimmten Auslösern Sätze ab, die dir tatsächlich einmal gesagt wurden. Du hast sie für wahr gehalten und glaubst sie noch heute. Bei allem, was du gerne machen würdest, es dir aber nicht eingestehst und nicht erlaubst, ist meistens der Kritiker in dir am Werk.

Wenn du eine Mutter hattest, die dir unterschwellig oder offen sagte, dass du nicht hübsch bist und sowieso keinen Mann finden wirst, dann glaubst du das, und dein innerer Kritiker in Bezug auf dein Aussehen ist belegt mit den Sätzen deiner Mutter. Jedes Mal, wenn du in den Spiegel siehst, werden die Sätze deiner Mutter abgespult. Der Kritiker quatscht in deinem Gehirn. Wenn du schon immer gerne ein Musikinstrument spielen wolltest, aber nur deine Schwester als die Musikalische in der Familie hochgelobt wurde, dann glaubst du, dass du unmusikalisch bist, und dein Kritiker ist, wenn es darum geht, ein Musikinstrument zu spielen, sofort mit seinen bekannten Sätzen in deinem Kopf zur Stelle. Jedes Mal, wenn du an einem Musikgeschäft vorbeigehst, hörst du die Sätze deiner Familie, und du fühlst dich unmusikalisch und unfähig.

Immer dann, wenn der Kritiker einen übermächtigen Einfluss auf dich ausübt, der dich lähmt und unter dem du dich dumm und hilflos fühlst, immer dann, wenn du Sätze wie »Ich kann das nicht« oder »Ich trau mich nicht (obwohl ich gerne würde)« im Kopf hast, sollte eine rote Lampe bei dir angehen, und du solltest diese Sätze hinterfragen: Stimmt das? Woher kennst du diese Sätze? Was

5. Schritt: Mangel und Fülle

wünschst du dir wirklich? Beobachte, und schreibe! Das ist der einfachste Weg, sich von den üblen Einflüssen des Kritikers zu befreien und ihn zu heilen, so dass aus ihm ein Mentor werden kann.

Als Zuckersüchtige hast du mit einem Mangel an Selbstwert zu kämpfen, der für Nichtsüchtige schwer nachvollziehbar ist. Der Ärger über dein Essverhalten und dein stetig wachsendes Übergewicht haben dich oft so frustriert, dass du immer mehr Zucker gegessen hast, um den Frust zu betäuben. Scham und Schuldgefühle, Ärger über dich selbst und die dauernde Beschäftigung mit dem Thema Essen und Übergewicht haben dich jahrelang begleitet und emotional ausgehöhlt. Schuld- und Schamgefühle begleiten jeden Süchtigen.

Du leidest unter deinem Übergewicht, aber wenn du ehrlich bist, hast du dich auch schon vor Jahren zu dick gefühlt (bei einem Gewicht, das heute dein Wunschgewicht wäre). Wahrscheinlich hattest du damals schon genauso wenig Selbstwertgefühl wie heute. Es ist oft ein altes Thema, besonders wenn du seit Jahren den Wunsch kennst, gerne schlanker sein zu wollen, als du bist. Dahinter verbirgt sich eine Ablehnung dir selbst und deinem Körper gegenüber.

Bei der Aufgabe »Dein Körper« im 2. Schritt solltest du dir bewusst machen, wie wenig Eigenliebe du in Bezug auf deinen Körper hast. Meist kannst du sehr genau beschreiben, welche Teile und welche Eigenschaften deines Körpers du nicht besonders magst. Deine Gedanken sind wie Strukturen, an denen dein Körper entlangwächst. Wenn du gute Gedanken denkst, wird sich das auf jede Zelle deines Körpers auswirken. Ebenso wenn du schlecht über dich denkst.

➤ _Aufgabe: Den Körper lieben lernen_

Ziehe dich in einer freien Stunde nackt aus, und setze oder stelle dich vor einen Spiegel. Betrachte dich ganz aufmerksam und wohlwollend. Beobachte deine Gedanken und Gefühle. Kannst du dich im Spiegel ansehen und dich schön finden? Sage dir unaufhörlich in Gedanken: »Ich bin schön.« Verbringe so viel Zeit mit dir und deinem Spiegelbild, bis du einen Zugang dazu findest, dich schön zu finden.

Dies kann eine sehr schwere Übung sein, daher ist es schon ein großer Erfolg, wenn du es nur kurz ausprobierst und einen winzig kleinen Zugang findest. Schreibe über deine Erfahrungen.

Erinnere dich jeden Tag, bei jedem Blick in den Spiegel (auch morgens beim Zähneputzen) daran, zu dir zu sagen: »Ich bin schön.«

Zäsur

*In der Falle des Rückfalls · Ausnahme oder Rückfall
Gehe zwei Schritte zurück · Schreiben ist Therapie · Schreibblockade
Selbsthilfegruppe · Neustart · Switch side!*

Bergfest! Fünf Schritte bist du nun schon im Zuckersuchtprogramm gegangen. Wahrscheinlich hast du nicht alle Aufgaben geschafft und nicht jede Woche eine befriedigende Zeit der Fülle verbracht. Vielleicht ist es dir auch nicht gelungen, täglich zu schreiben. Jetzt ist die erste Hälfte des Programms vorbei, und es ist wichtig, ein ehrliches Resümee zu ziehen. Bist du wirklich im Programm? Hattest du eine oder mehrere Ausnahmen? Steckst du vielleicht zurzeit gerade in einem Rückfall fest? Läufst du manchmal wie ein Tier im Käfig umher – auf der Suche nach Ersatz für den Ersatzstoff Zucker? Wie ist dein Essverhalten mit allen anderen Lebensmitteln? Wie groß ist dein Jieper? Konntest du schon wichtige Lebensprobleme ausfindig machen, auf die du durch deinen Jieper hingewiesen wurdest? Wie bist du bisher damit umgegangen? Hast du erste Schritte auf deinem Weg in den Wald getan? Hast du die ersten Knoten des Knäuels gelockert? Welche Erfahrungen hast du mit diesen ersten Schritten gemacht? Wie gut kannst du schon genießen? Hast du Kontakt zu deinem inneren Mentor?

Diese Zäsur im Programm wurde eingeführt, weil du von hier aus nur weitergehen solltest, wenn du wirklich im Programm bist, das heißt, wenn du weiterhin zuckerabstinent bist, wenn du täglich schreibst und wenn du die wöchentlichen Aufgaben machst, wozu auch die Zeit der Fülle gehört. Die Basis ist die Zuckerabstinenz. Wenn du dir selbst eingestehen musst, dass du zurzeit nicht im Programm bist, dann solltest du nicht weitergehen im Programm. Lies dann dieses Kapitel bis zum Ende durch. Es enthält Hinweise für dein weiteres Vorgehen.

Diese Zäsur ist für diejenigen, die in eine Krise geraten sind und einen Rückfall erlitten haben, eine wirkliche Zäsur. Dann ändern sich für dich die Regeln. Falls du später im Programm in eine Krise geraten solltest und einen Rückfall erleidest, weißt du jetzt, dass du die Arbeit im Programm unterbrechen musst. Du musst dann mit dieser Zäsur arbeiten, nicht weitere Schritte gehen. Diese Zäsur ist dann das nächste Kapitel, das du lesen solltest, um wieder neu ins Programm einzusteigen.

Wenn das für dich nicht zutrifft und du die ganze Zeit im Programm warst, dann kannst du dieses Kapitel als eine Art Zusatzwoche betrachten. Es enthält einige Aufgaben, wichtige Informationen im Falle eines Rückfalls und ist einfach ein weiterer Impuls. Die Zäsur betrifft dich dann auf andere Art: Von nun an wird es mehr und mehr darum gehen, eigene Aufgaben zu deinen eigenen Lebensthemen zu entwickeln. Dadurch wirst du in mehr Eigenständigkeit und Selbstverantwortung geführt, und die Aufgaben werden ganz spezifisch auf dich abgestimmt sein. Ab heute kannst du damit anfangen, dir selbst eine Aufgabe für diese Woche auszudenken, die mit einem Problemthema zu tun hat, mit dem du dringend arbeiten möchtest. Befrage deinen inneren Mentor dazu. Schreibe darüber, und besprich es mit deinem vertrauten Freund. Vielleicht hat er (sie) auch eine Idee für eine Aufgabe für dich, die du gut annehmen kannst.

In der Falle des Rückfalls

Du bist also rückfällig geworden, das heißt, du isst wieder jeden Tag Zucker. Vielleicht ist die Zuckermenge geringer als früher, aber du kannst nicht damit aufhören. Es gibt keinen »kleinen Rückfall«. Rückfall ist Rückfall, auch wenn es geringe Mengen sind im Vergleich zu früher. Das Indiz ist der Kontrollverlust. Deine Willenskraft ist erlahmt, und du spürst, wie schwer es dir fällt zu verzichten. Was du jetzt brauchst, ist eine Stärkung des Anteils, der gerne wieder auf Zucker verzichten möchte. Zurzeit fühlt er sich noch unfähig und schwach und wird durch Selbstvorwürfe, Traurigkeit und Wut (weil es zu einem Rückfall gekommen ist) noch weiter geschwächt.

Zuerst solltest du versuchen, deinen Rückfall nicht allzu sehr abzuwerten. Sage dir folgende oder ähnliche Sätze: »Es ist in Ordnung, dass ich einen Rückfall erlebt habe. Rückfälle gehören dazu. Sie sind ein Teil der Erfahrung im Programm. Ich werte den Rückfall als wichtigen Erfahrungsschritt auf meinem Weg. Auch aus diesem Rückfall gibt es einen Ausweg zurück ins Programm. Ich finde den Ausweg.«

Ausnahme oder Rückfall

In der Suchtberatung hat man zwei Begriffe aus Amerika übernommen: *lapse* und *relapse*, zu Deutsch: Ausnahme und Rückfall. *Lapse* ist ein Versehen, ein Patzer, eine Entgleisung, ein Vorfall, ein Ausrutscher, eine Ausnahme von der Regel, zum Beispiel doch *einmal* etwas Süßes gegessen zu haben. Eine Ausnahme kannst du meistens verkraften, da sie noch nicht sofort in einen Rückfall führt. Vor und hinter der Ausnahme befinden sich etliche zuckerfreie Wochen. Eine Ausnahme (*lapse*) ist wirklich nur *eine* Ausnahme. Die große Gefahr ist jedoch, dass diese Ausnahme sich in zu kurzen Abständen wiederholt. Das führt mit Sicherheit zu einem Rückfall. Bei einem Rückfall sitzt du wieder fest in den alten Naschmustern und verlierst völlig die Kontrolle. Du kannst einfach nicht aufhören, auch wenn du es noch so sehr willst. Du wirst wieder zum Sklaven deiner Sucht.

Ein Rückfall fängt meistens mit einem *lapse* an. Eine Ausnahme zu machen ist eine gefährliche Situation, weil du nicht beeinflussen kannst (auch wenn du denkst, dass du das könntest!), wann ein *lapse* zu einem *relapse* wird. Das kann ganz plötzlich geschehen. Du hast eine kleine Ausnahme gemacht und denkst, dass doch gar nichts dabei war und du wahrscheinlich »drüber weg bist« und »es jetzt im Griff hast«. Du fühlst dich stark und unerschütterlich im Programm. Diese Haltung ist schon gefährlich. Denn kurz danach, meist spätestens nach der zweiten oder dritten Ausnahme in Folge, kannst du dir selbst zusehen, wie du wie ferngesteuert eine kleine Ausnahme nach der anderen machst. Eh du dich versiehst, bist du deinem alten Suchtverhalten wie früher ausgeliefert. Du hängst in einem Rückfall fest.

Jetzt hast du die Erfahrung gemacht, dass du »nur einen Bissen von einem Rückfall entfernt bist«, und das ist eine sehr wichtige Erfahrung. Du hast erlebt, dass diese eine kleine Ausnahme dich wieder in den alten Teufelskreis gezogen hat. Der bekannte Kontrollverlust und die alten Selbstvorwürfe sind wieder da, vielleicht sogar noch schlimmer als zuvor. Und das Gewicht auf der Waage steigt erschreckend schnell wieder an. Leider zeigen die Erfahrungswerte, dass sich das Suchtverhalten bei einem Rückfall oft schlimmer entwickelt als vor dem Entzug.

Wenn es dein erster bewusster Rückfall ist, wirst du den enormen Unterschied zu früher feststellen. Früher hat ein Teil in dir immer noch behauptet, dass du DAS (das jeweilige verlockende Naschzeug) jetzt unbedingt essen willst, und du hast diesen Satz als wahr erlebt. Jetzt, da du eigentlich im Programm bleiben möchtest, erfährst du ungeschminkt das Wesen deiner Sucht: Hilflosigkeit, Willenlosigkeit und Kontrollverlust. Du isst Süßes, obwohl du es nicht willst. Die alte Gier ist wieder da, obwohl sie wochenlang (während du im Programm warst) nicht zu spüren war. Die Droge selbst hat diese Wirkung in deinem Körper. Alles in dir giert wieder nach dem Stoff.

Dadurch dass du nun zutiefst erfährst, wie hilflos du bist und wie ausgeliefert du dich fühlst, stärkt sich die Gegenkraft, die das alles nicht mehr will. Erst wenn deine Frustration und dein Leidensdruck so groß geworden sind, dass du deine Zuckersucht als unerträgliche Geißel erlebst, bringst du die Kraft auf, erneut darauf zu verzichten. Nimm es ernst, denn du weißt: In nur wenigen Tagen wirst du alles verspielt haben, was du dir durch das Programm in wochenlanger Arbeit errungen hast. Es ist gut, wenn du jemanden hast, an den du dich bei einem Rückfall wenden kannst. Wenn du einen vertrauten Freund hast, ist das jetzt die wichtigste Hilfe. Wahrscheinlich musst du Kontakt zu deinem vertrauten Freund suchen und ihn um Hilfe bitten. Wenn du einen Zuckersuchtkurs gemacht hast, dann wende dich unbedingt an den Kursleiter oder an andere Teilnehmer deines Kurses. Wie bei den Anonymen Alkoholikern sind die regelmäßigen Treffen Gleichgesinnter und Betroffener die größte Hilfe.

Dadurch dass du schon einige Wochen in diesem Programm gelebt hast, weißt du, wie wunderbar die Erfahrung ist, ohne Zucker auszukommen. Die Gier fällt ab. Der Jieper hört tatsächlich völlig auf, und du schmachtest noch nicht einmal, wenn andere in deiner Gegenwart Süßes essen. Jeder ehemalige Raucher, ehemalige Alkoholiker oder ehemalige Fleischesser kann bestätigen, dass die Lust auf die Droge oder das Nahrungsmittel nicht mehr da ist. Bei der Zuckersucht ist es genauso. Allerdings setzt das voraus, dass du mit deinen Problempunkten gearbeitet hast. Sonst funktioniert die Enthaltsamkeit nicht lange.

Gehe zwei Schritte zurück

Sobald der Leidensdruck groß genug geworden ist, hast du die Kraft gesammelt, erneut in das Programm einzusteigen. Während eines Rückfalls bist du nicht im Programm. Du setzt aus. Erst wenn du wieder zuckerfrei lebst, kann das Programm weitergehen. Nach dem Rückfall musst du zwei Schritte zurückgehen, das heißt, zwei Wochen wieder clean werden. Diese zusätzlichen zwei Wochen im Programm sind wichtig, weil du wieder durch den Entzug durch musst und dein Körper diese Reinigung braucht, bevor es weitergehen kann. Dein Zuckerpegel im Blut ist wieder oben und muss erst mal langsam – Tag für Tag – wieder auf Null zurückgeschraubt werden. Lies dir dazu noch einmal das Kapitel »Der Jieper hört nicht auf« aus dem 3. Schritt durch.

Nun gehst du zwei Wochenschritte zurück. Du musst jetzt nicht genau zwei Kapitel des 10-Schritte-Programms zurückgehen, sondern du sollst dir zwei Wochen nehmen, um erneut ins Programm einzusteigen und dort weiterzumachen, wo du stehengeblieben bist. Du arbeitest zwei Wochen mit Themen aus den vorherigen Kapiteln. Suche dir dazu aus den bereits durchreisten Kapiteln diejenigen Themen aus, die dich betreffen oder die du gerne vertiefen möchtest.

➤ *Absolut notwendige Aufgabe: Wie es zum Rückfall kam*

Auf jeden Fall solltest du schriftlich reflektieren, wodurch es zu einer Ausnahme und dann zu einem Rückfall gekommen ist. Das ist eine notwendige Selbstreflexion, die dich vor weiteren Rückfällen schützt.

➤ *Aufgabe: Zähle bis zehn*

Sowohl bei einer Ausnahme als auch bei einem Rückfall solltest du die Tage zählen, seitdem du wieder neu ins Programm eingestiegen bist. Das ist deshalb wichtig, weil du in den ersten zehn Tagen extrem rückfallgefährdet bist, ohne es zu merken. Oft wiederholt sich eine kleine Ausnahme schon nach wenigen Tagen, und sofort fängt der alte Kontrollverlust von vorne an. Die Tage zu zählen, in denen du wieder clean lebst, ist eine Hilfe und macht dir bewusst, was du wirklich willst: zuckerfrei leben. Durch das Tagezählen weißt du, dass du zum Beispiel schon sechs Tage clean bist. Diese zusätzliche Bewusstheit schützt dich vor der nächsten leichtsinnigen Ausnahme. Erst nach zehn Tagen ist dein Zuckerpegel so weit gesunken, dass du die Hinweisschilder klar erkennen kannst.

Schreiben ist Therapie

Am wichtigsten ist jetzt erst einmal, wieder clean zu werden, also wieder in den völligen Zuckerverzicht zu kommen und gleichzeitig einen Schutz durch Schreiben aufzubauen. Die nächsten Schritte sind nur für dich geeignet, wenn du ganz im Programm lebst, das heißt, wenn du abstinent bist, täglich schreibst und Kontakt zu deinem inneren Mentor hast, der dir deine Fragen beantwortet. Schreiben ist eine Therapieform, die in vielen Punkten einen Therapeuten ersetzen kann. Du musst schreiben, um die Gespenster in deinem Kopf an die Luft zu setzen, sonst zwingen sie dich irgendwann zum Dichtmachen. Schreiben ist Feng-Shui gegen das Gerümpel des Alltags in deinem Kopf. Schreiben ist die »not-wendige« Tat: Es wendet die Not.

Leider musst du noch einmal durch den körperlichen Entzug, aber mach dir klar, dass es nur wenige Tage dauern wird, du dann wieder voll im Programm mitarbeiten kannst und dich wieder richtig gut fühlen wirst, ohne Jieper und ohne Verlustgefühle. Solange du nicht in völliger Abstinenz lebst, kannst du nicht wirklich abschätzen, aus welcher emotionalen Situation heraus du nach Zucker hungerst. Wenn du »auf Droge« bist, gehen alle Emotionen drunter und drüber, und es fühlt sich an, wie ein undurchdringlicher Emotionsbrei. Du kannst die Herkunft deines Jiepers nicht einordnen, aber genau das ist der Schlüssel, um dich von deinem Suchtverhalten zu befreien: Zuckerverzicht – den Jieper beobachten – Schreiben. Wenn du zwei Wochen lang wieder im Programm bist – das heißt: zuckerabstinent, im Schreiben und in den Aufgaben – dann kannst du im Programm mit dem nächsten Schritt weitermachen.

Fang noch heute damit an, indem du aufschreibst, wie es zu deinem Rückfall gekommen ist. Achte aufmerksam darauf, wann dein Kopf zu rotieren anfängt (»Wo liegt noch Naschi in der Wohnung?«). Welche Hinweisschilder hast du übersehen? Wo bist du einem Selbstbetrug erlegen? Wo warst du nicht aufmerksam? Warum? Waren unangenehme Gefühle »im Anmarsch« (spürbar, aber weggedrängt, so dass du vergessen hast, dass du schon etwas gespürt hast)? Schreibe alles auf!

Schreibblockade

Normalerweise ist Nichtschreiben ein Hinweis darauf, dass etwas »im Busch ist«. Mehrere Tage hintereinander nicht zu schreiben, ist ein Alarmsignal, das du nicht überhören darfst. Du bist ein gerade genesender Süchtiger, der die Hilfe des Schreibens dringend braucht.

Es kann aber auch noch einen anderen Grund haben, warum du nicht ins Schreiben kommst. Es kann sein, dass dein Unterbewusstsein einen Schutzwall gegen das Schreiben aufgebaut hat, weil es spürt, dass noch viele schmerzliche Themen warten, mit denen es sich jetzt noch nicht auseinandersetzen kann und will. Spüre nach, ob das auf dich zutreffen könnte. Wenn ja, dann akzeptiere das bitte! Der Schutz, den du da unbewusst aufgebaut hast, ist notwendig. Vertraue der Haltung deines Unterbewusstseins.
Es gibt auch andere Wege, die für dich vielleicht nicht so angstbesetzt sind, um sich deinen unverarbeiteten Themen zu nähern. Du kannst dich zum Beispiel an einen Therapeuten wenden, zu dem du Vertrauen hast, und das Knäuel in deinem Inneren ganz langsam

Zäsur

mit seiner Hilfe entknoten. Du kannst dich auch an eine Selbsthilfegruppe deiner Heimatstadt wenden, die dir Auskunft geben wird, welche Gruppe in deiner Nähe mit Essstörungen arbeitet. Du kannst dich auch umsehen, ob es eine Methode gibt, die dir mehr liegt und nicht solche Widerstände auslöst wie das Schreiben. Diese andere Methode sollte dir Schutz und Unterstützung geben können, so dass du die Begleiterscheinungen des Entzuges durchstehen kannst. Vielleicht könnte dir Biografiearbeit helfen oder der regelmäßige Besuch in einer Gruppe mit Familienstellern. Vielleicht hilft dir auch eine Form des Ausdrucksmalens oder gestalttherapeutische Arbeit bei der Auseinandersetzung mit deinen Themen.

Wenn du eine Blockade dem Schreiben gegenüber hast, brauchst du einen anderen Rettungsanker. In diesem Fall musst du die Verantwortung dafür übernehmen, dir selbst einen anderen Rettungsanker als das Schreiben und eine andere Hilfe zu suchen, wenn du von der Zuckersucht befreit werden willst. Denn du weißt ja: Abstinenz alleine genügt nicht! Entscheide selbst, wo du jetzt stehst und welches der richtige Schritt für dich ist. Handle wie ein Erwachsener, und übernimm Verantwortung für dich!

Selbsthilfegruppe

Wenn du dieses Zuckersuchtprogramm mit mehreren Personen zusammen durchführst, dann seid ihr eine Selbsthilfegruppe. Immerhin schaffen es laut Statistik 26 Prozent aller Suchterkrankten, durch eine Selbsthilfegruppe von ihrer Sucht befreit zu werden. Diese Gruppen treffen sich üblicherweise einmal wöchentlich zum Erfahrungsaustausch. Das 10-Schritte-Programm greift viel tiefer, weil es durch die tägliche Auseinandersetzung beim Schreiben, die Aufgaben und die Zeit der Fülle eine intensive, selbsttherapeutische Arbeit leistet.

Die 74 Prozent, die es nicht allein durch eine Selbsthilfegruppe schaffen, suchen sich die Hilfe eines professionellen Therapeuten. Es ist an der Zeit, dass du dir darüber klar wirst, ob es für dich sinnvoll wäre, dir für bestimmte Themen professionelle Hilfe zu holen. Aus meiner persönlichen Erfahrung kann ich nur dazu raten. Schreiben ist eine sehr wirkungsvolle Hilfe, und es hat mir zu 85 Prozent den Therapeuten ersetzt, aber bei den verbleibenden fünfzehn Prozent der ungelösten Knoten meiner verschiedenen Lebensthemen habe ich mir Hilfe bei unterschiedlichen Therapeuten oder Beratern geholt.

Die Probleme, die du bisher mit Zucker betäubt hast, sind uralt. Die Arbeit im Programm ist ein Einstieg, der dir das Werkzeug an die Hand gibt, selbstständig weitergehen zu können. Erst wenn der Leidensdruck, den du durch deine Zuckersucht erlebst, um ein Vielfaches schrecklicher ist als der Verzicht, hast du die Chance, im Programm zu bleiben, weil dir der Genuss »verleidet« ist. Du weißt einfach, dass Zucker bei dir nicht Genuss, sondern Leid erzeugt, und darum fällst du nicht mehr auf die Verführung herein. Du hörst auf, in dieser Kategorie zu denken, dass du »irgendwann wieder normal Zucker essen können wirst«, weil es dieses Ziel nicht mehr gibt für dich. Du bist bereit, auf Zucker zu verzichten, egal, wie lange es dauern wird, weil du nie wieder in dieses Leid geraten willst. Und wunderbarerweise fällt es dir leicht, sobald du eine Weile im Programm gelebt und die Entzugsphase überstanden hast. Und ... du weißt es!

Neustart

Und nun beginne von neuem, im Programm zu leben. Es gibt nichts hinzuzufügen. Du weißt, wie es geht: Abstinenz, Schreiben, die Aufgaben, die dich ansprechen, wiederholen. Wenn möglich viel Kontakt aufnehmen zu einem vertrauten Freund. Nach zwei

Zäsur

Wochen gehst du zum nächsten Schritt über. Und – du bist und bleibst im Programm.

Mache diesen Satz zu einem deiner Leitsätze: »Es ist viel leichter, im Programm zu bleiben, als nach einem Rückfall wieder ins Programm einzusteigen.« Er wird dich vor weiteren Ausnahmen bewahren.

Switch side!

Unglücklichsein in Glücklichsein zu verwandeln, ist einer der wichtigsten Schritte, die du innerhalb des Zuckersuchtprogramms üben kannst. Durch die nächste Aufgabe kannst du die Vorzeichen deiner Emotionen umwandeln, sie sozusagen von minus auf plus umpolen.

➤ *Aufgabe: Horror- und Wunschszenario*

Betrachte dein Wunschszenario und dein Horrorszenario. In deinem Wunschszenario sind alle deine Wünsche in Erfüllung gegangen. Dein Leben hat sich mit dem Plusvorzeichen zum Positiven entwickelt. Wie sieht dein Leben nun aus? Was verdienst du? Wie erfolgreich bist du? Wie sieht dein Körper aus? Wie haben sich deine Sorgen entwickelt? Wie fühlst du dich? Mit welchen Menschen bist du zusammen? Was bringt dir die Zukunft? Welches ist dein grundlegendes Lebensgefühl? Schließe die Augen, und gehe in dein Wunschszenario.

Und nun betrachte dein Horrorszenario. Keiner deiner Wünsche hat sich erfüllt, sondern es hat sich alles zum Negativen gewendet. Es ist schlimmer und schlimmer geworden. Schau dir bitte den schlimmsten Fall an. Wie sieht dein Leben dann aus? Was verdienst du? Wie drückt sich deine Erfolglosigkeit aus? Wie sieht dein Körper aus? Wie haben sich deine Sorgen entwickelt? Wie fühlst du dich? Mit welchen Menschen bist du zusammen? Was bringt dir die Zukunft? Welches ist dein grundlegendes Lebensgefühl? Schließe die Augen, und erlebe dich in deinem Horrorszenario.

Es gibt eine sehr fatale Kombination aus unerfüllten Zukunftswünschen (Wunschszenario), Angst vor negativen Entwicklungen (Horrorszenario) und der Abwesenheit von Glücksgefühlen. Das Verrückte daran ist, dass wir Glücklichsein an Vorstellungen aus dem Wunschszenario koppeln. Wenn du ehrlich zu dir selbst bist, könntest du wahrscheinlich alles aushalten, sogar das Horrorszenario, *Hauptsache du bist dabei glücklich.* Eigentlich verbirgt sich hinter allem immer der Wunsch nach Glücklichsein. Obwohl du weißt, dass es nur ums Glücklichsein geht, klammerst du dich daran, dass nur dein Wunschszenario (das, was du ans Glücklichsein gekoppelt hast) dich glücklich machen wird.

Aus diesem Grund dröseln wir all das nun in seine Einzelteile auf. Du wirst sehen, dass du in Zeiten des Unglücklichseins vor fast allen Lebensthemen ein Minusvorzeichen hast. Du bewertest alles negativ. Sieh dir deine gegenwärtige Situation gemeinsam mit den oben gestellten Fragen an. Wie reich, erfolgreich, schlank, sorgenfrei, schön, gesund, geliebt und glücklich fühlst du dich jetzt, in diesem Moment?

Schreibe es auf! Du wirst sehen, deine Sicht der Dinge ist ganz schön negativ, nicht wahr? Und diese negative Betrachtungsweise erzeugt deine negativen Gefühle. Das ist sehr wichtig zu wissen. Gefühle sind an Gedanken gekoppelt – und umgekehrt. Mit anderen Worten: Du *bist* nicht arm, erfolglos, fett und so weiter, sondern du *fühlst* dich so.

Und nun veränderst du deinen Blickwinkel und schreibst zu genau den gleichen Themen die positiven Aspekte deines aktuellen Lebens auf. Wie reich bist du zurzeit? Wo liegen deine Erfolge? Wie schlank bist du? Und so weiter. Schreibe es als positive Tatsache, und du wirst sehen, die Betrachtungsweise löst sofort auch das entsprechende Gefühl in dir aus. Verändere deine Perspektive: Statt deiner Armut siehst du deinen Reichtum und so weiter. Die Themen sind: arm – reich, erfolglos – erfolgreich, fett – schlank, belastet – sorgenfrei, hässlich – schön, krank – gesund, einsam – geliebt, unglücklich – glücklich. Sieh dir an, wie gut es dir jetzt gerade geht, und werde dir bewusst, dass du all das Glück jetzt schon haben kannst, auch ohne dein Wunschszenario.

Wenn du dir das Gegenteil lange genug betrachtest, wandelt sich dein Grundgefühl des Unglücklichseins in Glücklichsein. Dein Blickwinkel hat sich geändert. Du siehst jetzt das Positive. Das Vorzeichen hat sich geändert, ohne dass die äußeren Umstände sich gewandelt haben. Und das Unglaubliche passiert: Dadurch, dass du die gleichen Themen von der anderen Seite betrachtest, verändert sich auch dein Gefühl. Genial, was? Es ist dann, als würde sich die Rolltreppe, die sich vorher nach unten in Richtung Horrorszenario bewegt hat, nun nach oben in Richtung Wunschszenario bewegen. Obwohl du am gleichen Punkt stehst, hat sich die Bewegungsrichtung geändert. Und nicht nur die Rolltreppe führt jetzt aufwärts, sondern du hast dich auch umgedreht und gehst wieder nach oben. Das Bild mit der Rolltreppe soll aufzeigen, dass das Leben deine Bewegungsrichtung unterstützt. Wahrscheinlich weißt du es schon: Dies ist eine Gesetzmäßigkeit, mit der das Leben funktioniert.

Der einzige Haken ist dein Eigenwille. Wenn dein Eigenwille etwas zu stark begehrt, was in der Zukunft liegt (deinem Wunschszenario), ist das die beste Methode, unglücklich zu bleiben. Dein Eigenwille ist ein Helfer in deinem System, wie ein Programm, das einen Computer schneller und effektiver arbeiten lässt. Du bist nicht dein Eigenwille. Dein Eigenwille ist ein Werkzeug. Nutze ihn richtig, damit er dich nicht unglücklich macht.

Der Trick ist, das Glücklichsein vom Wunsch abzukoppeln. Deine erfüllten Wünsche bringen dir nicht zwangsläufig ein Glücksgefühl. Du hast den Wunsch nur zutiefst mit der Vorstellung gekoppelt, dass es so ist. Sei ehrlich zu dir selbst. Die Erfüllung deiner Wünsche heißt nicht, dass sie dich mit absoluter Sicherheit glücklich machen werden. Das ist nur eine Vermutung von dir. Es könnte sogar sein, dass du unglücklicher wirst. Was spricht also dagegen, dein Wunschszenario loszulassen und das Vorzeichen schon jetzt gleich zu ändern, um jetzt schon glücklich zu sein?

6. Schritt:

Depression

Hilflosigkeit und Minderwertigkeitsgefühle · Ohnmacht und Wut
Nach dem Schatz tauchen · Zeitqualität · Depression · Neue Wege
Selbstbestrafung · Die selbstzerstörerische Kraft
Die sieben Fluchtwege · Die selbstheilende Kraft

Nun beginnt eine neue Phase im Zuckersuchtprogramm. Du wirst sehen, dass die Aufgaben weniger werden und dafür viele Fragen und Anregungen zwischen den Zeilen auftauchen. Ab dem 6. Schritt steht die Aufgabe vor dir, dir eigene Aufgaben zu stellen. Wenn du dir das Programm in einer Gruppe erarbeitest, dann besprich die selbst ausgedachten Aufgaben für die folgende Woche am Ende eines Treffens mit den anderen Mitgliedern. Die Gruppenmitglieder können auch Vorschläge machen, was deine nächste Aufgabe sein könnte. Wenn du das Programm alleine durcharbeitest, dann kannst du dir eigene Aufgaben zu deinem persönlichen Problemthema ausdenken oder die Aufgaben der Woche bearbeiten. Es geht jetzt darum, individueller an bestimmte Themen heranzugehen und selbstverantwortlicher mit deinen persönlichen Themen umzugehen.

Hilflosigkeit und Minderwertigkeitsgefühle

Es gibt Zeiten, in denen hilft alles nicht. Die Anleitung zum Glücklichsein, das Schreiben, die Zeit der Fülle, alles läuft schief bzw. du
bleibst in deiner seelischen Schieflage, ohne dich wieder aufrichten
zu können. Etwas bringt dich permanent in ein Ungleichgewicht.
Irgendein Hauptthema belastet dich. Wenn sich auch nach Tagen
nichts ändert, ist es an der Zeit, dir Hilfe zu suchen. Entweder
denkst du dir eigene Schritte aus, oder du musst jemanden deines
Vertrauens fragen, was deine nächsten Schritte im Umgang mit diesem Thema sein könnten. Hilf dir selbst, und lass dir helfen!

Häufig hat das Hauptthema, durch das du so niedergeschlagen bist,
etwas mit deinen Kindheitserfahrungen zu tun. Wie schon erwähnt,
haben Zuckersüchtige mit ganz bestimmten Themen und Emotionen zu tun. Zuckersüchtige suchen nicht wie Alkoholiker das Vergessen, sondern die Süße des paradiesischen Zustandes. Daher wird
in diesem Schritt das Gegenteil betrachtet, der emotionale Bereich,
der der Süße gegenübersteht: das Unglücklichsein und die Depression. Finde heraus, bei welchen der in diesem Kapitel angespro-
chenen Emotionen du dich besonders betroffen fühlst, und arbeite
damit. Überprüfe bei dir, welche Gefühle du »nur zu gut« kennst
und inwiefern sie mit deinen Kindheitserfahrungen zu tun haben.

Zuckersüchtige leiden häufig an Minderwertigkeitsgefühlen. Auch
wenn ihr Körper äußerlich immer größer wird, fühlen sie sich innerlich oft hilflos und klein. Das Minderwertigkeitsgefühl scheint
mit jedem Kilo auf der Waage zu wachsen. Der Körper nimmt die
Gegenposition von dem ein, was innerlich aus dem Gleichgewicht
geraten ist. Er macht sich breit, um das verkleinerte Selbstbild aus-
zugleichen.

Die Minderwertigkeitsgefühle sind häufig schon sehr alt. Meist
stammen sie aus der Kindheit. Zum Beispiel kann durch bestimmte

6. Schritt: Depression

Situationen oder Erlebnisse, durch ein spezielles Familienmilieu oder eine traumatische Erfahrung eine Überverantwortlichkeit entstehen. Bei dem Kind hat sich die Überzeugung entwickelt, dass es frühzeitig groß, stark und verantwortungsbewusst sein muss. Nun ist es aber das Vorrecht jedes Kindes, klein, hilfsbedürftig und unverantwortlich sein zu dürfen. Doch die Gefühle, klein und hilflos zu sein, werden fortan als Makel bewertet und tragen dazu bei, sich minderwertig zu fühlen. In ähnlichen Situationen wirst du heute als Erwachsener mit der gleichen Hilflosigkeit reagieren und sie als äußerst unangenehm erleben. Dein Übergewicht bildet einen Panzer, der nach außen den Eindruck erweckt, gut geschützt, stark (gebaut) und unverletzlich zu sein.

Dadurch, dass du diese Gefühle der Ohnmacht, Hilflosigkeit und des Kleinseins ablehnst, werden sie als noch stärker und noch unangenehmer empfunden, als sie in Wirklichkeit sind. Durch deine unbewusste Ablehnung hältst du sie fest, verstärkst sie und bindest dich an sie. Indem du deine Verwundbarkeit, deine Hilflosigkeit, Kleinheit, Empfindlichkeit, Einsamkeit und Ohnmacht spürst und annimmst, kommt dein emotionaler Körper wieder ins Gleichgewicht. Erlaube dir, verletzlich, hilflos und klein zu sein. Erlaube dir, einen Schutzraum zu finden, in dem du diese Anteile deines inneren Kindes leben darfst.

Ohnmacht und Hilflosigkeit sind Themen, mit denen jeder Süchtige zu tun hat. Tatsächlich hast du in den letzten Jahren einen Weg gefunden, deine Hilflosigkeit und Ohnmacht unbewusst auszuleben: Du warst der Zuckersucht ohnmächtig ausgeliefert, du warst ihr gegenüber hilflos. Doch nun bist du im Programm und hast etwas geschafft, was du immer schaffen wolltest: Du bist dem Zucker nicht mehr hilflos ausgeliefert und brauchst nicht mehr mit Wut oder Ohnmacht zu reagieren, wenn jemand dich auf dein Übergewicht anspricht.

Der neue Weg im Programm besteht darin, dich auf gesunde Weise hilflos fühlen zu dürfen. Mache dir bewusst, dass dein inneres Kind es ab und zu braucht, klein und hilflos zu sein. Es gehört zum Kindsein dazu. Es ist eine Charakteristik des inneren Kindes, und das Kind empfindet es nicht als unangenehm, sondern als völlig normal. Ein Kind darf hilflos und klein, ohnmächtig und ausgeliefert sein.

Sieh dir an, welche Ängste sich bei dir entfalten, sobald du an diese Emotionen denkst. Kannst du dir vorstellen, dich mit deiner Bedürftigkeit und deinem hilflosen Ausgeliefertsein auch ganz vertrauensvoll fallen zu lassen, wie in weiche Arme, die dich auffangen werden? In welchen Momenten erlaubst du dir, ein kleines, hilfloses Kind zu sein? Stelle dir selbst eine Aufgabe zu diesem Thema, bei der dein inneres Kind sein Kindsein ausleben darf (oder nimm dir etwas Zeit, um diesem Gefühl nachzuspüren). Wie fühlt sich das an?

Die Minderwertigkeitsgefühle, die fast jeder Zuckersüchtige kennt und die oft durch das Übergewicht bedingt sind, haben wir schon besprochen. Jetzt wenden wir uns dem richtigen Selbstwert zu, der automatisch wachsen wir, sobald du das Gefühl hast, wieder auf dem richtigen Weg zu sein. Dich von der Zuckersucht zu befreien, wird deinen Selbstwert wachsen lassen. Für all die Jahre, in denen du dich nicht mochtest und in denen du deine wertvolle Lebenszeit wie in einen dicken Mantel gehüllt verbracht hast, solltest du dir selbst vergeben. Es sind Jahre der Erfahrung gewesen, die wichtig waren, um zu diesem Punkt zu kommen, wo du heute stehst.

Ohnmacht und Wut

Wenn wir das Thema Ohnmacht untersuchen, stoßen wir zwangsläufig auch auf das Gegenteil: auf eine Quelle der Macht. Oft entsteht das Gefühl der Ohnmacht aus einer nicht gelebten Wut – und Wut ist eine ungeheure Energiequelle, die dir Kraft und Macht ver-

6. Schritt: Depression

leiht. Wahrscheinlich durftest du schon als Kind nicht wütend sein. Besonders Mädchen wurde das Wütendsein verboten. Dieses Muster trägst du heute noch mit dir herum. Es ist dir gesellschaftlich nicht erlaubt, deine Wut (und viele andere Gefühle auch) offen auszudrücken. Erlaube dieser Wutenergie jetzt, in dir zu sein. Erlaube ihr, sich mitzuteilen, und erlaube dir, sie zu spüren. »Ich darf wütend sein. In mir ist Wut.« Seine Wutenergie nicht leben zu dürfen, erzeugt immer ein Gefühl der Ohnmacht.

Viele Menschen, die durch unterdrückte Wut ihre Ohnmacht spüren, haben auch mit dem Gegenpol etwas zu tun. Wenn du mit deiner Ohnmacht nicht im Reinen bist, magst du auch die Macht nicht, die Aggression, mit der andere sich durchsetzen können. Warum? Weil du deine eigenen Aggressionen (Wutenergie) und Machtansprüche nicht haben willst, geschweige denn sie leben willst. Daher lehnst du Macht bei dir und anderen ab. Du ziehst es vor, das Runde, Weiche, Sanfte, Weibliche zu leben, so wie es sich auch in deinem Körper manifestiert, statt die männliche, kräftige, aggressive Seite zuzulassen. Eine Konfliktunfähigkeit, insbesondere mit Autoritätspersonen, ist daher häufig eine Begleiterscheinung, besonders bei Frauen, da ihnen in unserer Gesellschaft der Ausdruck von Wut und Aggression untersagt ist.

Das typische Symptom, zum Zucker nicht NEIN sagen zu können, spielt in diese Thematik hinein. In welchen Situationen kannst du dich nicht gut abgrenzen? Wo wäre ein deutliches NEIN angebracht? Prüfe, ob du auch aus diesem Grund nicht NEIN sagen kannst, weil du diese deutliche Grenze schon als zu aggressiv erlebst. Frage dich, was du am meisten brauchst - Durchsetzungsfähigkeit? Mut? Kraft? Selbstbewusstsein? Grenzen setzten? NEIN sagen? -, und erlaube deiner männlichen, aggressiven Wutenergie, dich dabei zu unterstützen.

Süchte haben immer ein autoaggressives Element. Wenn du zu den stark Zuckersüchtigen gehörst, kennst du die ganze Palette der Selbstverachtung und des Selbsthasses deinem Körper und deinem Verhalten gegenüber. Deine Wut richtet sich dann gegen dich selbst. Hilfe bringt auch in diesem Punkt der Satz: »Rauslassen statt reinfressen!« Durch das Schreiben hast du den ersten Schritt getan und lässt deine Gefühle aus dir heraus auf das Papier fließen. Aber kannst du das auch, wenn es um Ärger und Wut geht? Kannst du ärgerlich werden und jemandem die Meinung sagen? Kannst du Grenzen setzen, für dich selbst einstehen, deine Bedürfnisse äußern, dich Konflikten stellen, NEIN sagen, dich nicht ausnutzen lassen, dich wehren, dich groß und stark machen, deinen Ärger und deine Wut zeigen? Meist ist die Bitterkeit des Lebens, die du mit Süßem überdeckst, im zwischenmenschlichen Bereich abzulesen. Was lässt du dir seit Jahren gefallen und wobei betäubst du deine Wut mit Süßem?

Wenn du schon lange in diesem autoaggressiven Verhalten feststeckst, kann es sein, dass du deine Wutenergie so stark verdrängt hast, dass du sie schon gar nicht mehr spürst. Typisch dafür ist, dass du dann auch einen schlechten Zugang zu deinen eigenen Bedürfnissen hast. Du kannst dann nicht mehr gut wahrnehmen, was du magst und was du ablehnst. Du lullst dich mit Süßem ein. Doch durch das Programm kommt nach und nach all das verschüttete Material zum Vorschein. Du begegnest dir selbst und deinen Bedürfnissen. Du erlebst, wie es ist, ohne Selbstverachtung im Leben zu stehen.

Um von der Zuckersucht befreit zu werden, musst du lernen, deine Bedürfnisse zu erkennen und dich für sie einzusetzen. Deine Aggression fließt dann nach außen, dorthin, wo sie hingehört. Durch das Schreiben wird dir bewusst, in welchen Bereichen du lernen musst, deine Wut zu leben, und in welcher Form das angemessen ist. Manchmal genügt es schon, zum ersten Mal zu sagen, dass dir dies oder das nicht gefällt. Ein andermal rät dir dein innerer Mentor vielleicht zu einem konsequenten, radikalen Schritt. Indem du

6. Schritt: Depression

Schritt für Schritt lernst, dein inneres NEIN zu fühlen und mit deinem unterdrückten Ärger und deiner Wut umzugehen, gehst du einen wichtigen Schritt in Richtung Heilung.

Erlaube deiner Aggressivität, sich in dir zu entfalten. Welcher deiner Persönlichkeitsanteile sagt, dass du immer lieb und nett zu sein hast? Woher kommt deine Aggressionsblockade? Was hast du jahrelang geschluckt, statt es auszuspucken? Gestaute Aggressionen und ungelebte Wut führen in eine depressive Stimmung. Deine Aggression auszuleben heißt nicht, zur Furie oder zum Berserker zu werden. Wenn sich dir bei der Vorstellung, deiner Wut freien Lauf zu lassen, die Bilder einer Furie oder eines Berserkers aufdrängen, dann ist deine Wutenergie wahrscheinlich schon seit langer Zeit aufgestaut und unterdrückt worden. Sie fühlt sich gefährlich an und ist es dann auch. Hier kann es helfen, eine Gestalttherapie zu machen, bei der du erfahren kannst, wie du deine Wut herausschreien und herausprügeln kannst, ohne jemanden zu verletzen. Es ist wunderbar zu spüren, welche Kraft durch deinen Körper fließt, wenn du deine Wut ausleben darfst.

Sobald du gelernt hast, deine aufgestaute Wut zu kanalisieren und zu steuern, fällt ein großer Teil der Angst weg, die darin besteht, die Kontrolle zu verlieren, sobald deine Wut dich überflutet. Eine gut gelebte Wutenergie kannst du durchaus beherrschen, auch wenn du sie zulässt und es sich so anfühlt, als ströme diese Kraft ungehindert und unkontrolliert durch dich hindurch. Du kannst lernen, die Angst vor der eigenen Wut zu verlieren, so dass du immer klar im Kopf bist und die Zügel in der Hand behältst, auch wenn du richtig wütend wirst. Du erlebst dann, dass du deine Wut zurückhalten kannst und ihr nur freien Lauf lässt, wenn es angebracht ist: zum Beispiel ganz gezielt mit dem Kissen auf das Sofa einzuschlagen, statt auf andere Menschen loszugehen. Ein Teil in dir hat immer noch die Kontrolle. Das oberste Gesetz ist immer, dass niemand verletzt werden darf.

Wenn du gelernt hast, deine Wut mit klarem Bewusstsein heraus-
zulassen, dann kannst du dir selbst helfen, indem du sie zurückhältst, bis du allein bist. Du kannst im Auto oder im Wald alles aus
dir herausschreien. Du kannst deine Wut beim Holzhacken ausleben, etwas kaputtmachen, ein Telefonbuch zerreißen, mit einem
Kissen das Sofa verhauen, »Scheißkerl« oder »Hau ab!« brüllen
(wenn niemand dabei ist, den du meinst) oder gegen eine Matratze
treten, als wäre es der Hintern eines verhassten Blödmanns. In den
meisten von uns ist jedoch so viel ungelebte, aufgestaute Wut, dass
es sehr hilfreich ist, die ersten Erfahrungen dieser Art in einer The-
rapiegruppe in einem geschützten Rahmen unter fachkundiger Lei-
tung zu machen. Dort wirst du auch lernen, wie du deine Wut
ausleben kannst, ohne andere zu verletzen.

Nach dem Schatz tauchen

Viel häufiger als reine Wut erlebst du bei emotional aufwühlenden
Themen wahrscheinlich ein Gefühlspotpourri. Es besteht aus einer
Portion Wut, einem Schuss Zweifel, ein Quäntchen Angst, einer
Menge Ärger und Empörung, einer Prise Selbstmitleid, vielen Was-
wäre-wenn-Phantasien und etlichen Gedankenfetzen.
Und natürlich gibt es hier auch wieder die ultimative Lösung, die
dieses Gefühlspotpourri knacken kann: Schreiben! Es hilft, sich eine
Extraportion Zeit einzuplanen, um immer tiefer in das Thema ein-
zutauchen.

Die Entwirrung dieses Gefühlspotpourris durchläuft verschiedene
Stadien, die sich fast von selbst entwickeln. Zuerst wirst du bemerken, dass an der Oberfläche ein Sturm von Emotionen wütet. Welle
folgt auf Welle, und die Gischt spritzt hoch. Meist sind es Ärger
oder Wut, Verletzungen und Traurigkeit – alles in einem wirren
Durcheinander. Schreibe jeden Aspekt auf, der dir zu deinem
Thema einfällt, besonders deinen Ärger, alle Widerstände und alle

6. Schritt: Depression

Wut, denn diese Emotionen können wir in unserer Gesellschaft meist nicht offen zeigen. Lass alles auf das Papier fließen, was dir dazu einfällt.

Und dann tauchst du ein. In der Schicht darunter findest du deine Ängste, deine Hilflosigkeit und deine Ohnmacht. Schreibe jeden Zweifel und alle Ängste in Bezug auf dein Problem auf. Schreibe auch die verborgenen Ängste auf, die sich oft auf das Gegenteil beziehen, was geschehen könnte (bzw. was nicht geschehen könnte). Die Ängste dürfen sich so dumm anhören, wie die eines zweijährigen Kindes. Angst kommt aus einer ganz alten Schicht des Unterbewusstseins. Es spielt keine Rolle, ob du sie als Erwachsener kindisch findest.

Wenn du weiter tauchst, findest du deine verborgene Gedanken zu diesem Thema. Ich nenne diese verborgenen Gedanken »Hintergedanken«, wobei nicht die übliche Bedeutung einer verborgenen Absicht gemeint ist, sondern einfach Gedanken, die hinter den vordergründigen Emotionen und Gedanken liegen und plötzlich auftauchen, wenn alles andere schon beleuchtet wurde. Es sind Gedanken, die über die Angst und die Wut hinausgehen und neue Aspekte zu deinem Thema offenbaren, wenn die ersten starken Emotionswogen sich geglättet haben.

Danach kommen die Sinnfragen: Warum passiert mir das alles? Was bedeutet das für mein Leben? Wie geht es weiter? Was habe ich damit zu tun? Welche Erfahrung soll ich dadurch machen? Warum bewegt mich das alles so stark? Wo liegen meine Anteile? Schreibe auf, was dir dazu einfällt.

Zum Abschluss wirst du das Bedürfnis spüren, die ungelösten Fragen direkt an deinen inneren Mentor zu richten. Die Antworten sind – wie immer – erstaunlich und richtungsweisend.

Wenn du ein Ereignis, das dich sehr bewegt, durch Schreiben lösen möchtest, kannst du dir diesen Ablauf der einzelnen Stadien merken, an denen du dich wie an einem rotem Faden entlanghangeln kannst: Hauptemotionen – Angst – Hintergedanken – Fragen – Antworten. Das Schreiben ist wie ein Eintauchen. Du tauchst bis auf den Grund und bringst von dort einen Schatz mit hinauf. Wenn du wieder auftauchst, hat sich etwas verändert. Der innere Mentor verwandelt deine Niedergeschlagenheit in neue Hoffnung, deine Traurigkeit in Freude, deine depressive Stimmung in Tatendrang, in deiner Hilflosigkeit schenkt er dir neue Ideen und verwandelt deine Verwirrung in Klarheit. Er strukturiert deine nächsten Handlungsschritte und gibt dir einen Leitfaden in die Hand. Das ist die Hilfe, auf die es ankommt. Nutze sie unbedingt!

Zeitqualität

Sicherlich hast du durch die Aufgaben der letzten Wochen und die erste Auseinandersetzung mit deiner Genussunfähigkeit gemerkt, wie schwer es dir fällt, wirklich in eine gute Zeit der Fülle zu kommen. Meist machen sich die schwierigen Situationen, in denen die Zuckerenthaltsamkeit kaum auszuhalten ist, dann bemerkbar, wenn du gerade nicht unter Druck stehst, sondern Feierabend oder einen Moment der Ruhe hast. Statt wirklich zu entspannen und den Moment zu genießen, setzt dein altes Zuckersuchtverhalten ein.

Was passiert da? Die ganze Betriebsamkeit und die Alltagsverpflichtungen kommen zur Ruhe. Deine Aktivität und Aufmerksamkeit, die meist nach außen gerichtet sind, wenden sich dir selbst und deiner Situation zu. Und dieses Dich-dir-selbst-Zuwenden ist der kritische Punkt. Gefühle, die unter der Oberfläche schwelten, tauchen langsam auf: Einsamkeit, Traurigkeit, Unglücklichsein, Unentschlossenheit, Verwirrung, Unerfülltsein, Langeweile. Du hast Zeit und weißt plötzlich nichts damit anzufangen. Im Trubel des Alltags hast

6. Schritt: Depression

du davon nichts gespürt. Doch durch die Ruhe des Feierabends oder eines Wochenendes kommst du an diesen kritischen Punkt, an dem du früher zu Zucker gegriffen hast. Wahrscheinlich möchtest du in deiner Freizeit etwas unternehmen, aber die aufsteigenden Emotionen überschatten deine Gemütsverfassung, so dass du unentschlossen, verwirrt und handlungsunfähig wirst.

Sicherlich kennst du Situationen, in denen du dich in solch einem diffusen Gefühlzustand befindest. Du hast zum Beispiel Lust auf einen Spaziergang, aber etwas anderes in dir blockiert diesen Impuls. Du möchtest über dein momentanes Thema schreiben oder mit einer Freundin sprechen, aber ein anderer Teil in dir blockiert auch das. Vielleicht bist du aus irgendeinem Grund einfach traurig, wütend oder genervt, aber du findest keinen Raum, dich mit dem Thema wirklich zu beschäftigen. Lieber möchtest du das machen, was du dir vorgenommen hattest, doch die aufsteigenden Emotionen blockieren dein Vorhaben, so dass du immer unschlüssiger wirst, was du jetzt machen solltest. Du verlierst den Faden, und alles ist wie durcheinandergewürfelt. Du stehst dir selbst im Weg.

In solchen Momenten hilft es, ein Gespür für die Zeitqualität zu entwickeln, indem du dich fragst: »Was liegt jetzt an?«

Warte einen Moment ab, und achte darauf, welche Stimmung in dir vorherrscht. Heiße diese Stimmung mit all ihren Gefühlen und Gedanken willkommen. Nimm diese Gefühlslage mit in die Aktivität, die du vorhast, so dass sie dich ein Stück begleitet, wie ein Bekannter, den du mitnimmst.

Achte auf die Zeitqualität. Frage dich: »Was liegt jetzt an?« Du wirst nach und nach eine Intuition dafür entwickeln, was jetzt anliegt, das heißt, es gibt eine richtige Zeit, um den Spaziergang zu machen, es gibt eine richtige Zeit, dich auszuruhen, um zu schreiben, zu telefonieren, Hausarbeit zu machen, zu tanzen oder schlafen zu gehen. Die Zeitqualität ändert sich dauernd. Was jetzt genau das Richtige ist, ist eine halbe Stunde später schon unpassend. Auch die Zeitspanne, wie lange du etwas tun solltest, ist fließend. Wenn du auf diese innere Stimme hörst, wird dir genau gesagt werden, was, wann und wie lange du etwas tun oder lassen solltest. Diese innere Stimme ist die gleiche, die dir beim Schreiben antwortet. Sie ist dein innerer Mentor.

Trage nun deine Gemütsverfassung in deine Aktivität hinein, und handle nach dieser intuitiven Stimme, die ein Gespür für die Zeitqualität hat. Du wirst vielleicht in einer anderen Stimmung sein, als du es dir vorgestellt hattest. Nimm es an. Manchmal wirst du etwas machen, was nicht der vernünftigen Reihenfolge entspricht, aber du wirst später sehen, dass genau diese Reihenfolge für dich die richtige war. Du tust dann das Richtige zum richtigen Zeitpunkt – und erlebst es auch so. Du rutschst nicht in ein Stimmungstief ab, sondern akzeptierst deine Emotionen und bleibst im Fluss.

Was aber, wenn das Stimmungstief düsterer ist, als du es ertragen kannst oder möchtest? Was, wenn die Emotionen dich langsam immer tiefer wie in einen Strudel hinabziehen und du den rettenden Rand zum Festhalten aus dem Blick verlierst? Es gibt noch andere Wege zur Heilung, wenn all deine Bemühungen nicht helfen und wenn der Sog des »schwarzen Loches« zu stark wird.

Das Charakteristikum dieser Stimmung ist, dass es dir so vorkommt, als gäbe es keinen Ausweg, aber es gibt immer Wege zur Heilung. Du kennst bereits etliche Heilungswege und wirst im Laufe der Arbeit im Programm noch viele kennenlernen. Nimm dir deinen Vertrag heraus, der zwischen den Seiten dieses Buches liegt, und lies, was du unterschieben hast: »Ich werde mich in Krisen daran erinnern, dass es andere Lösungswege gibt, als nach Süßem zu greifen, und dass ich diese anderen Wege jetzt sofort beschreiten kann.«

Stell dir einen Raum mit einer Tür vor, auf der das Wort »Ausweg«
steht. Du siehst diese Tür an, und nun öffnet sie sich langsam von
selbst. Dahinter ist heller Tag, und vor dir liegt ein Weg, den du
nun beschreiten wirst.

Depression

Die meisten Zuckersüchtigen kennen depressive Verstimmungen nur
zu gut: Du möchtest verschwinden, nicht da sein, dich verkriechen,
einfach alles abschalten, zumachen, schlafen, dich dichtmachen,
unter den Teppich kriechen oder wegtauchen. Oft genug hast du
Zucker zum Dichtmachen benutzt. Dieser Gemütszustand ist eine
erste Vorstufe zur Depression. Kritisch wird dieser Gemütszustand,
wenn er lange anhält und sich steigert, wenn er zur Handlungsun-
fähigkeit oder sogar zu Todessehnsüchten führt. Hier ist eine ärzt-
liche oder therapeutische Begleitung dringend notwendig!

Die große Gefahr liegt darin, in der Vorstufe zur Depression in eine
Gemütsverfassung zu geraten, in der dir alle Werte und Richtlinien
egal werden. Das ist Teil des Zustandes: Dir wird einfach alles egal,
und du vergisst, dass es etwas anderes geben könnte. In diesem Zustand ist es sehr schwer, sich durch das Schreiben selbst zu helfen,
indem man seine Lage selbstreflexiv betrachtet.

Manchmal tritt eine depressive Stimmung in getarnter Form auf,
im genauen Gegenteil - einem übermäßigen Aktivismus. Die tägliche Pflichterfüllung und tausend Termine in der »Freizeit« jagen
dich von einer Aktivität in die nächste, so dass keine Zeit zur Selbstreflexion bleibt. Du willst sie auch nicht, weil du dahinter die depressive Stimmung lauern fühlst. Ruhe würde bedeuten, dich mit
den auftauchenden unangenehmen Gefühlen auseinandersetzen zu
müssen. Dass hinter deinem Aktivismus die depressive Verstimmung
lauert, erlebst du, wenn plötzlich Freizeit ansteht. Sie wird zur Qual,

weil du sie nicht genießen kannst und du dich schlechter fühlst als mit der Arbeit. Wenn es bei dir schon so weit ist, dann hilft nur: statt Zeit der Fülle – Zeit zum Schlunzen.

Genuss ist nur in einer ausgeglichenen Gemütsverfassung möglich. Wenn du in der Ruhe emotional abzustürzen drohst, dann hilft dir vielleicht ein bewusst gelebter Schlunztag: das Telefon beiseitelegen, die Post nicht öffnen, ungepflegt und ungeduscht im Bademantel rumlaufen, im Bett frühstücken und alles vollkrümeln, das Frühstück nicht abdecken, Klamotten auf dem Boden rumliegen lassen, nichts aufräumen oder putzen, sich Junk-Food und Filme reinziehen, Fünfe gerade sein lassen, dich einfach völlig gehenlassen und schlunzen, was das Zeug hält.

Egal, ob du in einen manischen Aktivismus oder eine passive Depressivität verfällst, der Weg zur Heilung führt zuerst in den emotionalen Sumpf hinein. Der äußerliche Sumpf kann manchmal Wunder wirken. Aber aufgepasst! Achte sensibel darauf, ob vielleicht genau das Gegenteil, also Ordnung und Sauberkeit, das ist, was du zurzeit brauchst.

Das Problem bei allen auftretenden negativen Empfindungen ist, sie wegzudrücken und nicht haben zu wollen. Doch sobald sie angesehen und angenommen werden, verwandeln sie sich. Das hört sich für dich vielleicht wie esoterisches Geschwätz an, das du schon tausendmal gehört hast. Es ist aber ein Schlüssel von unschätzbarem Wert, und er funktioniert tatsächlich. Gehe doch einfach einmal all die vielen kleinen Unannehmlichkeiten durch, die dich ärgern, die dich nerven und die du nicht haben willst (Regen, der verpasste Bus, die Benzinpreise, die streitenden Kinder, die blöden Nachbarn ...). Du wirst genervt, ärgerlich oder wütend. Ändert das etwas an der Situation? Nein. Bei Nervereien und Ärger ist es leicht, sich vorzustellen, wie es wäre, den Umständen einfach mit Annehmen zu begegnen. Du beobachtest die Situation und lässt

6. Schritt: Depression

deine negative Beurteilung der Situation los. Du nimmst alles an, so wie es ist. Sofort verschwinden alle negativen Gedanken und Emotionen zu dem Thema.

Viel schwieriger ist das Annehmen negativer Gefühle, die Verletzungen und Schmerz in sich tragen. Hier reagieren wir meistens mit Wegdrängen, indem wir der Traurigkeit nicht den notwendigen Raum zugestehen, sondern sie, bevor sie ganz durchlebt wurde, wegdrücken oder verleugnen. Bei diesen negativen Empfindungen ist das Annehmen ein Aushalten. Du lernst, das Nichtgeliebtwerden auszuhalten, Bedürftigkeit auszuhalten, Schmerz auszuhalten. Auch Ohnmacht und Hilflosigkeit kann man aushalten lernen, genauso Angst, Einsamkeit, Verlassenwerden oder Verzweiflung.

Und wie ist es zum Beispiel bei massiven Verletzungen, durch die ungeheure Wut hervorgerufen wird? Auch diese Emotionen werden meistens zugedeckt und abgeschnitten. Das Annehmen ist hier ein Zulassen und Ausleben, ohne andere zu verletzen.

Einer depressiven Verstimmung begegnest du mit den folgenden drei Möglichkeiten des Annehmens:

- das Hinschauen (welche Gefühle wollen sich Bahn brechen?)
- das Annehmen/Aushalten/Zulassen
- Heilung

Der dritte Schritt (»Heilung«) folgt automatisch, wenn du den zweiten abgeschlossen hast. Der Schritt der Heilung beinhaltet, dass dein Zustand sich sehr angenehm wandelt, dass du spürst, wie wohltuend das Annehmen/Aushalten/Zulassen im zweiten Schritt war, dass du Dankbarkeit empfindest und vielleicht eine wichtige Lernerfahrung gemacht hast. Du spürst, dass etwas zum Abschluss, zum Ende gekommen ist oder dass du zumindest eine Stufe der Erfahrungstreppe hinter dir gelassen hast. Es ist gut, diesen letzten Schritt bewusst zu vollziehen, damit du wirklich das Gefühl hast, etwas ist abgeschlossen, und nicht in der Emotion steckenbleibst. Selbst wenn es nur der Abschluss für diese Gefühlswelle ist, und du weißt, dass da noch mehr kommen wird, so begrüße das Ende dieser Welle. Du kennst sicherlich das Gefühl, wie erleichternd es in manchen Momenten schon war, zu weinen. Diese Art von Erleichterung ist gemeint. Spüre diese Erleichterung, die der angenommenen Gefühlswelle folgt.

> *Aufgabe: Annehmen lernen*
> Am einfachsten lässt sich die Haltung des Annehmens bei Ärger üben. Beobachte in nächster Zeit die Situationen, in denen du dich ärgerst oder genervt bist, und wandle sie durch Annehmen um. Im Lauf der Zeit werden dir Situationen begegnen, in denen du auch Aushalten und Zulassen üben kannst. Schreibe über deine Erfahrungen.

Die Schritte des Annehmens, Aushaltens und Zulassens sind zu Beginn nicht leicht umzusetzen. Meist liegen die Ursachen lange zurück. Diese alten, ungelebten und abgespaltenen Gefühle sind die Ursache dafür, dass deine Lebensenergie ins Stocken geraten ist.
Depression kann auch gestaute, stockende Lebensenergie sein. Wenn du häufiger unter depressiven Verstimmungen leidest, solltest du schon in dieser Phase die Hilfe eines Therapeuten suchen.
Meist ist das Gehirn wie ausgeschaltet, was Hilfen oder Auswege betrifft, sobald du in einer solchen Gemütsverfassung bist. Dies ist ein Charakteristikum des depressiven Gemützustandes, der sich anfühlt, als sei das Leben immer schon so grau in grau gewesen und als würde es sich niemals verändern. Du hast in solchen Momenten völlig vergessen, dass es noch andere Stimmungsräume gibt, die gleich nebenan liegen. Der Gedanke, deinen Zustand einfach zu verändern ist dir so fern, weil du in dieser depressiven Stimmung gefangen bist wie in einem Traum. In den meisten Träumen kannst du dich nicht erinnern, dass du nur träumst, sondern der Traum ist die einzige Realität. So erlebst du dein Leben auch in einer depressiven Stimmungslage: Es gibt nichts anderes.

6. Schritt: Depression

Hier sind ein paar Leitsätze bzw. Gebete für solche dunklen Zeiten:

- »Ich weiß, dass es einen Weg hinaus gibt, auch wenn ich ihn jetzt noch nicht sehe.«
- »Herr, hilf mir! Und ob ich wohl wanderte im Tal der Todesschatten, fürchte ich kein Unglück. Denn du bist bei mir.«
- »Ich erlaube mir ... (Angst, Verzweiflung, Kummer, Wut ...) zu haben. Ich erlaube meiner ... zu sein.«
- »Dort, wo die Nacht am dunkelsten, ist der Tag am nächsten.«

➤ *Aufgabe: Ein Gebet für den Notfall*

Schreibe dein eigenes Gebet für »Zeiten der Not«, und deponiere es da, wo du jederzeit Zugang dazu hast. Erinnere dich gut an dieses Depot, denn das Wesen der depressiven Verstimmung ist, genau solche Hilfen völlig zu vergessen.

Neue Wege

Vor kurzem las ich die Lebensgeschichte eines Indianerjungen aus einem nordamerikanischen Reservat (*Das absolut wahre Tagebuch eines Teilzeit-Indianers* von Sherman Alexie). Er fand eine Methode, um seinen seelischen Schmerz zu lindern. Er setzte allen unangenehmen Erinnerungen angenehme Erinnerungen entgegen. Also machte er Listen: die liebsten Menschen in seinem Leben, seine Lieblingsspeisen, die Musik, mit der er sich am wohlsten fühlte, und so weiter. Er arbeitete tagelang an etlichen Listen und fand so einen Weg aus seiner Depression.

Das, was gewesen ist, kann man nicht rückgängig machen, aber man kann die Waagschale auf der anderen Seite füllen. Es gibt tiefsitzende Themen, die man nicht durch Hinschauen und Annehmen in die Heilung führen kann. Bei manchen Erkenntnissen funktioniert es wirklich: Allein durch die Erkenntnis und das Annehmen verändert sich etwas. Doch oft reicht das nicht aus. Wenn du mit einem solchen Thema zu tun hast, dann gehe »einen neuen Weg«.

Neue Wege können alles Mögliche sein: Du hast zum Beispiel schlechte Kindheitserinnerungen. Dann kannst du dir, wie der Indianerjunge, selbst die Aufgabe stellen, die guten Erinnerungen herauszusuchen. Du kannst mit Yoga oder Meditation anfangen, eine Therapie beginnen oder dich beim Reiten anmelden. Du kannst Klopftechniken machen, dich mit Engeln in Kontakt setzen, dein Zimmer nach Feng-Shui-Richtlinien einrichten oder Aufstellungsarbeit machen. Du kannst Sport machen, tanzen gehen oder einen heiligen Ort aufsuchen. Es kommt darauf an, dass es mit deinem Thema zu tun hat. Wichtig ist, dass du deine neue Handlung, den neuen Weg, den du jetzt gehst, in Zusammenhang bringst mit deinem Hauptproblemthema. Gehe bewusst einen neuen Schritt, und betrachte ihn als Medizin für dich. Mach etwas anders als bisher. Fülle die andere Seite der Waagschale. Der bewusst vollzogene Schritt ist die Heilung.

Durch das Schreiben und deinen Kontakt zu deinem inneren Mentor hast du alle Antworten in dir. Ist das nicht phantastisch? Jede Hilfe und jede Beratung zu deinem Thema ist in dir. Die Antworten sind schon da. Sie sind in deinen Fragen verborgen. Klopfe an, und es wird dir aufgetan. Schreibe darüber, und stelle deine Fragen. Frage deinen inneren Mentor, wie der nächste Schritt auf deinem neuen Weg aussieht. Er weiß die Antwort. Du musst nur die Frage stellen. Neue Wege zu gehen heißt, dir selbst Aufgaben zu stellen, die mit deinem Thema zu tun haben. Übe dich in dieser Aufgabe, und lass dir Zeit für deinen Heilungsprozess. Alles braucht Zeit, um zu heilen.

Selbstbestrafung

Als Zuckersüchtige hast du im Lauf deiner abhängigen Jahre viel erlebt zum Thema Selbstbetrug. Im Grunde hast du dich jedes Mal selbst betrogen, wenn du dir Genuss vorgegaukelt hast, der im Nachhinein keiner war. Zucker ist auf *falsche Art* süß. Du wirst um die wirkliche Süße des Lebens betrogen. Du hast diesen Ausweg, diese Fluchtmöglichkeit gesucht, um legal high sein zu können, denn Zucker ist eine legale Droge. Dein Wissen um die Schädlichkeit von Zucker hat dich selten vor dem Konsum bewahrt, weil das Highseinwollen (bzw. das Betäubenwollen) die Bedenken überwog.

Zuckersucht ist in sich schon eine Form des Betruges und der Selbstsabotage, aber es geht noch weiter. Durch dein mahnendes Gewissen und die offensichtlichen Folgen des Zuckerkonsums in Form von Übergewicht spitzt sich dein innerer Konflikt zu. Die Sucht treibt dich, ohne dass du es kontrollieren kannst, immer tiefer in diesen Teufelskreis: Zuckerkonsum – Selbstvorwürfe – Zuckerkonsum – Selbstvorwürfe ...

Ist es da ein Wunder, dass so manche Zuckersüchtige in den Wahn verfallen, sich selbst für ihr »schlechtes« Verhalten zu bestrafen? Unterschwellig hoffen die Betroffenen, dass diese Bestrafungen endlich die rettende Wende bringen werden. Sie wissen nicht, dass Zuckersucht eine Krankheit ist und selbst die schwersten Strafen sie nicht vor weiterem Konsum bewahren können. Das Wesen jeder Sucht ist Kontrollverlust, daher können Bestrafungen nicht helfen. Selbstbestrafungen bewirken leider das Gegenteil von dem, was der Betroffene eigentlich erreichen möchte. Unglücklicherweise zwingen die unausweichlichen Rückfälle den Betroffenen zu immer härteren Strafen.

(Die folgenden Abschnitte zu schreiben fiel mir besonders schwer. Erst durch die Auseinandersetzung mit meiner Zuckersucht habe ich begriffen, was ich mir früher alles angetan habe. Ich hatte diesen Teil meines Lebens völlig verdrängt. Zu meiner Entschuldigung muss ich sagen, dass das meiste davon zwischen meinem fünfzehnten und zwanzigsten Lebensjahr passierte, also in einer Zeit, in der durch die Pubertät alle Emotionen in Aufruhr sind und die Persönlichkeit haltlos hin- und hergeworfen wird.)

Es ist ein trauriges Kapitel zu beschreiben, was Zuckersüchtigen alles einfällt, um sich selbst zu bestrafen. Das verhasste Übergewicht will und will nicht weichen, und alle Bemühungen scheitern, weil der Zuckerkonsum nicht reduziert werden kann. Meist ist den Betroffenen ihre Sucht nicht bewusst. Sie erleben nur, dass alle Diätbemühungen scheitern, und werden immer frustrierter. Das Übergewicht wird zum Schauplatz eines Kampfes, den der Süchtige nicht gewinnen kann.

Die einfachste Art der Strafe beginnt mit harmlosen Abmachungen wie zum Beispiel alles Geld, das für Süßigkeiten ausgegeben wurde, zu zählen und den gleichen Betrag an das Sparschwein, für Biolebensmittel oder als Spendenbetrag an irgendeine Institution zu zahlen.

In der nächsten Stufe im Kampf gegen das Übergewicht sollen Pulver, Kapseln, Diäten oder Fastenkuren schnelle Hilfe bringen. Natürlich sind die abgehungerten Zuckersuchtpfunde (und meist noch einige mehr) nach kurzer Zeit wieder angefuttert, und die Selbstvorwürfe werden noch stärker. Die Überdosis Sport als Bestrafung bzw. als Kampf gegen das Übergewicht hilft auch nicht gegen die Sucht. Der Psychotrick, sich die begehrten Süßigkeiten voller Maden oder verschimmelt vorzustellen, hält meist nicht lange genug vor, um aus dem Teufelskreis der Sucht ausbrechen zu können, daher wird die Bestrafungsschraube noch fester angezogen.

6. Schritt: Depression

Die dritte Stufe ist schon bedenklich. Jetzt werden Abführmittel eingesetzt, man mischt sich mit Salzwasser ein Brechmittel an und, wie bei Bulimikern, erbricht die Süßigkeiten. Manchmal kann es auch zu bewusst inszenierten Fressorgien kommen, in denen Unmengen der Lieblingssüßigkeiten verschlungen werden, entweder um sie wieder zu erbrechen oder in der Hoffnung, dann irgendwann endlich so damit übersättigt zu sein, dass Ekel statt Gier einsetzt.

Ab dieser Phase werden die Betroffenen von der dauernden Angst beherrscht, entdeckt zu werden, denn all das spielt sich im Verborgenen ab. Gleichzeitig steigern sich die Angst vor einer möglichen Gewichtszunahme sowie die Scham über den eigenen Kontrollverlust, die peinlichen Heimlichkeiten und das eigene Versagen. Dies führt dazu, dass das Verhalten in der Öffentlichkeit davon beeinflusst wird, zumal der Selbstwert bei Zuckersüchtigen durch das stetig wachsende Übergewicht, durch Scham und durch Selbstvorwürfe meist ohnehin sehr labil ist.

Zuckersüchtige fühlen sich unwohl in der Öffentlichkeit, weil sie sich selbst meist unförmiger und fülliger fühlen, als andere sie sehen. Sie fürchten, ihr Aussehen (und ihr Versagergrundgefühl) gäbe anderen Anlass zu negativen Bewertungen, zu Ablehnung und Verachtung. Dies kann eine Kontaktstörung oder im schlimmsten Fall sogar einen Rückzug aus dem gesellschaftlichen Leben zur Folge haben. Die Aussage, dass Zuckersüchtige oft extra »mehr rauchen, um weniger zu essen« ist ein weiteres Indiz für die Hilflosigkeit der Betroffenen.

Am Extremsten zeigt sich die selbstzerstörerische Kraft des autoaggressiven Verhaltens in der vierten Stufe der Selbstbestrafung. Der unkontrollierbare Zuckerkonsum löst so starke Scham- und Schuldgefühle aus und der Selbsthass auf das eigene Fressverhalten wird so stark, dass die Betroffenen sich selbst Verletzungen als Bestrafung zufügen. Dabei wird sich zum Beispiel mit einer Rasierklinge ins eigene Fleisch geschnitten, ein Gürtel schmerzhaft eng um die Taille geschnallt, die Zähne geputzt, bis das Zahnfleisch überall blutet, die Zunge und die Wangen im Mundbereich von innen zerbissen (um nichts mehr essen zu können), oder man kneift sich in die Fettpölsterchen, bis blaue Flecken entstehen.

Ein solches Verhalten ist doch wirklich als krank zu bezeichnen, oder? Und dennoch kann man in einem Internetforum über das Thema Zuckersucht tatsächlich Kommentare von Fachärzten lesen, die behaupten, dass es so etwas wie Zuckersucht nicht gibt! Bei einem derzeit jährlichen Zuckerkonsum von einhundert Kilogramm (!) pro Kopf in Deutschland (der Konsum steigt jährlich an) stellt sich die Frage, wer etwas davon hat, solche Behauptungen aufzustellen.

Durch den Teufelskreis der Sucht sind die Betroffenen gezwungen, sich mehr mit Strafen zu beschäftigen als mit Belohnungen, weil sie durch die Sucht nicht anders können, als weiterzuessen. Zuckersucht ist keine Essstörung, sondern eine Suchterkrankung, denn die Betroffenen haben tatsächlich meistens nur ein Problem mit Zucker, nicht mit anderen Lebensmitteln. Dennoch haben sie, wie bei jeder Sucht, keine Wahl. Sie können nicht aufhören und sich nicht viele Gedanken machen, was es als Belohnung für Verzicht geben könnte. Der gute Vorsatz, zu verzichten, wird tagtäglich gebrochen. Durch diesen Teufelskreis werden sie immer tiefer in die grausame Welt der Selbstbestrafung hineingedrängt. Erst wenn sie erkennen, dass Zuckersucht eine Krankheit ist und dass sie nur durch den vollkommenen Zuckerverzicht aus diesen Höllenqualen erlöst werden können, ändert sich etwas.

6. Schritt: Depression

Die selbstzerstörerische Kraft

So wie es einen Selbsterhaltungstrieb und einen Lebenswillen gibt, so gibt es auch eine selbstzerstörerische Kraft im eigenen System. Diese Kraft ist es, die bis zu Todessehnsüchten oder gar Selbstmord führen kann. Menschen mit einem starken Suchtpotenzial haben eine selbstzerstörerische Kraft in sich, die angesehen werden muss.

Meist liegen die Ursachen für diese Tendenzen lange zurück. Durch Erlebnisse in deiner Kindheit oder traumatische Ereignisse hast du in bestimmten Momenten deines Lebens unbewusst die Überzeugung entwickelt, dass das Leben nicht lebenswert ist. Die Flucht oder das Abwenden vom Leben erschien dir damals als die rettende Haltung - und war es wahrscheinlich auch. Das ist wichtig zu wissen! Es gab in deinem Leben Situationen, in denen dir dein Abwenden vom Leben tatsächlich das Leben gerettet hat. Leider trägst du diese Entscheidung gegen das Leben noch in deinen Zellen und handelst zuweilen danach. Doch nun bist du erwachsen und kannst dich für das Leben entscheiden und dafür, die alten Wunden anzusehen, anzunehmen und zu heilen.

Neben der Sucht gibt es noch diverse andere Hintertüren, die als Flucht aus dem Leben benutzt werden. Stell dir einen Raum mit Rolltreppen vor. Um deine Lebenssituation zu ändern, musst du nur eine Rolltreppe betreten, die dich auf eine andere Ebene trägt. Allerdings fahren einige Rolltreppen nach unten und andere nach oben. Die, die nach unten fahren, sind die Handlungen, die dich Etage für Etage nach unten ziehen und vom Leben wegführen. Auf den tieferen Etagen wirst du lebloser, versteinerter, empfindungsärmer. Die nach oben fahrenden Rolltreppen führen dich dagegen dichter an das Leben heran, das heißt, du wirst lebendiger, authentischer, freudiger. Es ist wichtig, dir anzusehen, welche Etagen es in den unteren Stockwerken gibt. Einige davon kennst du vielleicht.

Die sieben Fluchtwege

Sucht

Kennst du süchtiges Verhalten bei dir außer der Zuckersucht? Wie gehst du mit Nikotin um, mit Alkohol oder Tabletten? Was ist mit Mediensucht, Spielsucht, Lesesucht, Kaufsucht oder Arbeitssucht? Bist du in einer psychischen Abhängigkeit – zum Beispiel von einem Partner oder deiner Familie? Bist du sexuell abhängig von jemandem? Bist du in einer Sekte gebunden oder in einer religiösen Gemeinschaft, aus der du nicht einfach austreten kannst? Hast du einen Therapeuten, ohne den du glaubst, nicht überleben zu können?

Kriminalität

Hast du einen Hang zu kriminellen Delikten? Hast du schon gestohlen oder betrogen? Lügst du oft? Sympathisierst du mit »Kavaliersdelikten«? Hast du schon ein Strafverfahren gehabt? Kannst du dich dem aufregenden Nervenkitzel einer kriminellen Handlung nicht entziehen? Oder kann es sein, dass du in deiner Wut unkontrolliert zuschlägst? Bist du gewalttätig? Hast du manchmal Angst, jemanden vor lauter Wut umzubringen?

Asozialität

Machst du einen Bogen um »Penner«? Kommst du aus bescheidenen (oder asozialen) Verhältnissen? War etwas in deinem Elternhaus asozial? Was bedeutet es für dich, sozial bzw. asozial zu sein? Wovor fürchtest du dich am meisten beim Thema Asozialität?

Wahnsinn

Hast du manchmal das Gefühl, verrückt zu werden? Leidest du unter Angstzuständen oder Depressionen? Welche Beziehung hast du zu Psychosen, Schizophrenie, Hysterie und Wahnsinn? Kennst du Anteile davon in dir?

Selbstmord

Bist du depressiv veranlagt? Weißt du, wie sich anhaltende Ausweglosigkeit anfühlt? Kennst du Zustände, in denen dir dein Ableben verlockend erscheint? Hast du schon eine Stimme in dir gehört, die dir sagte, dass du all dein Elend durch Selbstmord beenden könntest?

Unfall und Krankheit

Macht dich deine Lebenssituation krank? Vor welcher Krankheit fürchtest du dich? Welche Krankheit, glaubst du, könntest du bekommen, wenn dein Leben so unglücklich weitergeht? Weißt du, dass Krankheiten und Unfälle, so wie Selbstmord, eine Flucht vor dem Leben sein können?

Ruin

Hast du Schulden? Wenn ja, wie viele und wie lange noch? Stehst du finanziell und existenziell unter Druck? Bist du finanziell unabhängig, so dass du alleine leben und dich gut versorgen könntest? Kannst du gut mit Geld umgehen? Verwaltest du das Geld, das du zur Verfügung hast, vernünftig? Weißt du oft nicht, wie viel du im Portemonnaie hast und wie viel du im Monat ausgegeben hast? Führst du Buch über deine Einnahmen und privaten Ausgaben, so dass du alle Posten im Blick hast und die Monate vergleichen kannst? Was fällt dir zum Thema Ruin ein?

➤ *Aufgabe: Fluchtwege erkennen*

Teile ein Stück Papier in sieben gleich große Zettel. Nun schreibst du jeweils eines der folgenden Worte auf ein Stück: Sucht, Kriminalität, Asozialität, Wahnsinn, Selbstmord, Krankheit und Ruin. Falte alle Zettel, und mische sie. Jetzt ziehst du blind einen dieser Zettel heraus und reflektierst darüber, inwiefern dieses Wort etwas mit dir zu tun hat. Danach legst du ihn wieder zu den anderen. Du mischst erneut und ziehst wieder ... Den Zettel lesen, reflektieren und erneut zurücklegen. Dann das Gleiche ein drittes Mal. Oft zieht man den gleichen Zettel mehrmals, denn es ist kein Zufall, welche Zettel du ziehst. Die Worte auf den Zetteln haben etwas mit dir zu tun. Meist haben fast alle Fluchtwege etwas mit dir zu tun, aber die drei gezogenen Worte solltest du etwas näher untersuchen.

Vielleicht trifft dich auch ein Wort, das du beim Ziehen nicht erwischt hast (und worüber du ganz erleichtert bist). Wenn du sofort eine Affinität zu einem bestimmten Fluchtweg gespürt hast, solltest du auch darüber reflektieren. Das Gleiche gilt, wenn ein dir nahestehendes Familienmitglied einen dieser Fluchtwege benutzt hat. Schreibe dann darüber, inwiefern dieses Familienmitglied diesen Anteil von euch allen (der ganzen Familie) auslebt.

Die Reflexion über deine Fluchtwege kann sehr schockierend sein, weil du erkennst, wie stark die selbstzerstörerische Kraft in dir wirkt. Auch wenn dir erste Schritte auf diesen Fluchtwegen (wie zum Beispiel deine Zuckersucht) als notwendige Auswege aus unangenehmen oder lebensbedrohlichen Situationen schon geholfen haben, so kannst du jetzt leicht erkennen, dass alle diese Wege eine große Gefahr in sich bergen: Du kannst dadurch alles verlieren, was du hast, sogar dein Leben. Sie erscheinen wie Auswege, aber sie ziehen dich nach unten. Sie führen dich alle aus deinem jetzigen Leben in ein »Aus«, ins Abseits, ja sogar in den Tod. Einen Fluchtweg zu wählen, heißt zu fliehen, statt sich der Angst oder dem Problem zu stellen. Einen Fluchtweg einzuschlagen heißt, dass du dein Leben, so wie es ist, nicht haben willst oder nicht mehr aushalten willst. Einen Fluchtweg zu gehen heißt, sich gegen das Leben zu entscheiden.

➤ *Aufgabe: Einen Vertrag für das Leben machen*
Schreibe den folgenden Text ab, und unterschreibe ihn:
»Ich, *(Name)*, entscheide mich heute dafür, nicht weiter vor meinen

6. Schritt: Depression

Problemen und Konflikten zu fliehen, sondern mich mit ihnen auf erwachsene Weise auseinanderzusetzen. Ich verspreche mir, mir Hilfe zu suchen, Mittel und Wege zu finden und ungelöste und unabgeschlossene Punkte in mir zur Heilung zu bringen. Ich gelobe mir, keinen Fluchtweg zu benutzen, sondern heilsame Wege einzuschlagen, und so weit zu gehen, wie es mir möglich ist. Ich werde gut für mich sorgen und liebevoll auf mich achten. Ich entscheide mich jetzt für ein Leben in Freude und Fülle, so dass ich, wenn ich dereinst abberufen werde, glücklich und erfüllt sterben kann.«
(Datum und Unterschrift)

Wäre es nicht wunderbar, glücklich und erfüllt zu sterben? Ist das nicht ein wichtiger Wunsch? Meistens machen wir uns viel zu selten klar, wie wichtig es ist, uns der eigenen Vergänglichkeit bewusst zu sein. Es gibt einen wundervollen Spruch, der ein guter Wegweiser sein kann: »Wenn du nicht stirbst, bevor du stirbst, stirbst du nicht, wenn du stirbst.«

Ich glaube, dass mit dem »Sterben, bevor man stirbt« gemeint ist, dass alle Dinge des eigenen Lebens zum Abschluss gebracht worden sind. Du kannst völlig loslassen, du hältst nichts mehr fest und vertraust dich vollkommen dem Fluss des Lebens an. Es deutet auf einen Zustand hin, in dem du so befreit bist, dass du alles hinter dir lassen und gehen kannst. Es deutet auf ein Leben hin, in dem dir schon zu Lebzeiten bewusst wird, dass dieses Leben auf der Erde nur ein Durchgangsort ist und dir hier nichts wirklich gehört, dass alles nur geliehen ist. Es ist ein sehr religiöser Satz, der impliziert, dass du dein Leben nicht lebst, um persönliche Wünsche und Ziele zu verfolgen, sondern dass du dies alles schon im Leben aufgegeben hast, um ein Leben »nach Gottes Willen« zu führen. Wenn du in einen solchen Bewusstseinzustand eingetreten bist, dann kann _das_ passieren, wovon die alten Weisen sprechen: »Dann stirbst du nicht, wenn du stirbst.« Das heißt, die Seele wird vom »Rad der Geburt und des Todes« befreit und muss nicht wiedergeboren werden, es sei denn, sie will es. Das muss die Erlösung sein, von der die alten Schriften als höchstem Ziel des Lebens sprechen.

Es ist wichtig und hilfreich, dir immer wieder klarzumachen, dass dieses Leben ein definitives Ende haben wird. Wir werden alle sterben. Wenn du dir das klarmachst, weißt du wieder, wie wichtig es ist, dass du auf dem Sterbebett denken kannst, dass dein Leben erfüllt war und dass du einen Teil der dir gebotenen Möglichkeiten auch wirklich genutzt hast. Kannst du das in diesem Moment sagen? Würdest du jetzt mit dem Gefühl aus dem Leben gehen können, dass dein Leben gut und erfüllt war und du einen guten Teil deiner Möglichkeiten genutzt hast (alle kann man nicht nutzen!)?

Befreie das Thema Tod von seinem düsteren, erschreckenden Mantel, und sieh dir an, wie hilfreich es sein kann, sich mit der eigenen Vergänglichkeit zu konfrontieren. Sofort erwachen dein Lebenshunger und das Bedürfnis, wirklich etwas aus deinem Leben zu machen und die dir gegebenen Möglichkeiten zu nutzen. Carpe diem! Bedenke, dass du sterben wirst, und nutze den Tag!

Die selbstheilende Kraft

Und wieder stehst du vor den Rolltreppen. Du weißt, dass die Art deines Denkens, Fühlens, Wollens und Handelns bewirkt, dass du entweder nach oben oder nach unten fährst. Diesmal siehst du dir die Treppen an, die dich in die oberen Etagen fahren. Du hast einen inneren Kompass, der dir anzeigt, welche Etagen weiter oben in deinem Lebensgebäude liegen. Du kommst dort noch dichter an das wahre Leben heran. Du hörst den Ruf zu deiner Berufung deutlicher, und dein Leben macht immer mehr Sinn, je höher du kommst. Du entscheidest dich für ein Leben in Freude und Fülle. Du entscheidest dich *für* das Leben und betrittst eine Rolltreppe nach oben.

6. Schritt: Depression

Das innere Wissen, das dir die aufwärtsführenden Etagen zeigen, kommt aus einer heilenden Kraftquelle in deinem Inneren. Diese Kraftquelle heilt nicht nur deine Zuckersucht und alle alten Wunden, sondern sie ist ein universelles Heilmittel. Je mehr du dich dieser Kraftquelle anvertraust, desto geheilter wird dein ganzes Leben. Du kannst diese Kraftquelle auch als göttliche Führung bezeichnen. Die Rolltreppen, die dich immer höher in immer sinnvollere Etagen führen (gefüllt mit Lebenssinn), sind die, bei denen du dich selbst im positiven Sinn aufgibst, bei denen du nicht mehr deine Bedürfnisse und Wünsche im Sinn hast, bei denen du »stirbst, bevor du stirbst«. Paradoxerweise erlebst du die größte Erfüllung (hier ist das Wort Fülle enthalten), wenn du sie nicht mehr für dich suchst, sondern einzig diesem inneren Kraftquell folgst.

Diese selbstheilende Kraft ist das, wonach du dich am meisten sehnst. Wenn du dich darauf besinnst, wirst du spüren, dass sie immer da ist und dir Schritt für Schritt deinen Weg weist. Das Zuckersuchtprogramm konfrontiert dich nicht nur mit deinen ungelösten psychischen Themen, sondern auch mit den Defiziten in deiner Seele. Ein großer Teil des Vakuums, das du seit deinem Entzug spürst, ist auf eine seelische Leere zurückzuführen. Jeder Mensch trägt diese Sehnsucht nach einer religiösen Erfüllung in sich, auch wenn diese Sehnsucht oft durch Erziehung oder schlechte Erfahrungen verschüttet wurde. Ein Anteil der Heilung, die du suchen musst, betrifft deine Seelenebene. Die Süße des Zuckers erinnerte dich all die Jahre an die Süße des paradiesischen Zustandes. Nun musst du deutlicher und erwachsener mit dieser Sehnsucht umgehen. Suche die religiöse Anbindung, die zu dir passt. Werde zum Suchenden. Finde Nahrung für deine Seele. Diese nährende Kraft bringt dich deiner wahren Berufung näher, dem Grund, warum du hier bist ... Und das ist die Bewegung, bei der die Rolltreppe aufwärtsfährt.

Frei von Zuckersucht

➤ *Aufgabe: Zusammenfassung*

Fasse zusammen, welches die wichtigsten Erfahrungen und Erkenntnisse für dich waren in dieser Woche. Wenn du das Zuckersuchtprogramm in einer Gruppe bearbeitest, dann ist das der Beginn eines jeden Treffens. Ihr solltet euch inzwischen so gut kennen und so vertrauensvoll miteinander umgehen, dass jeder in der Gruppe von seinen ganz persönlichen, individuellen Erfahrungen berichten kann.

7. Schritt:

Ehrlichkeit statt Selbstbetrug

Scham, Schuld und Sünde · Neid · Geselligkeit · Fressorgien
Kollektiver Selbstbetrug · Partnerschaft und Ehe · Sexualität
Kontrolle und Kontrollverlust · Bewegung · Deine Talente

Im 3. Schritt und später auch im 10. Schritt wird das Thema Ehrlichkeit aufgegriffen. In diesen Kapiteln wird der Selbstbetrug in
Bezug auf dein zuckersüchtiges Verhalten thematisiert. Doch Selbstbetrug hat ein viel weiteres Ausmaß, denn die Entschleierung der
Selbsttäuschungen oder Lebenslügen gehört mit zu den Grunder-
fahrungen des Lebens.
Bei der Entschleierung von Selbsttäuschungen, den »Ent-täuschun-
gen«, geht es häufig um Erfahrungen, die durch eine Lebenskrise
ausgelöst werden. Doch Selbstbetrug hat viele Facetten. Überall und
täglich und immer wieder begegnen dir deine vielen kleinen Unehr-
lichkeiten, sobald du anfängst, darauf zu achten. Durch das tägliche
Schreiben bist du ehrlicher zu dir selbst geworden. Du betrachtest
nun nicht nur die unerwünschten Wahrnehmungen und Emotionen, die du sonst in dein Unbewusstes verbannt und mit Zucker
betäubt hast, sondern du siehst auch mancher Charakterschwäche
ins Auge, die du vorher nicht so deutlich wahrgenommen hast (oder
wahrnehmen wolltest). Vielleicht bist du durch das Schreiben schon

an deinen Macht- und Geltungstrieb, deinen Neid, Hochmut oder Stolz, dein aufbrausendes Temperament oder deine Selbstsucht und Rechthaberei herangeführt worden. Immer wieder wird dir das Thema Ehrlichkeit in den unterschiedlichsten Aspekten auf deinem Lebensweg begegnen. Wie oft hast du dich schon darüber geärgert, dass du nicht einfach gesagt hast, was du denkst oder fühlst? Wie oft hast du dir eingestehen müssen, dass du dir etwas vorgemacht hast? Wie oft hast du dich unecht verhalten und dich angebiedert, um gefallen zu wollen? Wie oft hast du eine Maske getragen? Der Weg der Selbstfindung ist ein Weg der authentischen Ehrlichkeit.

Den Weg der Selbstfindung zu gehen bedeutet herauszufinden, wer du selbst wirklich bist, frei von allen Ängsten, Blockierungen, Prägungen, Traumata, Idealisierungen und Glaubenssätzen. Doch dazu ist es erst einmal notwendig, dir die unangenehmen Themen deines Lebens anzusehen. Selbsttäuschungen und Vertuschungen beeinflussen dein Leben stärker, als du ahnst. Diese blinden Flecken haben aber auch eine Schutzfunktion, denn nicht immer kannst du die schmerzhaften Erfahrungen ertragen. Wenn du allerdings über einen langen Zeitraum nicht ehrlich mit dir selbst bist und dich verstellst und verbiegst, dann kann aus der anfänglichen Schutzmaßnahme eine Lebenslüge entstehen. Daraus kann sich ein Gefühl entwickeln, als wäre dein Leben nicht wirklich dein Leben, sondern als wärst du im »falschen Film«. Lebenslügen führen dich von deinen eigentlichen Lebensinhalten und -aufgaben weg. Dass du zuckersüchtig geworden bist, ist Ausdruck für eine große Portion Selbstbetrug, vielleicht auch für eine Lebenslüge. Schreiben ist eine sehr sanfte Art, mit all deinen schmerzhaften Erfahrungen umzugehen. Im Lauf der Arbeit mit dem inneren Mentor wirst du die Erfahrung machen, dass dir nur das offenbart wird, was du fähig bist, zu sehen und zu ertragen. Die Art deiner Fragestellungen bedingt die Antworten.

Indem du durch die tägliche Selbstreflexion lernst, authentisch und ehrlich zu dir selbst zu sein, wirst du diese Ehrlichkeit immer mehr auch nach außen tragen können. Die gute Nachricht lautet: Authentische Menschen haben eine Riesenchance, ihr Lebensglück zu finden.

Scham, Schuld und Sünde

Als Kind sehnst du dich danach, angenommen und geliebt zu werden. Bei Kritik, Nörgelei oder Liebesentzug durch die Eltern sucht das Kind sofort die Schuld bei sich. In einem Kind lebt die Vorstellung, dass es die Eltern durch sein Dasein glücklich machen kann, sie retten kann, ihnen helfen kann. Selbst bei Streit zwischen den Eltern sucht das Kind die Ursachen bei sich. Es denkt, dass es irgendetwas falsch gemacht oder unterlassen hat, wodurch die Eltern verärgert und unglücklich wurden. Jede Missstimmung wird vom Kind seismografisch registriert, auch wenn die Eltern vermeiden, vor den Kindern zu streiten. Da jedes Kind seine Eltern wie Götter liebt und sich stark verbunden fühlt mit ihnen, wird jede Missstimmung zwischen den Eltern zu Leid für das Kind. Mein neunjähriger Sohn drückte es so aus: »Kinder haben immer Schuldgefühle, wenn die Eltern streiten oder weinen. Weinen ist noch viel schlimmer. Das kommt daher, weil ein Teil vom Herz und von der Seele des Kindes in den Eltern gefangen ist.«

Schon in jungen Jahren wird Kindern viel aufgebürdet. Dazu kommen erbliche Belastungen. Du erbst nicht nur einen Teil deines Aussehens oder einen Charakterzug von deinen Eltern oder Großeltern, sondern auch alte Empfindungen. Durch Aufstellungsarbeit kannst du erleben, dass sich auch alte Erinnerungen und die entsprechenden Empfindungen vererben können. Oftmals sind es auch unabgeschlossene Erlebnisse, die vererbt werden. So kann sich ein Kind schuldig fühlen, indem es zum Beispiel die unerlöste Schuld eines verstorbenen Onkels, den es gar nicht kennengelernt hat, unbewusst mit sich trägt und erlebt.

Wenn man bedenkt, aus welcher heilen, reinen, glücklichen Sphäre so ein Kind zu uns kommt, dann ist es kein Wunder, dass Kinder nach einer Zeit des Leidens unbewusst den Gedanken spüren: »Ich bin nicht richtig hier« oder »Ich bin auf dem falschen Planeten gelandet«. Schon in den ersten Lebensjahren entwickeln viele Kinder eine unbewusste Abwehrhaltung zu ihrem Leben auf der Erde. Sie nehmen dieses Leben nicht an, weil es schon früh zu viel Schmerz enthält, und sie lehnen ihr Leben unbewusst ab. Wenn ein Teil von dir sich bei diesen Worten angesprochen fühlt und du eine ablehnende Haltung dem Leben gegenüber spürst, dann solltest du dir mutig anschauen, woher diese Haltung kommt. Erforsche deine frühe Kindheit, erforsche die Ursachen für deine Abwehrhaltung und schreibe darüber. Erkenne diese negative, lebensverneinende Grundhaltung, und beginne, JA zu deinem Leben zu sagen. Vielleicht ist die Last, die dein Körper bei Übergewicht zu tragen hat, ein Ausdruck dafür, wie belastend du das Leben hier auf Erden findest.

Je mehr Übergewicht du hast, desto stärker wirst du mit den Gefühlen der Selbstquälerei, der Selbstverurteilung, der Scham und mit Schuldgefühlen konfrontiert sein. Menschen mit viel Übergewicht haben häufig das unbewusste Gefühl, Menschen zweiter Klasse zu sein. Du findest es ganz verständlich, dass die Gutaussehenden die tolleren Partner finden, das bessere Einkommen erzielen und wahrscheinlich allgemein glücklicher sind als du. Du hast dich damit abgefunden und siehst dich selbst als »zweite Wahl« an. Häufig kannst du nichts gegen deine negative Grundhaltung dir selbst gegenüber tun, weil du davon überzeugt bist, einfach unattraktiver zu sein als andere (und damit meinst du schlankere) Menschen.

Selbst wenn du dir wünschst, anders zu sein, begräbst du deine Sehnsüchte immer wieder, weil du zu oft gescheitert bist. Die Folge ist: Du beginnst, deine Pfunde zu hassen. Wie in vielen Lebensbereichen nimmst du auch hier die alte Strategie ein: Was ich nicht

7. Schritt: Ehrlichkeit statt Selbstbetrug

mag, bekämpfe ich (Partner, Kollegen, Pfunde). In deinem Kopf läuft folgendes Schema ab: Wenn ich etwas nicht will, kämpfe ich für das Gegenteil. Dein Leben ist dann voller Anstrengungen, Mühe und Kampf und gleichzeitig angefüllt mit dem damit verbundenen Ärger und der Wut, weil du deine Ziele nicht erreichst. Verzweiflung und Resignation sind die unvermeidlichen Folgen.

Der Weg aus diesem Teufelskreis beginnt damit zu lernen, deine Pfunde nicht zu verurteilen. Sie haben dir geholfen, dich zu schützen. Um den Rettungsring um die Hüften zu verlieren, musst du erst einen anderen Rettungsring finden. Deine Pfunde weisen dich auf Baustellen hin, die darauf warten, abgebaut bzw. geheilt zu werden. Erst muss die innere Baustelle erkannt und angenommen werden, bevor sie geheilt werden kann, dann kann der Körper folgen.

Genuss ohne Reue gibt es bei Sucht nicht, wie du bereits weißt. Die Zuckersucht ist wie eine tägliche Strafe, denn morgens auf der Waage wirst du für deine »Sünden« bestraft. Süßes zu essen wird »sündigen« genannt, die »süße Sünde«. Bei diesem ganzen verzwickten Kreislauf zwischen Scham, Schuld und Sünde stellt sich wieder die Frage, ob nicht auch das Gegenteil wahr ist: Du belohnst dich nicht nur mit Süßem, du bestrafst dich auch damit.

➤ *Aufgabe: Scham, Schuld und Sünde*

Schreibe auf, was dir zu diesen Themen einfällt. Welche Rolle spielen sie in deinem Leben? Hast du einen realen Schuldenberg, oder trägst du an einer anderen Schuld? Was oder für was musst du noch bezahlen? Hast du häufig Schuldgefühle? Kannst du erkennen, woher sie kommen? In welchen Situationen schämst du dich?

Neid

Wenn du eine übergewichtige Frau bist, ist jede schlanke, attraktive Frau in deinen Augen per se eine »blöde Kuh« – einfach, weil sie schlank ist. Der Neid nagt an dir, sobald du Frauen deines Alters siehst, die das haben, was du dir schon so lange wünschst: eine gute Figur. Doch diese Variante ist noch steigerungsfähig: Nichts erregt mehr Neid bei Übergewichtigen als eine einstmals rundliche Frau, die *dauerhaft* abgenommen hat. Zu Beginn hoffst du noch heimlich, dass ihre Schlankheit nicht von Dauer sein wird, dass auch sie schon bald den dir bekannten Jojo-Effekt zu spüren bekommt. Aber bald musst du erkennen, dass sie zur anderen Liga übergewechselt ist. Es gibt in deiner Vorstellung eine Spaltung zwischen Dicken und Dünnen.

Hinter Neid verbirgt sich die Angst, dass du nicht fähig sein könntest, das zu bekommen, was du haben möchtest, und die Frustration, dass jemand anderes das hat, was du dir sehnlichst wünschst und was eigentlich dir zustehen sollte. Doch bedenke: Neid kann dein Freund sein. »Wie das?«, wirst du fragen. Ganz einfach: indem du ihn als Wegweiser benutzt. Dein Neid ist ein Wegweiser für einen verborgenen Wunsch. Er zeigt auf ein Thema. Das, worauf du neidisch bist, ist dein nächster Entwicklungsschritt. Neid kann alle Lebensbereiche betreffen. Wenn dir klar wird, dass du zum Beispiel neidisch bist auf Menschen, die fließend Französisch oder Englisch als Fremdsprache sprechen, jedoch keinerlei Neid bei Spanisch, Italienisch oder Serbokroatisch empfindest, ist das ein Wegweiser darauf, dass du dich demnächst bei einem VHS-Kurs für Französisch oder Englisch anmelden solltest. Neid auf schlanke Personen ist ein Wegweiser zu deiner zukünftigen Figur.

Sicherlich hast du schon erlebt, dass es unterschiedliche Grade von Neid gibt. Es gibt einen Neid, der nur oberflächlich ist. Hier kannst du deiner Freundin mit lachenden Augen sagen, dass du ganz nei-

7. Schritt: Ehrlichkeit statt Selbstbetrug

disch auf ihre neuen Schuhe bist. Schlimmer wird es, wenn ein Wunsch lange unerfüllt blieb und aufgestaut wurde. Dann kannst du den Neid schon nicht mehr so locker zugeben. Er nagt an dir, und du spürst deutlich, dass du etwas haben oder sein möchtest, was jemand anderes hat oder ist. Und dann gibt es noch den Neid, bei dem der Volksmund sagt: »Sie wurde grün vor Neid.« (Wahrscheinlich spielt die Galle eine Rolle bei diesen Emotionen.) Hier ist der Neid gekoppelt an eine Wut, die bis zur Zerstörung der beneideten Person führen kann. Außerdem kann Neid auch ins Unterbewusstsein verdrängt werden und getarnt in Form von Bewunderung und Anziehung auftreten. Häufiger erlebt man jedoch, dass Menschen einander ablehnen, weil sie von unterbewusstem Neid dazu getrieben werden.

Mach dir deinen Neid bewusst, besonders in Bezug auf schlanke Menschen. Je deutlicher du deinen Neid spüren kannst, desto klarer kannst du herauslesen, wohin er dich zieht. Dort, wo der Neid hinweist, da liegt der Weg. Dass du das Ziel noch nicht erreicht hast, ist nicht schlimm. Wenn du weißt, dass du auf dem Weg bist, egal, wie weit das Ziel entfernt ist, dann kannst du deinen Neid leicht als Freund und Wegweiser annehmen.

➤ *Aufgabe: Den Neid als Wegweiser benutzen*

Auf wen bist du neidisch? Was genau erregt deinen Neid? Welcher Entwicklungsschritt verbirgt sich für dich dahinter? Schreibe darüber.

Geselligkeit

Wenn du zuckersüchtig bist, ist es wichtig, dich zu erinnern, was du in deiner Kindheit gerne an Süßem gegessen hast. Erinnere dich an deine liebsten Leckereien aus der Kindheit. Gab es schon ein süßes Frühstück? Welchen Nachtisch mochtest du am liebsten? Welches war dein Lieblingskuchen oder dein liebstes Gebäck? Welche Naschereien beim Kaufmann mochtest du besonders gern? Was gab es an Nachspeisen bei Festessen? Welche Süßigkeiten hast du an deinem Geburtstag geliebt? Welche süßen Köstlichkeiten waren in deiner Familie an bestimmten Feiertagen Brauch? Was hast du als Nachtisch bestellt, wenn du im Restaurant warst und die freie Auswahl hattest?

Wenn dir klar ist, welches damals deine Lieblingsleckereien waren, dann frage dich, auf welche Süßigkeit du heute am schwersten verzichten kannst. Gibt es Parallelen zu deinen Kindheitsnaschereien? Wenn du geklärt hast, WAS du früher gerne genascht hast, dann frage dich, WIE bei euch zu Hause Süßes gegessen wurde. Welche Atmosphäre hast du mit bestimmten Speisen verbunden? Gab es ritualisierte Kaffeezeiten? Wie lief der Besuch bei den Großeltern ab? Was gab es, wenn Besuch kam? Habt ihr in Eile gegessen oder euch viel Zeit gelassen? Gab es »Futterneid« durch Geschwister? Hast du damals schon einen Süßigkeitenvorrat oder ein Versteck gehabt? Gab es Zwischenmahlzeiten oder Naschzeug beim Fernsehen? Welche Süßspeisen gab es zu Weihnachten und zu Ostern? Hast du dein Taschengeld für Süßes ausgegeben? Gab es Süßigkeiten als Belohnung oder Bestechung, als Trost oder Liebesersatz?

Und nun beurteile, WIE VIEL Süßes es bei euch zu Hause gab. Ist es weniger oder mehr, als du heute deinen Kindern gibst oder geben würdest? Erinnerst du dich an konkrete Situationen, in denen es zu viel war? Warum, glaubst du, hast du damals so viel Süßes bekommen? Warum könntest du diese Zuckermengen bekommen haben?

7. Schritt: Ehrlichkeit statt Selbstbetrug

➤ _Aufgabe: Das Was, Wie und Wieviel_

Durch die Auseinandersetzung mit dem Was, Wie und Wieviel deiner Kindheit erkennst du manchmal eingefahrene Strukturen, die bis heute fortwirken. Oft verbirgt sich hinter einer bestimmten Süßigkeit ein Lebensgefühl aus der Kindheit, das wieder wachgerufen wird, wenn dir diese Süßigkeit erneut begegnet.

Schreibe über deine Erkenntnisse, und mache dir bewusst, dass es dieses bestimmte Lebensgefühl ist, das du gerne wachrufen und wiedererleben möchtest. Gibt es andere Wege für dich, dieses Gefühl zu erleben, auch ohne dein Lieblingsnaschi?

Von der Wiege bis zum Grab wirst du von süßen Festen begleitet (selbst beim Leichenschmaus gibt es Teekuchen!). Das Ernährungsbewusstsein von heute gab es in der Generation unserer Eltern noch nicht. Viele hatten noch die Entbehrungen der Kriegs- und Nachkriegszeit erlebt und genossen nun das Wirtschaftswunder. Als das Fernsehen erfunden wurde, hörten wir Slogans wie: »Zucker ist ein Naturprodukt.« (Das ist auch heute noch auf den Internetseiten der Zuckerindustrie zu lesen.) Für uns Kinder dieser Generation begann der Tag mit Milch und Haferflocken, auf die viel weißer Zucker gestreut wurde. Ein in Weißzucker getauchtes Butterbrot war ein Leckerbissen. Beim Kaufmann oder sogar beim Arzt (!) bekamen wir Kinder oft Lollis oder Gummibärchen geschenkt. Die Tanten und Onkel brachten Schokolade mit. Die Schultüte zur Einschulung wurde randvoll mit Süßigkeiten gefüllt. Abends gab es ein »Betthupferl«. An Fasching sammelten wir tütenweise Bonbons und Lutscher, und an Ostern bekamen wir etliche Schokoladenhasen und große Mengen Naschzeug geschenkt. Als das Softeis erfunden wurde, gaben wir unser ganzes Taschengeld dafür aus. Selbst heute sind Süßigkeiten an Kindergeburtstagen kaum wegzudenken, auch wenn auffällt, dass die heutigen Kinder längst nicht mehr diesen Heißhunger auf Mohrenköpfe, Gummibärchen oder Nutella haben, wie wir ihn noch hatten.

Bestimmte Leckereien sind kaum zu trennen von bestimmten Gemeinschaftsritualen. Meist werden in der Erinnerung gesellige Stunden mit angenehmen Essgewohnheiten verknüpft. Daher ist es kein Wunder, dass der Verzehr ähnlicher oder gleicher Süßigkeiten, die du schon aus deiner Kindheit kennst, wieder die bekannten, angenehmen, geselligen Gefühle erzeugt. Vielen Zuckersüchtigen fällt der Verzicht auf Zucker in solchen familiären, geselligen Runden am schwersten, weil in der Erinnerung so viel Angenehmes damit verknüpft ist.

Daher ist es wichtig, dass du dir deine Essgewohnheiten verbunden mit dem damaligen Sozialverhalten in deiner Kindheit ins Gedächtnis zurückrufst. Beim nächsten Treffen in geselliger Runde musst du dir klarmachen, dass du jetzt auf dem Weg des Umlernens bist. Du bist eine genesende Zuckersüchtige. Du wirst von Mal zu Mal erleben, dass Geselligkeit auch ohne deinen Lieblingskuchen erlebbar ist. Es ist natürlich, dass du vielleicht zu Anfang etwas vermissen wirst, weil du die Verknüpfung von Geselligkeit und Zucker über viele Jahre erlernt hast. Mit der Zeit wird sich das aber ändern.

Mach dir bitte auch klar, dass viele gesellschaftliche Rituale deiner sozialen Integration dienen. Es fällt unangenehm auf, wenn du dich nicht an den unausgesprochenen Übereinkünften beteiligst. Auch bei dir selbst kann sich das unangenehme Gefühl einstellen, ein Außenseiter zu sein. Kläre mit dir selbst, bei welchen Gelegenheiten du das gut aushalten kannst und bei welchen weniger. Meide diese geselligen Treffen, wenn du unsicher bist. Ansonsten ... wappne dich!

Fressorgien

Es gibt noch eine weitere Gefahr bei geselligen Runden. Bei allen größeren Gemeinschaftsmahlzeiten bist du gefährdet, hemmungslos »zuzuschlagen«. Vielleicht erwächst dieser Trieb aus der Überfülle des Angebots, die eine gewisse Maßlosigkeit nahelegt, oder es ist schlicht der Futterneid, der dich zu einer Unmäßigkeit treibt. Tatsache ist jedenfalls, dass bei großen, gemeinschaftlichen Mahlzeiten viel mehr gegessen wird als üblich. Ob auf Familienfeiern, bei Festen am Arbeitsplatz, im Verein oder am Urlaubsbuffet, sobald du aus den Vollen schöpfen kannst, besteht die Gefahr, die Kontrolle zu verlieren und wesentlich mehr zu essen, als dir guttut. In solchen Momenten der haltlosen Gier musst du aufpassen, nicht in einen Strudel zu geraten, der dich wieder zu Zucker greifen lässt, besonders weil die angebotenen Leckereien meist seltene Köstlichkeiten sind.

Jedes Festessen, jedes große Buffet und jedes andere »Gelage« birgt eine Eigendynamik in sich, die dich mitreißen kann. Diese Fressorgien haben etwas Ansteckendes – wie eine Krankheit. Sei wachsam, und mach dir diese Gefahr klar, um gewappnet zu sein.

Kollektiver Selbstbetrug

Zucker ist eine legale Droge. Was früher nur zu bestimmten Anlässen gereicht wurde, ist heute Alltag geworden. Torten oder Kuchen werden nicht nur zu Festen und besonderen Feiertagen angeboten, sondern täglich. Süßigkeiten sind überall erhältlich. Sie liegen im Supermarkt sogar verführerisch im Kassenbereich, und die von geplagten Müttern seit Jahren geforderte »zuckerfreie« Kasse hat sich nicht durchgesetzt. In Drogerien, an Kiosken, an Raststätten und neuerdings auch in Spielzeuggeschäften sind Bereiche mit Süßwaren gefüllt. An jeder Tankstelle kannst du ein Regal mit Tabakwaren, ein Regal mit Spirituosen, aber vier (!) Regale mit Süßigkeiten zählen.

Kaum einer kennt bisher das Wort Zuckersucht. Viele glauben noch, dass es so etwas gar nicht gibt. Sicherlich bist du bis zu diesem Zeitpunkt im Programm geblieben, weil du einfach weißt, dass du süchtig bist. Wahrscheinlich hast du auch schon die ersten ungläubigen Bemerkungen geerntet und Widerstand oder gar Ablehnung wegen deines Zuckerverzichtes erfahren. Jede Gesellschaft hat ihre legalen Drogen, und Zucker ist eine legale Droge unserer Gesellschaft. Du bist umgeben von einem kollektiven Selbstbetrug, weil die meisten Menschen gar nicht hören wollen, dass Zucker süchtig machen kann.

Durch das Zuckersuchtprogramm wird sich dein Bewusstsein dafür völlig verändern, und du wirst nie wieder in das unbewusste Zuckerkonsumverhalten von früher hineinrutschen können. Und was das Beste ist: Zuckerverzicht ist kein Verzicht mehr. Nach einiger Zeit der Zuckerabstinenz macht es dir nichts mehr aus. Du erlebst es nicht mehr als Verzicht, sondern nur noch als Befreiung. Aber das ist eine Erfahrung, die du niemandem vermitteln kannst, der im kollektiven Selbstbetrug gefangen ist. Diejenigen, die von deiner Zuckersucht wissen und selbst weiter unkontrolliert essen, können sich nicht vorstellen, dass ein Leben ohne Zucker dennoch voller Genuss ist. Für sie sieht es aus, als würde ein großes Stück Freude und Genuss im Leben fehlen.

Die Wahrheit ist: Von der Zuckersucht befreit zu sein, ist ein Stück weniger Wahnsinn. Du wirst klarer und hast das Gefühl, dass dein Leben endlich wieder in der richtigen Bahn verläuft.

Partnerschaft und Ehe

Das Thema Partnerschaft und Ehe ist eines der leidvollsten Kapitel unserer Gesellschaft. Inzwischen werden weit mehr als fünfzig Prozent der jungen Ehen geschieden, und die Tendenz ist steigend. Wir lernen an den staatlichen Schulen Algebra, Geschichtsdaten, Vektorrechnung, Mendelsohns Kreuzungsversuche und Grammatik. Aber die wichtigen Dinge des Lebens bekommen wir meist nur unzureichend vermittelt. Wie schön wäre es, wenn Kinder und Jugendliche etwas von so wichtigen Lebensthemen wie Kindererziehung,

7. Schritt: Ehrlichkeit statt Selbstbetrug

Naturheilkunde, dem Umgang mit dem Tod, dem Umgang mit Geld, richtige Ernährung, Sexualität und auch Partnerschaft und Ehe lernen würden. Stattdessen sind die Erwachsenen reihenweise mit dem Thema Partnerschaft überfordert, lassen sich scheiden, gehen fremd oder leben sprachlos nebeneinander her. Kein Wunder, dass es so viele verhaltensauffällige Kinder gibt.

Das Thema Partnerschaft und Ehe ist für viele zum leidvollsten Thema ihres Lebens geworden. Oft zeigt sich das gestörte Eheleben an einer unerfüllten Sexualität. Die unbefriedigte Sexualität ist meist jedoch nur die Spitze des Eisbergs. Darunter liegt ein Berg unerfüllter Bedürfnisse, der oft erschreckend hoch ist: Sehnsucht nach Zärtlichkeit, Nähe, Austausch, Gespräch, Verständnis, Wärme, Geborgenheit, Schutz, Geselligkeit, Spaß und vieles mehr. In vielen Ehen sind Konflikte und Streitereien an der Tagesordnung, oder es herrscht eine solche Sprachlosigkeit, dass keiner vom anderen weiß, was er/sie vermisst. Wenn aber das, was du hast, nicht deinen Bedürfnissen entspricht, greifst du zu Ersatzbefriedigungen, um den Mangel zu füllen. Zucker ist deine Ersatzbefriedigung geworden. Der dicke Bauch, den du dir angefuttert hast, hält deinen Partner auf Abstand.
Was schluckst du in deiner Partnerschaft an Saurem und Salzigem hinunter, um es dann mit so viel Süßem zu überdecken? Nach welcher Süße hast du in Wirklichkeit Hunger?

Allerdings kann sich auch bei einer anscheinend guten Beziehung im Bett unterschwellig eine Distanz aufbauen. Wenn die Sexualität nicht mit echter Nähe und Begegnung einhergeht, entsteht eine Leere, die wieder nach Ausgleich schreit. Das stärkste Aphrodisiakum ist immer Ehrlichkeit. Weil jedoch ein ehrlicher Austausch nie gelernt wurde und die Ehrlichkeit meist von der Angst vor Auseinandersetzungen oder Verletzungen gebremst wird, erstickt der Impuls oft im Keim. Manche Paare haben das Miteinandersprechen so verlernt, dass ihnen nur ein festes Schema helfen kann, nicht in die altbekannte Vorwurf-Gegenvorwurf-Haltung abzugleiten. Hier ist die Hilfe eines Paartherapeuten angebracht.

Eine große Hilfe bei allen Problemen, die anscheinend am »anderen« liegen, ist, dir klarzumachen, was das Thema mit dir selbst zu tun hat. Das Thema, das dir begegnet, ist dein eigenes. Meist ist es hinter dem, was dich stört, versteckt. Der Anlass, der dich zur Weißglut treibt, ist nur ein kleiner Zipfel des gesamten Tuches. Wieder: *Das, was dich trifft, betrifft dich auch.* Hinter jedem Vorwurf, den du an deinen Partner richtest, verbirgt sich deine eigene Unzulänglichkeit auf diesem Gebiet. Insofern ist Partnerschaft ein wunderbares Feld, das der Selbsterkenntnis dient.

➤ *Aufgabe: Deinen Anteil ansehen*

Schreibe darüber, welches Thema dich in deiner Partnerschaft am meisten quält oder ärgert. Lass Dampf ab, lästere und tobe dich auf dem Papier aus. Wenn du den Druck abgelassen hast, dann sieh dir an, welches dein eigener Anteil bei diesem Thema ist. Warum lässt du das mit dir machen?

Sexualität

Wer etwas kompensiert (lateinisch »compensare«: ausgleichen) versucht, einen Ausgleich für einen Mangel zu schaffen. Dabei wird häufig ein anderer Lebensbereich als Ersatz gewählt. Da bei vielen Menschen der Sexualtrieb unbefriedigt ist, wird dieser Trieb oft durch eine Triebverlagerung kompensiert. Da jede Art der Triebbefriedigung eine gewisse Lust verschafft, eignen sich Süßigkeiten bei fast jedem unbefriedigten Trieb als Ersatz. An die Stelle des Sexualtriebes tritt dann der Hunger nach Süßem. Im Volksmund gibt es die Worte »liebeshungrig sein« oder »jemanden vernaschen«, jemand sieht »süß« aus, und du wirst durch den »verführerischen« Duft einer Nachspeise »verführt«. Wenn man Gefühlen einen Geschmack zuordnen würde, wäre Liebe süß.

7. Schritt: Ehrlichkeit statt Selbstbetrug

Naschen hat viel mit Sexualität zu tun, besser gesagt mit nicht gelebter Sexualität. Die Droge Zucker befriedigt für einen kurzen Moment die Lust und dämpft das sexuelle Verlangen, die Libido. Unterschwellig wirst du jedoch immer unzufriedener, so dass du nach immer mehr Süßem greifst. Vollgepumpt mit Zucker kannst du monatelang auf Zärtlichkeit und Sex verzichten. Dann spürst du deine Sehnsüchte und deinen Mangel kaum noch, weil der Zucker dich einlullt und betäubt.

Vielleicht hast du im Laufe des Programms bemerkt, dass sich nach einigen Tagen Zuckerentzug eine ungewohnte sexuelle Lust einstellt. Ungewohnt deshalb, weil du als stark Zuckersüchtige schon seit Jahren deine Lust mit Naschen befriedigt (bzw. betäubt) hast. Doch durch den Entzug findest du plötzlich alle möglichen Typen »zum Anbeißen«. Es kann aber auch sein, dass deine Frustration in Bezug auf dein Sexualleben durch den Entzug deutlicher spürbar wird. In diesem Fall weißt du, dass es ein Wegweiser für deine weitere Arbeit ist.

Zucker hat noch eine andere Wirkung, die auch die Sexualität betrifft: Die leeren Kalorien des Zuckers legen sich in Speckrollen um deine Hüfte und an die Oberschenkel (bei Männern vorwiegend um den Bauch). Die eigene Geschlechtlichkeit, die schlanke Taille bei Frauen sowie die schmalen Hüften bei Männern, verschwindet unter den Fettschichten. Ein eisschleckender oder lollilutschender Mann sieht unmännlich aus. Doch: In dieser regressiven, unbewussten Babyhaltung brauchst du dich nicht mit den Problemen herumzuschlagen, die durch die Konfrontation mit deiner Geschlechtlichkeit und mit dem anderen Geschlecht unter Umständen auf dich zukommen würden. Durch den Speck, den du jetzt auf den Hüften trägst, bewirkst du auch heute noch (unbewusst) eine geschlechtliche Neutralität wie zur Babyzeit.

In unserer heutigen Kultur werden schlanke Menschen als anziehend betrachtet. Das kannst du drehen und wenden, wie du willst: Wir leben nicht mehr in der Rubenszeit, in der füllige Frauen als Ideal galten. Deine Speckrollen zeigen an, dass du einen Weg gefunden hast, dich sexuell unattraktiv zu machen. Gibt es einen Grund, der dir spontan einfällt, warum du deine eigene sexuelle Ausstrahlung zurückhältst? Wovor schützen dich deine Pfunde in Bezug auf Sexualität?

Was könnte passieren, wenn du dich als sexuell attraktives Wesen in der Welt bewegst? Welche unangenehmen Phantasien hast du bei dieser Vorstellung? Phantasierst du, dass du dauernd dumm angebaggert wirst, vom anderen oder vom gleichen Geschlecht? Schützen deine Pfunde dich vor dem sexuellen Interesse von Männern (oder Frauen)? Oder schützen sie dich vor deinem Partner? Fühlst du dich durch diese Anmache auf deinen Körper reduziert? Hast du Angst, sexuell zu versagen, ausgelacht zu werden und dich zu blamieren? Hast du Angst vor Nacktheit und der tiefsitzenden Scham für deinen Körper? Was ist dir peinlich? Hast du Angst, dich zu verlieben oder vor den Folgen des Verliebtseins (zum Beispiel doch irgendwann betrogen/belogen/verlassen zu werden und auch noch ein uneheliches Kind zu bekommen etc.)? Hast du Angst, dich zu öffnen, etwas hineinzulassen, verletzbar zu werden? Hast du Angst, frigide oder impotent zu werden, wenn es darauf ankommt? Hast du Angst, dein Gefühl, sexuell attraktiv zu sein, könnte dich plötzlich verlassen, so dass dein Partner deine »Hässlichkeit« sieht? Oder hast du Angst, die Kontrolle zu verlieren? Wenn du sexuell sehr anziehend wärst, hättest du dann Angst, »rumzuhuren« und fremdzugehen?
Sex hat mit Schweiß, Gerüchen und Körperflüssigkeiten zu tun. Ekelt dich etwas an beim Sex? Hast du Angst vor Aids? Bei gutem, fließendem, energetischem Sex passiert ganz viel mit dir. Hast du Angst, dass noch mehr passieren könnte als nur Kontrollverlust? Hast du Angst vor Nähe oder Angst vor der Liebe selbst? Hast du Angst vor dem Leben?

7. Schritt: Ehrlichkeit statt Selbstbetrug

Wie steht es denn mit deiner Sexualität? Bist du befriedigt? Kannst du das ausleben, wonach dein Herz verlangt? – Nicht die Libido, sondern das Herz! Es kommt nicht auf die Anzahl der Orgasmen an. Wirkliche Befriedigung in der Sexualität findest du nur, wenn dein Herz erfüllt ist. Wirklich befriedigt bist du nur, wenn du wahre Nähe und Verbundenheit erlebt hast. Der Orgasmus ist dann zweitrangig. Du kannst auch multiple Extremorgasmen erlebt haben und dennoch mit einem Gefühl der Leere aus der Begegnung hervorgehen. Wonach du dich sehnst, ist ein erfülltes Herz. Leider ist unsere Welt voll mit hartem Sex und einer Pornografie, die genau das Gegenteil vorgaukelt. Sex soll angeblich möglichst scharf sein, aber das, wonach du dich sehnst, ist süß, nicht scharf. Beim Sex geht es darum, sich gegenseitig zu beglücken.

Liebesfilme und Romane enden meistens beim ersten Kuss. Wie es nach dem Happy End weitergeht, bleibt offen. Wie du guten, liebevollen, erfüllenden Sex mit einem einzigen Partner über viele Jahre hinweg erleben kannst, wird in den Liebesfilmen nie gezeigt. Diesen Weg musst du dir selbst erarbeiten. Eine gute Partnerschaft ist auch immer Arbeit. Du musst sie pflegen, wie eine Pflanze.

Männer aufgepasst! Es gibt einen schönen Satz, den ihr in Bezug auf Frauen wissen solltet: »Wenn's oben aufgeht, dann geht's auch unten auf.« Damit ist gemeint, dass die meisten Frauen zuerst Nähe zum Partner suchen, entweder verbal oder durch andere Formen der Zuwendung, bevor sie zum Akt bereit sind. Außerdem ist es wichtig zu wissen, dass es zwei ganz unterschiedliche Arten gibt, Sexualität zu leben. Die übliche Art ist scharf, hart, wild, schweißtreibend und heiß. Die andere ist sanft, weich, fließend, ruhig und mild. Auch der Orgasmus ist ein völlig anderer. Diejenigen, die das große Glück hatten, diese andere Art der Sexualität zu erleben, wissen, dass die sanfte Art viel befriedigender ist als die heiße, und werden sich immer danach sehnen. Leider ist die heiße Art von Sexualität diejenige, die überall als das Nonplusultra propagiert wird. Wahrscheinlich, weil die meisten Menschen noch nie das sanfte Zerfließen und die verschmelzende Vereinigung dieser anderen Art der Sexualität erlebt haben.

Das Bedürfnis nach Süßem ist eine Sehnsucht nach dieser Art der Sexualität. Sie fließt nicht aus dem Becken, sondern aus dem Herzen durch den gesamten Körper. Sie ist nicht scharf, sondern süß.

> *Aufgabe: Spüre deinen Hunger auf Sex*

Beschäftige dich in dieser Woche mit deiner Sexualität. Probiere neue Sachen aus, und stell dir vor, du seist frisch verliebt und willst deinen Partner beim nächsten Treffen verführen. Wie machst du das? Wie bereitest du dich darauf vor? Lebe einen Tag so, als würdest du deinen Liebsten heute Abend treffen. Spüre deinen Hunger auf Sex.

Zuckersüchtige sind liebeshungrig. Mach dir klar, dass die Speckrollen um deine Hüften deine Weiblich- oder Männlichkeit verdecken sollen. Ein Alkoholiker betäubt sein Gehirn, wird dumpf im Kopf und lallt. Er will seine Gedanken nicht mehr hören. Du betäubst deinen Körper, wirst dick und machst dich unattraktiv, damit du den ungestillten Hunger nach Zärtlichkeit und Sex nicht mehr fühlen musst. Finde zu deiner frei fließenden Sexualität zurück. Mache es dir in dieser Woche zur Aufgabe, erste Schritte zu gehen, um dein verschüttetes sexuelles Potenzial wiederzufinden.

> *Aufgabe: Zwiegespräch*

Nähe durch Gespräch ist, wie schon erwähnt, ein ungeheures Aphrodisiakum. Offenheit und Ehrlichkeit sind die zentralen Elemente einer erfüllten Beziehung. Oft stehen etliche unausgesprochene Themen und ungeklärte Momente zwischen dem Paar, die Sexualität verhindern. Eine hilfreiche Methode bei verfahrenen Situationen ist folgende:

Ihr nehmt euch eine Stunde Zeit, in der ihr ungestört sein werdet, und setzt euch einander gegenüber. Sich anzusehen ist wichtig. Ein Partner hat sich ein (und nur ein!) Thema herausgesucht, über das

7. Schritt: Ehrlichkeit statt Selbstbetrug

er/sie sprechen möchte. Beim nächsten Zwiegespräch ist der andere mit der Themenauswahl dran. Dann erzählt der, der das Thema ausgesucht hat, alles, was ihm zu diesem Thema einfällt. Dabei darf er/sie nur in der Ich-Form erzählen, wie es ihr/ihm damit ergeht. Offenheit und Ehrlichkeit sind die tragenden Säulen. Keine Vorwürfe, keine Beleidigungen, keine Schuldzuweisungen! Der andere hört nur zu – ohne Kommentar! Kein Wort kommt über seine Lippen! Nach fünfzehn Minuten wechselt ihr, und der andere erzählt alles, was ihm/ihr zu diesem einen Thema einfällt. Auch er/sie hat fünfzehn Minuten Zeit für seinen Monolog. Wieder schaut ihr euch dabei an, und das Gegenüber hört nur aufmerksam zu. Die letzten fünfzehn Minuten nutzt ihr zum Zwiegespräch darüber, wie ihr die Situation, das Thema betreffend, verändern könntet.

Ihr werdet sehen, dass durch das intensive Zuhören und dadurch, dass ihr den anderen ausreden lasst, eine neue Ebene entstanden ist und die alten Denk- und Streitmuster durchbrochen wurden. Dieses Zwiegespräch sollte mindestens alle zwei Wochen stattfinden, wenn nötig sogar wöchentlich. Mit der Zeit wird sich euer Umgang mit Konflikten ändern, auch wenn ihr euch nicht mehr starr an diese Vorgaben haltet. Die neu entstandene Nähe wird auch eure Sexualität erfrischen. (Wenn nicht, solltet ihr es zum nächsten Thema machen.)

Von der unerfüllten Befriedigung ist es nur ein kleiner Schritt zur Ersatzbefriedigung. Einerseits sehnst du dich nach Liebe und Sexualität, du hast aber gleichzeitig Angst davor. Du wünschst dir, das süße Leben und süße Sachen zu genießen, bist aber durch deine Angst unfähig, die Liebe anzunehmen und in dich hineinzulassen. Als Ersatzbefriedigung lässt du die Schokolade in deinem Mund zerschmelzen, lutschst an weichen Karamellbonbons und verdrehst dabei die Augen vor Genuss. Du lässt die Süßigkeiten in deinen Körper hineingleiten und nimmst sie in deinen Bauch auf, bis sie dich mit ihrer highmachenden Wirkung ganz erfüllen. All das, was deine Lippen machen, möchten eigentlich deine Schamlippen erleben. Nicht zufällig finden wir hier das gleiche Wort. Die orale Lust ist eine nach oben verlagerte sexuelle Lust.

Einer der größten Sexblocker sitzt im Kopf. Häufig sind mit dem Thema Sex unbewusste Gedanken und Gefühle aus frühkindlichen Erfahrungen verbunden. Dies muss nicht Missbrauch sein, sondern es können einfach abstoßende Erlebnisse oder andere unangenehmen Erfahrungen gewesen sein. Vielleicht hast du auch die ablehnende, prüde oder verurteilende Haltung eines Elternteils dem Thema Sex gegenüber unbewusst übernommen.

➤ *Aufgabe: Was denkst du über Sex?*

Frage dich, welche Gedanken und Empfindungen das Thema Sex in dir auslöst? Wie wohl fühlst du dich in deiner Haut? Wie wohl oder unwohl fühlst du dich nackt mit einem anderen Menschen? Welche Haltung hatte deine Mutter zu Sexualität? Welche dein Vater? Welche Art von Sex, glaubst du, hatten deine Eltern? Was findest du davon bei dir wieder? Was, glaubst du, denken oder dachten deine Mutter/dein Vater über dich und deine Sexualität? Welches waren deine schönsten und welches deine schlechtesten Erfahrungen mit Sexualität? Wie war dein »erstes Mal«? Was macht dir am meisten Angst? Wollen Männer immer nur das Eine?

Schau dir mutig an, wie du dir dein Leben heute aufgrund deiner Erfahrungen, Ängste, Prägungen und Glaubenssätze eingerichtet hast. Willst du etwas ändern? Was? Wie? Konfrontiere dich in dieser Woche damit, wann und wie du deine Geschlechtlichkeit vermeidest. Zum Beispiel sind Kopfschmerzen oft das Mittel, Sex zu vermeiden, dabei hilft gerade Sex bei Kopfschmerzen (altes Hausrezept). Auch Schweißausbrüche und Hitzewellen sind ein Hinweis darauf, dass die Betroffenen zu wenig Sex haben. Was erregt dich? Kannst du das mit deinem Partner teilen? Schreibe alles auf, wie und warum du Sex vermeidest und was du dir selbst als Therapie dagegen verordnen würdest. Realisiere erste kleine Änderungen.

7. Schritt: Ehrlichkeit statt Selbstbetrug

➤ *Aufgabe: Mach dich schön*

Eine weitere Aufgabe in dieser Woche ist, dich so oft du möchtest, richtig schön und anziehend zu machen, ganz ohne Anlass, einfach so, nur für dich. Zeige dich dann als Frau/als Mann im Außen. Begib dich mit dieser Haltung in die Welt. Wenn du als Mann zu deiner Sexualität stehst, fühlt sich diese Haltung an wie: »Ich kann alle Frauen rumkriegen.« Als Frau erlebst du dich wie: »Alle Männer sind hinter mir her.« Das ist in Ordnung, auch wenn sich dieser Urtrieb in Worten ausgedrückt etwas plump und peinlich anhört. In deiner sexuellen Energie zu stehen ist, als würdest du einen Schalter umlegen. Du bist wie ein riesiger Magnet auf Anziehung gepolt. Wie fühlt sich das für dich an?

Kontrolle und Kontrollverlust

Sowohl in der Zuckersucht als auch in der Sexualität bist du mit dem Thema Kontrollverlust konfrontiert. Du hast beim Essen von Zucker die Kontrolle verloren. Statt die Kontrolle beim Sex zu verlieren, verlierst du sie beim Zucker. Orgasmusschwierigkeiten liegen oft darin begründet, dass der/die Betreffende sich nicht richtig unkontrolliert fallen lassen kann. Starkes Übergewicht ist oft gekoppelt an eine sexuelle Inaktivität oder zumindest an die Schwierigkeit, sexuelle Befriedigung erfahren zu können. Übergewichtige Menschen leiden häufiger als andere an Frigidität oder Impotenz.

Im Moment des Orgasmus kannst du keine Kontrolle mehr haben – und das kann Angst auslösen. Bei vielen körperlich starken Reaktionen ist der Kontrollverlust an eine unangenehme Erfahrung gekoppelt (Ohnmacht, Erbrechen und Durchfall, Krämpfe und Schmerzen, Wehen). Die Körperreaktionen, die wir nicht kontrollieren können, spüren wir kaum (Herzschlag, Atmung, Verdauung). Da unsere Sexualorgane direkt bei den Ausscheidungsorganen liegen, kann eine strenge »Sauberkeitserziehung« auch eine Ursache für das Bedürfnis nach Kontrolle sein. Dass Sex eine positive Erfahrung von Kontrollverlust ist, muss dann erst erlernt werden.

Wenn du mit dem Thema Kontrolle und Kontrollverlust zu tun hast, solltest du Situationen suchen, in denen du dich gehen lassen kannst und die dir gleichzeitig Freude machen. Du könntest zum Beispiel wild tanzen, laut bei guter Musik mitsingen, rumalbern, Achterbahn fahren, dich verkleiden und spielerisch in andere Rollen schlüpfen oder einfach »Fünfe gerade sein lassen«. Manchen Menschen fällt das sehr schwer. Das kann darin begründet liegen, dass die Angst besteht, bei Kontrollverlust eher negative Verhaltensweisen auszulösen, wie Zügellosigkeit, Hysterie, Wahnsinn und Raserei. Findest du etwas davon bei dir?
Schreibe darüber, und stelle dir selbst eine Aufgabe. Du bist dein eigener Therapeut, der am besten weiß, was helfen könnte. Verordne dir eine selbsterfundene hilfreiche Aufgabe, um Schritt für Schritt Kontrollverlust zu erlernen.

Bewegung

Es ist wichtig, dass du für regelmäßige Bewegung an der frischen Luft sorgst. Wenn du jemand bist, der schon lange keinen Sport mehr getrieben hat, solltest du erforschen, welche Ursachen das hat. Häufig ist eine unbewusste Blockierung die Ursache dafür, dass du den Spaß daran verloren hast. Als Kind hattest du sicherlich Spaß an Bewegung. Erforsche, wann und warum dir die Freude daran abhanden kam. Sieh dir auch die Gewohnheiten deiner Familie an. Was wurde dir vorgelebt? Welche Bewegungsart hat dir immer sehr viel Spaß gemacht?

Wenn du deine Blockierungen erkannt hast, ist der nächste Schritt, ganz langsam wieder mit etwas sportlicher Betätigung zu beginnen. Wichtig ist, dass es dir wirklich Spaß machen sollte. Probiere mutig

7. Schritt: Ehrlichkeit statt Selbstbetrug

etwas Neues aus, wenn du nicht genau weißt, was dir Freude bereitet. Vielleicht entdeckst du Rudern oder Inline-Skaten als deine Lieblingsbewegungsart oder irgendetwas, was du noch nie gemacht hast. Im Grunde weißt du ja, dass es dir mit etwas Bewegung viel besser geht. Sei auch hier dein eigener Lehrmeister und Therapeut. Falls du ein Sporthasser bist, sind vielleicht Spaziergänge das Richtige für dich. Halte dich so oft du kannst in der Natur auf. Die Natur hat eine sehr heilsame Wirkung auf alle Bereiche – Körper, Geist und Seele.

Deine Talente

Im 3. Schritt hast du dich mit den Blockierungsmechanismen beschäftigt, die mit deiner Kreativität zu tun haben. Inzwischen sind einige Wochen vergangen, und du kannst das Thema noch einmal berühren. Meistens braucht man mehrere Anläufe, bis sich wirklich grundlegend etwas ändert. Bei dem Themenkomplex »Talent und Kreativität« lohnt es sich, öfter hinzusehen, um das Rad in Schwung zu halten. Hast du deine Talente schon entdeckt und etwas daraus gemacht? Selbst ein ganz kleiner Mäuseschritt in die Richtung, dein Talent zu entfalten, ist ein wichtiger Schritt zur Heilung. Es ist ein Irrglaube, dass du Riesenschritte machen müsstest. Schau dir noch einmal deine Talente an!

Jeder Mensch hat ein besonderes Talent, meist sogar mehrere Talente. Marlo Morgan berichtet in ihrem beeindruckenden Buch _Traumfänger_, was sie mit den australischen Aborigines erlebte: »_Wir sprachen auch über amerikanische Geburtstagstorten mit ihrem süßen Zuckerguss. Ihre (die der Aborigines) Analogie für den Zuckerguss fand ich besonders beeindruckend. Er symbolisiert für sie, wie viel Zeit die ›veränderten Menschen‹ (alle, außer den Aborigines) in ihrer hundertjährigen Lebensspanne damit verbringen, künstlichen, oberflächlichen, vergänglichen, rein dekorativen und_

Frei von Zuckersucht

versüßenden Dingen nachzurennen. Aber um uns selbst und unser ewiges Wesen zu erkennen, haben wir kaum eine Minute übrig.«

Und an anderer Stelle: »Nachdem das Spiel beendet war, fragte mich einer der Männer, ob es bei uns tatsächlich Menschen gäbe, die ihr ganzes Leben lang ihr eigenes, gottgegebenes Talent nicht erkennen ... Es stimmte, dass viele ›Veränderte‹ glaubten, kein besonders Talent zu besitzen, und dass sie sich erst im Tod Gedanken über den Sinn ihres Lebens machten. Da stiegen diesem Mann Tränen in die Augen. Er schüttelte ungläubig den Kopf, denn er konnte sich kaum vorstellen, dass so etwas möglich war. ›Warum können die 'Veränderten' nicht erkennen, dass es eine gute Tat ist, wenn ich einen anderen mit meinem Lied glücklich mache? Einem einzigen Menschen zu helfen ist eine gute Tat.‹«

Was ist dein besonders Talent? Was ist der Sinn deines Lebens? Was ist deine Aufgabe? Diese wichtigen Lebensfragen sollten dich so lange beschäftigen, bis du die Antwort weißt. Dein besonderes Talent zu entdecken, gehört zu den Lebensaufgaben, die du hast.

Wenn du zu denen gehörst, die ihr Talent noch nicht entdeckt haben, dann solltest du in deiner Kindheit und Jugend forschen. Warst du handwerklich geschickt, oder hattest du Spaß in sprachlich-künstlerischen Bereichen? Warst du ein Unterhaltungskünstler oder ein Organisationstalent? Konntest du gut lernen, planen, rechnen, dich orientieren oder dich bei einer Sportart gut bewegen? Welches waren deine Lieblingsfächer in der Schule?
Was gab es in deiner Kindheit und Jugend, was du gerne gemacht und irgendwann aufgegeben hast? Hattest du eine besondere Neigung, ein Hobby? Hast du einen Berufswunsch gehabt, den du irgendwann aufgegeben hast? Hast du vielleicht ein Instrument gespielt und dann abgebrochen? Schau dir auch an, was du heute gut kannst und gerne machst. Bist du vielleicht ein guter Zuhörer, oder hast du einen »grünen Daumen«? Was sind deine Hobbys?

7. Schritt: Ehrlichkeit statt Selbstbetrug

Wenn du herausgefunden hast, was dir richtig Freude bereitet, dann vertiefe diese Tätigkeit. Wenn du dein Hobby nicht nur halbherzig sondern mit Intensität und Leidenschaft betreibst, ist es kein Hobby mehr, sondern viel mehr als das. Es beflügelt dich, und du kannst es als eine Quelle der Kraft, Inspiration und Freude nutzen.

Irgendwo schlummert mit Sicherheit eine Reihe von Erfahrungen in dir, bei denen du dich spielerisch und kreativ gefühlt hast und die du gerne weiter ausüben würdest, wenn ... Dieses WENN musst du erforschen. Meist ist der folgende Satz nach diesem »Wenn ...« diejenige Blockierung, die dich vor Jahren davon abgehalten hat weiterzumachen.

Was fiel dir eben spontan beim Durchlesen des letzten Absatzes ein? Wie lange ist es her, dass du das gemacht hast? Deine Talente zu leben ist eine Quelle der Freude. Lass sie fließen!

Etwas zu lernen ist immer abenteuerlich, und es ist nie zu spät. – Wie hört sich das für dich an? Wahrscheinlich kannst du es grundsätzlich bejahen. Aber kannst du es auch bejahen in Bezug auf dein Talent, in Bezug auf deine Begabungen, in Bezug auf das, was du so gerne leben würdest? Um herauszufinden, was dich blockiert, musst du dir die Sätze ansehen, die als Einwände in deinem Kopf heranwachsen, wenn du folgende Sätze beendest:

»Wenn ich mein Talent leben würde, dann müsste ich ...«
Zum Beispiel:

> »... meine Familie verlassen.
>
> ... einen Kredit aufnehmen.
>
> ... mich egozentrisch verhalten.
>
> ... zu viel für mich ausgeben.«
>
> Und so weiter.

»Wenn ich meinen Begabungen folgen würde, dann müsste ich ...«
Zum Beispiel:

»... unabhängig sein.

... mehr Geld haben.

... jünger sein.

... unverheiratet sein.

... die Kinder aus dem Haus haben.

... mehr Platz haben.«

Und so weiter.

»Wenn ich Kurse in dem Bereich meines Interessengebietes belegen würde, dann würde/müsste ich ...«
Zum Beispiel:

»... weit fahren.

... lange von zu Hause weg sein.

... viel Geld haben.«

Und so weiter.

»Meine Eltern fänden das ...«

»Mein Mann/meine Frau/meine Familie würde/n dann ... denken/machen.«

Schau dir die Wenn-dann-Sätze an. Sie sind immer sehr aufschlussreich, um zu sehen, wo deine Blockaden sitzen.

➤ *Aufgabe: Eigene Aufgaben*

In dieser Woche hast du bestimmt bemerkt, dass einige Aufgaben dich mehr in deine Selbstverantwortung gebracht haben. Du sollst

7. Schritt: Ehrlichkeit statt Selbstbetrug

nun verstärkt dazu übergehen, dir selbst für die Lebensbereiche, mit denen du arbeiten möchtest, Aufgaben auszudenken. Wenn du dieses Zuckersuchtprogramm in einer Gruppe durchführst, ist jetzt der Zeitpunkt gekommen, deine Freunde aus dieser Gruppe zu bitten, sich Aufgaben für dich auszudenken. In dieser Woche sollte diese Aufgabe sich darum drehen, deine verborgenen Wünsche und Neigungen in Bezug auf deine Talente aufzuspüren und zu aktivieren. Deine Wenn-dann-Blockierungen wirst du schnell als Unwahrheit entlarven können. Bedenke: Jeder hat ein Talent. Nimm deine Neigungen ernst! Jetzt ist es an der Zeit, dein Talent weiter zu entfalten.

Dein Talent und deine Kreativität haben viel mit Sexualität zu tun. Es sind Kräfte, die, genau wie die Sexualität, durch Zucker betäubt werden. Wenn du ein kreativer Zuckersüchtiger bist, kennst du die Situation, dass die kreative Kraft stark absackt, sobald du Zucker gegessen hast. Die einlullenden Eigenschaften des Zuckers lassen dich dumpf und unkreativ werden. Jetzt, in der siebten zuckerfreien Woche, solltest du die freiwerdende Kraft, die nicht mehr durch Zucker gebremst wird, in neue, gute Bahnen leiten. Spüre deine verborgenen Talente auf, und sei kreativ!

8. Schritt:

Ein gewisses Unglücklichsein

Belohnung · Kummer und Schmerz · Liebesersatz · Sehnsucht
Synchronizität · Angst · Isolation und Einsamkeit
Ausdehnung · Absturzgefahr · Zeithürden · Aragorns Antwort

In diesem Kapitel wird der Fokus auf die unangenehmen Gefühle gelenkt, die dich ständig begleiten. Es gibt Grundgefühle, die den ganzen Tag über anwesend sind. Sie sind so präsent wie die Luft zum Atmen, so dass du sie schon kaum noch bemerkst. Ich nenne die Summe dieser Gefühle »ein gewisses Unglücklichsein«. Meist sind es mehrere Gefühle, die sich wie viele Fäden zu einem Knäuel verheddert haben. Durch Schreiben kannst du das Gefühls-Chaos-Knäuel entwirren und dir die einzelnen Fäden ansehen. Jeden Tag ein wenig an den Knoten zu arbeiten, bewahrt dich davor, dass sich dein gewisses Unglücklichsein mit einer langsam kriechenden Unzufriedenheit paart. Denn zusammen ziehen diese beiden dich in einen solch unangenehmen Gemütszustand, dass du gefährdet wärst, wieder in einen Rückfall abzugleiten.

Durch das Schreiben kommst du zwangsläufig in die tägliche Reflexion der Frage: »Wie geht es mir jetzt gerade?« In den seltensten Fällen bist du rundum zufrieden und glücklich. Irgendetwas scheint immer zu deinem vollkommenen Glück zu fehlen. Durch die stimmungsaufhellende Wirkung des Zuckers hast du deine Alltagsrealität bisher verdrängt. Du hast deine Unzufriedenheit und deine Sehnsucht nach Glück nicht mehr gefühlt.

Diese Grundsehnsucht trägt jeder Mensch in sich. Wir sehen uns alle nach immerwährendem Glück. Leider ist dieser Zustand hier auf Erden selten zu finden. Ein Esoteriker würden sagen: Solange du nicht erleuchtet bist, fehlt immer irgendetwas. Das ist leider völlig normal und muss ausgehalten werden. Immerwährendes Glück ist hier (in dieser Welt bzw. in diesem Bewusstseinszustand) nicht zu finden.

Was jedoch erreichbar ist, ist Frieden. Im Frieden zu sein, auch mit deinem Unglücklichsein, deiner Frustration, deiner Wut, deiner Verwirrung, deiner Hilflosigkeit, deiner Scham, deiner Erschöpfung, deiner Trauer, deiner Angst oder deiner Einsamkeit, ist eine wunderbare Befreiung und ein großer Schritt in Richtung Glücklichsein. Für Zuckersüchtige bedeutet das, sich nicht weiter mit Zucker zu betäuben, sondern die Emotionen und Gedanken zuzulassen, die da sein wollen.

In dem Buch *Der Schimmelreiter* von Theodor Storm entwickelt die Hauptperson Hauke Haien den kühnen und genialen Plan, einen neuen Deich mit einem sanfteren Abfall zur Seeseite zu bauen, der besser vor Sturmfluten schützen und dem Meer viel Land abgewinnen soll. Die Wellen laufen auf diesem neuen, langgestreckten Profil sanft aus und verlieren dadurch ihre zerstörerische Kraft. Anhand dieses Beispiels kannst du dir bildlich vorstellen, wie bei bestimmten Ereignissen die Emotionswellen wie ein aufgewühltes Meer auf dich einstürmen. Üblicherweise baust du einen Schutzwall dagegen (meist ein Panzer aus Zuckersuchtpfunden). Es entsteht ein heftiger Kampf in deinem Gemüt, da die Wellen mit ihrer Kraft auf eine Gegenkraft stoßen und nicht frei fließen können.

In Frieden zu sein bedeutet, einen Hauke-Haien-Deich zu bauen, das heißt, die Emotionswellen sanft auslaufen zu lassen, ohne

8. Schritt: Ein gewisses Unglücklichsein

Widerstand und ohne Blockade. Es sind die gleichen Wellen, aber sie sind nicht mehr zerstörerisch. Im Frieden zu sein bedeutet nicht, dass du immer glücklich bist, aber du bist im Frieden mit allen Wellen, die kommen und gehen, egal, ob sie freudig sind oder schmerzvoll. Du wehrst dich nicht mehr dagegen. Du schottest dich nicht ab, sondern lässt den Emotionen ihren natürlichen Lauf.

Doch bevor du dich an die Arbeit machen kannst, einen Hauke-Haien-Deich zu bauen, musst du das unbewusste Gefühls-Chaos-Knäuel entwirren, das dich oft im Zustand des »gewissen Unglücklichseins« hält. Dieser Zustand ist dadurch gekennzeichnet, dass du »irgendwie nicht glücklich bist«: eine Prise nagender Unzufriedenheit, ein kleines Quäntchen Traurigkeit, ein unbestimmtes Gefühl von Verwirrung, weil du nicht weißt, was du willst, und ein Spritzer unerfüllter Sehnsucht mischen sich zu einem Cocktail. Meist kommen noch ein paar Zutaten dazu. Lass uns die Zutatenliste genauer untersuchen!

Belohnung

Nach einem schweren Arbeitstag oder einer anstrengenden Woche, nach einer erfolgreichen Prüfung oder bei feierlichen Anlässen verwöhnst und belohnst du dich mit etwas, meist mit gutem Essen. Essen ist als krönender Abschluss zu einem tiefverwurzelten Ritual geworden. Als Zuckersüchtige nimmt dieses Sichbelohnen oder das Sich-etwas-Gutes-Tun allerdings krankhafte Ausmaße an. Wie eine Endlosschleife spielt im Gehirn der Slogan »Gönn dir was Gutes«, und du assoziierst sofort Süßigkeiten damit. Unter dem Vorwand, dir etwas Gutes zu gönnen und dir Genuss zu verschaffen, konsumierst du tagtäglich Zuckerberge. Du verdrängst dabei, dass es nicht wirklich einen Anlass dazu gab. Eigentlich isst du den Zucker vorwiegend wegen seiner betäubenden Eigenschaften. Die Süße lullt dich ein und gaukelt dir eine heile Welt vor.

Was ist denn nun der wirkliche Lohn nach getaner Arbeit? Jedes Tun trägt einen daraus resultierenden Lohn in sich. Bei der Prüfung ist es das Zeugnis, nach einem Arbeitstag wartet der Feierabend, nach der anstrengenden Woche das Wochenende. Aber warum genügt der selbstverständliche Lohn nicht? Wieso glaubst du, dass dir täglich eine Extraportion Belohnung und Genuss zusteht? Da Belohnung viel mit Anerkennung zu tun hat, solltest du dich fragen, für was du nicht angemessen belohnt und anerkannt worden bist (früher und heute). Und frage auch, für was du dich selbst nicht angemessen anerkennst und belohnst. Warum musst du dir täglich die »kleinen Freuden des Alltags« gönnen? Was war so schwer zu ertragen oder so anstrengend, dass du das Bedürfnis nach Belohnung hast? Was macht dich so sauer in deinem Leben, dass du solche Unmengen Süßes brauchst? Wann ist eine Belohnung angemessen, und auf welche Weise könntest du dich dann belohnen?

Häufig haben auch alte Erziehungsmuster dazu beigetragen, dass Belohnungen mit Süßigkeiten verknüpft wurden. Am Extremsten ist dies bei den sogenannten »Trösterle« zu sehen oder bei dem »Betthupferl«, was an artige Kinder verteilt wurde. Hier musst du deine Erinnerung durchsuchen, ob alte Muster bestehen, die dich heute noch beeinflussen. In welchen Situationen brauchst du ein »Trösterle«? Auf welche Weise könntest du dir auf andere Weise Trost verschaffen?

Denke dir etwas aus, was nichts oder nicht viel kostet und was du als Belohnungs- oder Trostersatz praktizieren könntest. Vielleicht magst du ja schöne Ölbäder, oder du liebst Theateraufführungen. Vielleicht genießt du es, einen alten Baum zu besuchen, oder du verwöhnst dich gerne mit schöner Kosmetik. Vielleicht liegst du gerne in der Hängematte mit einem Buch oder trinkst gerne einen guten Kräutertee. Vielleicht liebst du es, massiert zu werden oder gehst gerne zum Friseur.

8. Schritt: Ein gewisses Unglücklichsein

Suche dir etwas aus, was du jedes Mal wie ein Ritual praktizierst, wenn eine Belohnung ansteht. Suche kleine Belohnungen für den Alltag und besondere Belohnungen für besondere Anlässe. Sieh es wie eine Art der Umprogrammierung an. Mit der Zeit wird sich das Bedürfnis nach einer oralen Befriedigung lösen.

Das gewisse Unglücklichsein kann auch noch andere Ursachen haben, zum Beispiel Langeweile, Midlife-Crisis, Wechseljahre, hormonelle Schübe vor der Periode, Energiemangel oder dauerhaft belastende Lebensprobleme wie Existenzangst, unverarbeitetes Betrogenwordensein, deine Berufung nicht kennen, Stress, Angst vor Krankheit und Tod oder aufgestaute Verlustgefühle.

➤ _Aufgabe: Die Fäden entwirren_

Zeichne wieder vier Skalen von 1 bis 10 wie im 2. Schritt, und sortiere alle unterschwellig auf dir lastenden Dauerthemen, die dich wie eine chronische Krankheit begleiten, in die vier Skalen der Lebenssäulen ein.

Gesundheit: Gibt es irgendwelche chronischen Krankheiten oder Mangelerscheinungen? In welcher Phase bist du gerade hormonell? Wie viel Energie hast du? Bist du wetterfühlig? Hast du das Gefühl, dass eine Krankheit sich anbahnt? Kannst du gut schlafen? Hast du Stress?

Wohnen und Wohnumfeld: Liebst du dein Zuhause? Hast du einen Ort des Rückzugs? Wohnst du gerne da, wo du wohnst? Kannst du gut schlafen? Hast du genug Schlaf? Magst du dein Wohnumfeld? Machst du es dir gerne zu Hause gemütlich? Was müsste dringend renoviert, repariert oder erneuert werden?

Beziehungen und Familie: Hast du mit jemandem Streit? Hast du ungeklärte Beziehungssituationen? Wie ist dein Verhältnis zu deinen Eltern? Gibt es belastende familiäre Themen? Wie bewertest du dein Sexualleben? Gibt es schwelende Konflikte mit Arbeitskollegen, Freunden, Nachbarn oder anderen? Trägst du an einem Kummer?

Arbeit und Geldverdienen/Beruf: Hast du Geldsorgen und Existenzängste? Hast du das, was man einen sicheren Arbeitsplatz nennt? Arbeitest du in dem Beruf, der dir Freude macht? Kann sich dein
Potenzial entfalten? Hast du dich schon um deine Altersversorgung
gekümmert? Verdienst du dein eigenes Geld, so dass du unabhängig
bist? Hast du Schulden? Gibt es unerledigte Arbeiten, die du seit langem vor dir herschiebst?

Sicherlich wirst du bei vielen Punkten »unerledigte Geschichten«
und »Baustellen« bemerkt haben. Es ist wichtig, dir zu verdeutli-
chen, dass eine gewisse Dauerbelastung auf dir liegt, die zu dem gewissen Unglücklichsein führt. Doch wie bei einem verhedderten
Knäuel brauchst du auch hier nur bei *einem* Faden anzufangen. Du
arbeitest dich langsam an einem Faden vorwärts. Die gute Nachricht
ist, dass sich auch andere Knoten lösen, sobald du mit der Arbeit
an einem Faden beginnst. Denn meist sind unsere Lebensthemen
miteinander verwoben und verknotet wie ein verheddertes Knäuel,
das heißt: Wenn du einen Knoten löst, betrifft das gleich mehrere
Fäden.

Durch das Schreiben wird dir sicherlich aufgefallen sein, dass es an
jedem Tag ein Hauptthema gibt, das als Problemthema ins Bewusstsein drängt. Manchmal hält so ein Thema nur einen Tag, manchmal
viele Wochen. Oft jedoch schreibst du einige Tage über ein Thema,
das nach und nach verblasst oder gelöst wird und dann von anderen
Themen abgelöst wird. Und irgendwann bist du wieder an den gleichen Themen dran, wie auf einer Spirale. Dieselbe Aussicht kommt
wieder, du siehst sie nur aus einer anderen Perspektive.

Jedes einzelne Thema, das zu deinem gewissen Unglücklichsein bei-
trägt, wirst du irgendwann durch Schreiben in deinem Spiralengang
bearbeiten. Themen tauchen auf, werden beleuchtet und verblassen
wieder, bis sie wieder auftauchen und neu beleuchtet werden. Lass
dich nicht durch die Fülle der unerledigten Themen entmutigen.

8. Schritt: Ein gewisses Unglücklichsein

Der Weg zur Entwirrung des Knäuels geht Schritt für Schritt, und du bist auf diesem Weg. Mit einigen Knoten des Gefühls-Chaos-Knäuels werden wir uns jetzt gesondert beschäftigen.

Kummer und Schmerz

Die betäubende Wirkung von Zucker ist auf Säuglingsstationen wohlbekannt. Bei bevorstehenden Schmerzen, wenn zum Beispiel bei einem Frühchen oder einem Neugeborenen ein Tropf gelegt werden muss, wird dem Baby eine zwanzigprozentige Glukoselösung auf einem Wattetupfer in den Mund geschoben. Eine fünfprozentige Lösung wäre isotonisch, also der Körperflüssigkeit gleich, daher schmeckt die zwanzigprozentige Glukoselösung süß. Diese Zuckerlösung beruhigt das Kind und betäubt den Schmerz des Tropfanlegens. Die Stationsschwestern haben gute Erfahrungen mit diesem Mittel gemacht: Zucker ist ein Schmerzdämpfer.

Zucker dämpft aber nicht nur den körperlichen, sondern insbesondere den psychisch-seelischen Schmerz. Die meisten Ursachen von Kummer und Schmerz sind vorwiegend in zwischenmenschlichen Beziehungen zu finden. Liebeskummer, Trennungsschmerzen, ungelöste Differenzen... Die Skala reicht von einem »Sich-nicht-verstanden-Fühlen« bis hin zum Verlust eines geliebten Menschen. Im Volksmund weist das Wort Kummerspeck darauf hin, dass Kummer ein Zustand ist, in dem du ein starkes Verlangen nach oraler Befriedigung erleben kannst.

Interessant, was das Thema Schmerz angeht, ist die Ausführung von Eckhart Tolle. Er beschreibt, dass es einen kollektiven Schmerzkörper der Frauen gibt, der durch den Schmerz aller Frauen gebildet wurde. Frauen haben durch ihre körperliche Unterlegenheit über Jahrhunderte viel Unterdrückung und viele Schmerzen erlitten. Diese Erfahrungen sammeln sich nach Tolle zu einer kollektiven, astralen Kraftwolke. Wenn eine Frau ihre Periode bekommt, dann kommt sie mit diesem kollektiven Schmerzkörper in Kontakt. Oft erleben Frauen vor ihrer Periode eine Zeit tiefster Traurigkeit. Ohne Grund überfällt sie eine Welle der Depression.

In den Wechseljahren kann sich dieses Phänomen extrem steigern. Die meisten Frauen kennen diese undefinierbare Traurigkeit durch ihren monatlichen Zyklus. Sie werden zickig oder brechen unbewusst eine Streit vom Zaun, nur um einmal wieder richtig weinen zu können. »Oimol im Monat müsset se hoile« (Einmal im Monat müssen sie heulen) sagen Männer in Süddeutschland über ihre Frauen, weil sie die Kombination von Traurigkeit und Periode jeden Monat erleben. Für eine Frau ist es hilfreich zu wissen, dass dieser unbenennbare Schmerz, der in dieser Zeit von ihr Besitz ergreift, aus dem kollektiven Schmerzkörper aller Frauen besteht. Es ist sehr befreiend zu wissen, dass die Ursache für diesen Kummer nicht in den eigenen Problemen liegt, auch wenn der Gedankenapparat oft unermüdlich nach persönlichen Gründen sucht.

Liebesersatz

In der Liebe erlebst du den Zustand der Verschmelzung. Beim Essen »verschmilzt« dein Körper mit den Nahrungsmitteln. Sie dringen in dich ein und füllen dich aus. Du wirst davon angefüllt, du wirst erfüllt. So wird Essen – und insbesondere Süßes – als Ersatz für ein Einheitsgefühl missbraucht. »Zucker als Liebesersatz« ist ein oft gehörter Satz, der den Zusammenhang von oraler Befriedigung und Zucker sowie Liebe verdeutlicht. Um davon befreit zu werden, Zucker als Liebesersatz zu verwenden, musst du nach einer Liebe suchen, die Körper, Seele und Geist einschließt. Im Zustand des Verliebtseins wirst du völlig befreit von deinem Appetit auf Süßes. Dein ungezügelter Appetit darauf deutet demnach auf einen nicht eingestandenen Wunsch nach Liebe hin.

8. Schritt: Ein gewisses Unglücklichsein

Zuckersucht ist ein Hinweis darauf, dass du seit langem versuchst, deine Sehnsucht nach Liebe alleine zu stillen, ohne andere Menschen, ohne die Abhängigkeit einer nahen Bindung, ohne die Angst vor Verlust. Zucker ist immer verfügbar und kann dich nicht im Stich lassen. Deine Bindung an den Zucker ist wie eine Liebesbindung »auf Ewigkeit« – ohne die Gefahr des Verlassenwerdens. So paradox es klingen mag: Die Abhängigkeit von Zucker macht dich auf einer anderen emotionalen Ebene unabhängig. Du bist unabhängig von der Liebeszuwendung anderer Menschen. Und du weißt, dass du durch den Konsum deiner Lieblingsdroge für einen Moment in einen Zustand kommst, in dem dein Zwiespalt scheinbar aufgelöst wird. Du erhältst ein kurzes, süßes Liebesglück ohne komplizierte, zwischenmenschliche Verstrickungen. Aber der Schein trügt. Schon kurz nach dem High fällst du in das altbekannte Tief und spürst deinen Hunger nach Liebe umso stärker.

Liebe bezieht sich auf viele Themenbereiche und reicht von der körperlichen Erfüllung durch Sexualität über die emotionale Liebe aus dem Herzen zu deinem Partner, zur Familie oder der Heimat bis hin zur seelischen Liebe zu Gott oder dem göttlichen Teil in dir selbst.

Der Hunger nach Liebe geht oft viel tiefer, als wir annehmen. Shirley Bassey singt: »The greatest love of all is happening in me. I found the greatest love of all inside of me.« Hier wird auf einen Zustand hingedeutet, in dem keine äußerliche Situation oder Personen etwas zu deinem Glück beitragen kann. Eckhart Tolle drückt diesen Bewusstseinszustand so aus: »Nichts, was in Zukunft geschehen könnte, könnte besser sein, als dieser Augenblick.«[*]

---

[*] Zitat aus: Eckhart Tolle, _Jetzt! Die Kraft der Gegenwart_, Verlag J. Kamphausen, 2000

Sieh dir an, in welchem Bereich du dich nach mehr Liebe sehnst und gleichzeitig Angst vor dem Ausgeliefertsein hast. Mach dich auf die Suche nach Wegen, die dem Bereich Erfüllung schenken, der bisher unerfüllt geblieben ist.

Sehnsucht

Zucker hat wirklich positive Eigenschaften: Er betäubt den Schmerz und beruhigt das Gemüt. Zucker ist ein wirkungsvoller Stimmungsaufheller. Wie alle Drogen wirkt auch Zucker sofort und bringt Erleichterung. Er gaukelt für einen kurzen Moment eine heile Welt vor.

Aber leider nur für einen kurzen Moment. Ein Schnittchen Glück und ein Quäntchen Trost reichen meist nicht, um deine Sehnsucht zu stillen. Wahrscheinlich hast du unerfüllte Sehnsüchte in allen Bereichen der vier Lebenssäulen. Eine Sehnsucht ist noch stärker als ein Wunsch. Die Worte »suchen« und »siechen« stecken darin, genau wie in dem Wort Sucht, auch wenn die Worte »suchen« und »Sucht« vom Wortstamm her nichts miteinander zu tun haben. Inhaltlich haben sie etwas miteinander zu tun. Sehnsucht ist ein unbefriedigtes, tiefes Verlangen nach jemandem oder nach etwas. Dieses tiefe Verlangen macht dich zum Suchenden.

Du wirst immer wieder erfahren, dass du dir zwar Wünsche erfüllen kannst, dass aber eine unbestimmte Sehnsucht dennoch weiter an dir nagt. Es gibt eine Sehnsucht, die viel tiefer sitzt, als dass die Erfüllung eines Wunsches sie stillen könnte. Wenn du deinen Blick auf diese Sehnsucht lenkst, dann spürst du sogar, dass alle Wunscherfüllung dich nicht anhaltend glücklich machen wird. So kann es sein, das du dieses unbefriedigte tiefe Verlangen zwar spürst, aber nicht genau weißt, wonach du dich eigentlich sehnst. Liebe, Geborgenheit, Vertrauen, Frieden, Zuwendung etc. sind Worte, die du

8. Schritt: Ein gewisses Unglücklichsein

schon tausendmal benutzt und gehört hast und die dennoch nicht den Punkt treffen, wonach du dich sehnst. Fast schon kommen dir diese Worte wie verallgemeinernde Plattitüden vor.

In einer solchen Phase hast du wahrscheinlich einen spirituellen Ruf vernommen. Es ist wichtig für das Seelenheil, einem solchen Ruf zu folgen. Immer wieder wirst du erleben, dass dieser Impuls, der dich zurück in dein »wahres Vaterhaus« ruft, verwandelt und auf diese Welt umgebogen wird. Deine Sehnsucht richtet sich nach kurzer Zeit wieder auf Personen oder Dinge dieser Welt. Aber zwischendurch kannst du den Ruf deutlich als eine Sehnsucht nach einem spirituelleren Leben erfahren. Begib dich auf die Suche nach einer spirituellen Bewegung, nach spirituell interessierten Menschen oder einer Religion, wenn du diesen stillen Ruf vernommen hast. Wir werden alle gerufen. Dein Suchtverhalten zeigt, dass ein großes Suchen in dir vorhanden ist. Süchtige sind Sucher. Mach es dir bewusst, und gehe auf die Suche. Nur so kannst du das finden, was diese spirituelle Sehnsucht stillen kann.

Die ganze Arbeit mit den Lebenssäulen und das ganze Entwirren des Knäuels gehört zum Bereich der Psychologie. Es gibt jedoch einen Persönlichkeitsanteil, der ein dienendes, spirituelles Leben leben möchte. Hier kann dir die Psychologie nicht weiterhelfen, sondern nur Religion, Esoterik oder Spiritualität.

Synchronizität

Inzwischen ist es nicht mehr nötig, dass du vorgefertigte Aufgaben bekommst. Du bist jetzt so weit, dir selbst themenbezogene Aufgaben auszudenken und eigene Wege einzuschlagen, wenn dir ein Thema begegnet, an dem du arbeiten möchtest. Meist entwickeln wir eine Art Magnetismus, wenn wir uns mit einem Thema intensiv beschäftigen, so dass wir wie zufällig an genau die Hilfen gelangen,

277

die wir brauchen. Diese Hilfen können alle möglichen Formen annehmen: ein Buch, das dir quasi »über den Weg läuft«, ein Gespräch, das dir deinen nächsten Erkenntnisschritt bringt, ein Seminar, das gerade an deinem freien Wochenende zu »deinem« Thema angeboten wird ... Diese scheinbare Zufälligkeit nennt man Synchronizität. Der Begriff wurde von C. G. Jung geprägt, der Synchronizität als ein inneres Ereignis verstand, auf das ein zeitlich darauffolgendes äußeres, physisches Ereignis folgt. Dieses Ereignis (du begegnest dem Buch oder Ähnliches) wirkt auf dich wie eine materielle Antwort auf deine innere Frage bzw. wie ein Spiegelbild deines inneren Zustandes. Du erlebst es wie eine Handreichung des Universums: Wenn du einen Schritt tust, kommt dir das Leben mit zwei Schritten entgegen.

Angst

Angst, Sorge und Furcht sind die grundlegendsten Empfindungen, die der Mensch seit Urzeiten in sich trägt. Angst erlebst du im mentalen Bereich. Du stellst dir eine Situation vor, die beängstigend ist. Sorgen kommen aus deiner emotionalen Ebene. Du sorgst dich um Menschen oder deine Zukunft. Sorge ist ein pauschales Grundgefühl, ohne die real erscheinenden Bilder, die bei Angst vor deinem geistigen Auge ablaufen. Furcht erlebst du körperlich: Dir stellen sich die Nackenhaare auf, oder du zitterst vor Furcht, wenn du etwas Unheimliches oder Bedrohliches spürst. Oft überlagern und durchdringen sich diese drei Ebenen.

Die überflüssigen Zuckersuchtkilos sind Ausdruck deiner materialisierten Gefühle, die du nicht angenommen hast, nicht nur Hilflosigkeit, Minderwertigkeitsgefühle und Ohnmacht, sondern auch Wut, Ärger, Trauer, allen voran jedoch die Energie der Angst. Allen unangenehmen Gefühlen liegt Angst zugrunde. Wer seinen Schutzwall aus überflüssigen Pfunden abbauen möchte, muss bereit sein, diese unangenehmen Gefühle ehrlich anzuschauen, anzunehmen und zu verwandeln. Ein Gefühl hat nur ein Bedürfnis: Es möchte gefühlt werden.

Viele Menschen werden unbewusst von ihrer Angst beeinflusst. Sie ist so stark und so allgegenwärtig, dass sie kaum noch wahrgenommen wird. Angst ist eines der Grundgefühle, die allgegenwärtig sein können, ohne bemerkt zu werden. Die größte Angst (und damit auch die größte Verdrängung) ist die Angst vor der Vergänglichkeit. Du machst dir selten klar, dass alles, was dich umgibt, einmal nicht mehr sein wird. Sieh dich um, wenn du durch deine Stadt gehst. Alle Menschen, die du siehst, werden in einhundert Jahren nicht mehr hier sein. In nur fünfzig Jahren ist kaum jemand mehr hier, den du jetzt kennst. Und die Gebäude? Die meisten Gebäude werden höchstens achtzig bis einhundert Jahre alt. Dann werden sie baufällig und abgerissen. Selbst die Bäume im Wald werden in einhundert Jahren fast alle gestorben sein. Alle Dinge, die dich umgeben, alle Menschen, die du liebst, sind in der nahegelegenen Zukunft nicht mehr da – und du selbst auch nicht. Obwohl wir das wissen, tun wir so, als läge unsere eigene Vergänglichkeit in weiter Ferne und das ganze Leben noch vor uns. Das ist ein Indiz für die massive Verdrängung dieses Themas. Dennoch ist das Wissen um den Tod und die Angst davor unterschwellig anwesend und dadurch ein weiterer Faden des Knäuels. Stell dich deiner Angst, damit auch dieses Gefühl gefühlt wird. Nur so kann sich die Angst verwandeln.

Isolation und Einsamkeit

Wenn du stark übergewichtig bist, sind vielleicht auch die Themen Isolation und Einsamkeit präsent bei dir. Sieh dir an, ob du einer der Menschen bist, die einen Panzer aus Pfunden um sich herum tragen. Bei manchen wird die Schutzschicht wegen der »lieblosen Umwelt« aufgebaut. Wenn etwas davon bei dir zutrifft, dann isolierst du dich in der eigenen Isolierschicht, weil Fett isoliert: Wärme kann kaum nach außen verloren gehen, es kommt aber auch keine hinein. Für andere signalisierst du den Wunsch, in der eigenen Burg deine Ruhe haben zu wollen. Wenn Isolation ein Thema von dir ist, dann stelle deinem Mentor die Frage, wie du dich auf andere Art schützen kannst.

Deine Mauer aus Fett deutet darauf hin, dass du vor der Realität ausweichst. Zwischen dir und deiner Umwelt ist ein Wall. Finde heraus, was das für dich bedeutet. Vielleicht musst du lernen, dich im Leben durchzubeißen. Vielleicht ist aber auch das Annehmen einer Lebenserfahrung und das »Verdauenlernen« die Arbeit, die deine Mauer zum Schmelzen bringt. Lerne, dich der Realität zu stellen, statt dich hinter einer Mauer zu verstecken.

Ausdehnung

Dein Leben zu leben ist immer ein Akt der Ausdehnung. Du »entdeckst« Neues, »ent-faltest« dich, du »ent-wickelst« dich weiter, du dehnst dich aus. Jeder große Lebensschritt ist eine Ausdehnung. Übergewichtige Menschen haben manchmal eine unbewusste Angst vor diesem Akt der Ausdehnung. Der sich ausdehnende Leib ist ein Ersatz für die Bewusstseinsausdehnung. Und er ist eine Bremse, die dich schwer und müde macht, träge und erschöpft. Sich selbst immer wieder zu verändern, ist mit einer Portion Arbeit und Kraftanstrengung verbunden, die du vermeidest, wenn du müde, träge und übergewichtig herumsitzt.

Welcher Bereich deines Lebens ruft schon lange nach einer Veränderung? Womit bist du nicht glücklich, unzufrieden, oder worüber bist du frustriert? Was frisst du in dich hinein? In welchem Bereich möchtest du dich ausdehnen?

8. Schritt: Ein gewisses Unglücklichsein

Absturzgefahr

Inzwischen hast du einige Fäden des Gefühls-Chaos-Knäuels, das zu dem gewissen Unglücklichsein führt, in die Hand genommen und angesehen: Kummer und Schmerz, Liebesersatz, Angst, Sehnsucht, Isolation und Einsamkeit. Was passiert, wenn du das gewisse Unglücklichsein nicht bemerkst oder ignorierst? Es wird stärker! Die große Gefahr ist, dass dann ein Absturz droht. In Zeiten des Zuckerkonsums war ein Absturz immer ein unkontrolliertes Fressen von Süßigkeiten. Doch selbst in völliger Zuckerenthaltsamkeit kannst du noch abstürzen: stundenlanges Fernsehen, Chips und Fastfood, Computerspiele oder Ebay, Kaufrausch oder Sonstiges ... Du weißt, dass du abgestürzt bist. Aber du weißt es immer erst hinterher. Der Absturz ist erst spürbar, wenn das High vorüber ist. Oft fühlst du dich dann »gesmashed« wie früher nach einer Zuckerattacke. Sei wachsam! Du bist extrem absturzgefährdet, wenn mehrere Faktoren zusammen kommen.

Gefährliche Kombinationen:

- Stress außen und hormonelles Tief innen

- Selbstmitleid gepaart mit Erschöpfung

- Computer und Chips, Alkohol und Filme (mehrere Konsumdrogen gleichzeitig)

- Hunger und ein gewisses Unglücklichsein

- Traurigkeit und Müdigkeit

- Schreibblockade und eine plötzliche Frustsituation

- eine depressive Stimmung und Einsamkeit

- blockierte Gefühle und ein weiteres Angstthema

- eine Fressorgie, ohne vorher gewappnet zu sein

- körperliche Schmerzen und ein dickes ungeklärtes Thema

Paradoxerweise spürst du die Gefahr des Abstürzens schon vorher, willst sie aber nicht spüren und drückst sie weg. Das gewisse Unglücklichsein ist stetig angewachsen und wurde nicht angesehen. Um diese unangenehmen Gefühle »wegzumachen«, greifst du nach allem, was betäubend wirken könnte (früher war es Zucker). Dummerweise lässt genau das dich dann richtig abstürzen.

Aus diesem Grund sind die drei Säulen des Zuckersuchtprogramms so wichtig: Schreiben zur täglichen mentalen Hygiene, Aufgaben, um Knoten zu lösen, und die Zeit der Fülle, um in einen echten Genuss zu kommen. Wichtig ist dabei, OHNE andere Menschen zur Erfüllung zu kommen. Daher muss die Zeit der Fülle ALLEIN verbracht werden, um zu lernen, alleine für dich zu sorgen, Spaß und Freude und Erfüllung zu erleben, statt alleine zu naschen.

Das ganze Zuckersuchtprogramm kannst du auf einen Satz reduzieren, der genau den Punkt trifft, mit dem du einen neuen Weg einschlagen kannst. Dieser Satz lautet: *Du lernst, mit der eigenen Bedürftigkeit umzugehen und gut für dich selbst zu sorgen.* Das ist das Ziel des Programms. Diese neue Fähigkeit zu entwickeln befreit dich von deinem Suchtverhalten und bewahrt dich vor weiteren Abstürzen.

Zeithürden

Noch kommt dir alles neu und schwierig vor, aber schon in wenigen Monaten wird das Leben im Programm zur Gewohnheit. Durch die zeitlichen Zyklen unseres Weltbildes erleben wir bestimmte Zeitspannen als bedeutsamer als andere. Bei starken Veränderungen der Gewohnheiten erscheint eine Zeitspanne wie eine Hürde, die du genommen hast. Im Zuckersuchtprogramm zu sein ist eine einschneidende Veränderung, ähnlich wie sich das Rauchen abzugewöhnen. Bei jeder Veränderung alter Gewohnheiten passierst du diese zeitlich

8. Schritt: Ein gewisses Unglücklichsein

bedeutsameren Punkte, die »Zeithürden«. Egal, was du neu in deinem Leben einführst, jede dieser Zeithürden wird dir wie die Kuppe eines Berges vorkommen, von der du die Aussicht genießen kannst, bevor du deine Wanderschaft zum nächsten Berg fortsetzt.

1 Tag	Start. Du probierst etwas Neues aus. Du machst es einen Tag lang.
3 Tage	Du hast schon drei Tage mit der neuen Gewohnheit durchgehalten.
1 Woche	Dann erlebst du nach einer Woche, dass du wieder bei dem Wochentag angelangt bist, an dem du angefangen hast.
1 Monat	Und schon ist ein ganzer Monat um.
3 Monate	Nach drei Monaten hat sich fundamental etwas geändert. Du denkst weniger daran, und die neue Gewohnheit wird mehr und mehr zum Automatismus. Drei Monate sind ein richtiger Meilenstein.
½ Jahr	Ein halbes Jahr fühlt sich schon richtig lang an und motiviert dazu, noch ein halbes Jahr weiterzumachen.
1 Jahr	Jetzt erlebst du einen Anflug von Stolz, dass du ein Jahr geschafft hast.
1 ½ Jahre	Wieder spornt dich die Zahl an weiterzumachen.
3 Jahre	Du spürst, dass du »über den Berg« bist.
4 Jahre	Das ist die magische Grenze, die Suchtberater als die Zeit der notwendigen Abstinenz ansehen, um wirklich »über den Berg« zu sein. Dieser Zustand wird als »stabil« bezeichnet.

Rechne immer mit Widerstand aus dir selbst heraus. Es gibt immer einen Persönlichkeitsanteil, der das alles gar nicht will, sondern in den alten Gewohnheiten bleiben möchte. Dieser Anteil wird bei jeder Zeithürde spürbar. Auch die häufig auftretende Situation, kurz vor dem Ziel zu scheitern, gehört dazu. Meist wurde der »Widerstandsgeist« lange verdrängt und bricht sich dann Bahn. Sieh es dir an, und arbeite damit.

Aragorns Antwort

Das gewisse Unglücklichsein ist ein Grundzustand, der immer wieder spürbar ist. Es gibt ein paar Haltungen, die den Umgang damit erleichtern. Zuerst kannst du dich auf den gegenwärtigen Augenblick konzentrieren, und du wirst spüren, dass der Zustand sich auflöst oder zumindest immer unwichtiger wird. Und dann gibt es noch eine Hilfe, die ich »Aragorns Antwort« nenne. In dem Film *Herr der Ringe. Die Rückkehr des Königs* richtet Elrond die Bitte um Hilfe mit den Worten an Aragorn: »Lasse den Waldläufer hinter dir. Schlage den Weg deiner Bestimmung ein.« Aragorn antwortet: »Ich gebe den Menschen Hoffnung. Ich behalte keine Hoffnung für mich.« Aragorn opfert sich für die Menschheit. Alles, was er tut, ist nicht für ihn, sondern für die anderen.

Eine solche Haltung hört sich wie das Gegenteil von dem an, was bisher im Zuckersuchtprogramm als wichtige Entwicklungsschritte dargestellt wurde. Vielleicht kannst du diese anscheinende Widersprüchlichkeit auflösen, indem du differenzierst zwischen der Persönlichkeit und der Seele. Anders ausgedrückt: Es gibt Anteile in dir, die sich auf der materiellen oder sozialen Ebene nach einer Entwicklung und Entfaltung sehnen. Das sind die Anteile deiner Persönlichkeit. Die Seele jedoch geht in eine andere Richtung und findet Erfüllung in einer Haltung, die sich nicht um die Persönlichkeit dreht, sondern die sich in den Dienst der Welt und Menschheit stellt. »Ich behalte keine Hoffnung für mich« – diese selbstlose Opferhaltung ist ein Ideal, das du in vielen Legenden und Geschichten finden wirst, weil es ganz tief in der Seele jedes Menschen etwas anrührt. Der Satz »Es ist nichts für mich, sondern alles für Welt und Menschheit« kann dein gewisses Unglücklichsein von Grund auf verändern. Das ganze Unglücklichsein fällt von dir ab, und plötzlich macht alles Sinn. Probier es aus!

9. Schritt:

Das innere Kind und die Eltern

Ausnahmen · Den Preis bezahlen · Die Eltern · Schutzraum · Eindeutige Trennung · Das Vater-Mutter-Verhältnis · Adoleszenzritual Abschied und Tod · Unterstützung fordern · Ankläger und Angeklagter · Das große Vater-Mutter

Ausnahmen

Wenn du lange genug im Programm lebst, kannst du mit einer gewissen Sicherheit einschätzen, wie viele Ausnahmen du verträgst und wann es gefährlich wird. Jetzt, nach neun Wochen, ist es sicherlich noch viel zu früh dafür. Aber in einigen Monaten wird sich bei dir eine realistische Einschätzung dafür einstellen.

Es gibt zwei Formen von Ausnahmen. Die erste Form ist eine bewusste Ausnahme, zum Beispiel um in einer Gesellschaft nicht unangenehm aufzufallen. Leider entpuppt sich diese Form der Ausnahme oft als Falle. Der Verführer hat viele Tricks auf Lager. Ab und zu gerätst du in Situationen, in denen eine Ausnahme der scheinbar einfachere Weg wäre im Vergleich zum Verzicht. Wenn du zum Beispiel zu einem besonderen Essen eingeladen bist und die Hausfrau einen köstlichen Nachtisch zubereitet hat, fällt es dir schwer, den abzulehnen. Jetzt ist dein Sensorium gefragt. Nach

Wochen und Monaten der Enthaltsamkeit kannst du dir vielleicht eine Ausnahme erlauben, aber nur eine ganz kleine, um die Hausfrau angemessen loben zu können. Achte dabei ganz sensibel auf dich. Wenn du »tierischen Bock« auf den Nachtisch hast, ist Gefahr im Verzug. Du weißt, dass es gefährlich ist, eine Ausnahme zu machen, wenn du plötzlich Lust auf mehr als ein paar Löffel bekommst. Wo stehst du im Programm? Stehst du schon auf sicheren Beinen? Kannst du auch bestimmt am nächsten, übernächsten Tag und den Tagen danach voll verzichten? Kannst du den Zuckerschub im Körper verarbeiten, ohne wieder in einen unkontrollierbaren Jieper zu fallen?

Die zweite supergefährliche Form der Ausnahme ist ein plötzlicher Jieper gepaart mit einem Kontrollverlust. Auch nach vielen Monaten der Enthaltsamkeit weißt du, dass es gefährlich ist, eine Ausnahme zu machen, wenn dich ein plötzlicher Jieper packt.

Aus meiner Erfahrung weiß ich, dass ich mich selbst oft getäuscht habe, nur um eine kleine Ausnahme machen zu können. Inzwischen sind einige Jahre vergangen, und ich kann von mir behaupten, dass ich das Sensorium entwickelt habe, um zu wissen, wie viel Zucker ich essen kann, ohne rückfällig zu werden. Das Ergebnis: Es sind minimale Mengen und nur in absoluten Ausnahmen (etwa drei Mal pro Jahr eine kleine Menge Zucker). Die meiste Zeit lebe ich zuckerfrei.

Dennoch gibt es immer wieder kritische Momente, in denen ich urplötzlich über Süßes herfallen möchte. Auch habe ich Situationen erlebt, in denen ich trotz monatelangem Zuckerverzicht plötzlich – wie in alten Suchtzeiten – heimlich und unkontrolliert etwas Süßes in mich hineinstopfte. Zum Glück endeten diese wenigen Ausnahmen seit langem nicht mehr in einem Rückfall. Durch das Programm weiß ich, dass es immer psychisch schwierige Situationen waren, die einem solchen Kontrollverlust vorangingen. Und inzwischen weiß ich mir selbst zu helfen: Schreiben, Auseinandersetzung mit dem eigentlichen Thema, den inneren Mentor um Beistand bitten und weiter im Programm leben, das heißt: totaler Zuckerverzicht.

Ich weiß, dass ich wahrscheinlich nie einen ganz normalen Umgang mit Zucker haben werde. Aber das Beste ist: Es ist mir nicht mehr wichtig. Vor einiger Zeit habe ich bei einer Feier eine bewusste Ausnahme gemacht, um vor den Gastgebern nicht wieder die ganze Zuckersuchtlitanei herunterbeten zu müssen ... und siehe da: Es schmeckte mir nicht mehr! Die Quarkspeise war für meinen Geschmack viel zu süß, daher ließ ich unauffällig die Hälfte stehen. Vor einigen Jahren hätte die gleiche Quarkspeise mir göttlich geschmeckt. Über diese Entwicklung bin ich sehr froh, denn das ist eine wirkliche Befreiung. Ich verzichte nicht mehr, und ich entbehre nichts mehr, weil mir Süßes nicht mehr so gut schmeckt wie früher. Mein ganzes Geschmacksempfinden hat sich verändert. Ich habe keinen »Kick« mehr dabei. Ich lasse Zucker einfach weg, und es macht mir nichts mehr aus.

Mein Tipp: Probiere es gar nicht erst aus, ob du eine Ausnahme verträgst. Der Körper giert wieder danach, sobald er Zucker bekommen hat. Selbst eine kleine Ausnahme kannst du am nächsten Tag spüren. Und die Gefahr eines Kontrollverlustes ist einfach zu hoch. Das ist es nicht wert.

Den Preis bezahlen

Durch einige Ausnahmen im Lauf der Zeit ist mir etwas aufgefallen: Jedes Mal, wenn ich eine Ausnahme gemacht hatte, kam das Gefühl einer nagenden Unzufriedenheit mit Verzögerung wieder, meist am nächsten Tag. Es war zwar nicht so stark wie in Zeiten meines extremen Zuckerkonsums, aber ich erkannte das Gefühl wieder. Dabei wurde mir bewusst, dass ich es lange Zeit nicht mehr erlebt hatte. Daher möchte ich eine zusätzliche Behauptung aufstellen, die lautet: Die Unzufriedenheit, die dich bisher zum Zucker hat greifen lassen, ist nicht nur die Folge unerfüllter Sehnsüchte und unbearbeiteter psychisch-seelischer Themen, sondern der Zucker selbst löst in der Entzugsphase genau diese Unzufriedenheit und dieses Unerfülltsein aus.

Wie jede Droge hat auch Zucker die Eigenschaft, sofort zu wirken und die Situation zu verändern, besonders deine Befindlichkeit. Zugegeben: Zucker ist ein genialer Stimmungsaufheller. Aber leider musst du für diesen Weg, diese schnelle Abkürzung, einen Preis bezahlen. Und die Abrechnung erfolgt mit Verzögerung. Der Preis für die Hochstimmung ist eine unangenehme Befindlichkeit einige Stunden danach oder am nächsten Tag. Du landest in einem »Tief«, bist emotional im Keller, unzufrieden und unglücklich. Üblicherweise hast du früher in diesem Tief sofort wieder nach Zuckerzeug gegriffen, um diese unangenehmen Befindlichkeiten »wegzumachen«.

Wie oft hast du die Gründe für dein Unglücklichsein im Äußeren, bei dir oder bei anderen gesucht? Es ist befreiend zu erleben, dass sich ein großer Teil der Lebensprobleme allein dadurch entschärft, dass du Zucker weglässt. Was wegfällt ist das quälende Gefühl, das in der Tiefphase auftritt und bei dem man oft irgendwelche persönlichen Probleme für diese unangenehmen Gefühle verantwortlich gemacht hat. Doch das quälende Gefühl ist der Preis, die Folge des Zuckerhighs am Tag zuvor. Dieses unangenehme, quälende Gefühl wird, allein dadurch, dass du auf Zucker verzichtest, wesentlich reduziert, auch wenn deine Probleme bleiben.

Die Eltern

Das Zuckersuchtprogramm baut darauf auf, alle Lebensbereiche zu beleuchten und zu lernen, ungelöste Probleme zu bewältigen, um nicht wieder rückfällig zu werden. Ohne diese psychisch-seelische Arbeit kann dich selbst nach Monaten völliger Zuckerabstinenz ein unerwarteter, urplötzlicher Jieper überfallen, der deine jahrelange Abstinenz und deine verlorenen Kilos gefährdet. Dieser Jieper tritt während oder nach kritischen Situationen auf, obwohl du »längst darüber hinweg« zu sein glaubst. Wie du weißt, ist das ein wichtiges Hinweisschild auf unbewältigte Themen.

Eines der wichtigsten Themen, denen du dich irgendwann stellen musst, ist die Beziehung zu deinen Eltern. Die meisten Menschen haben mit ihren Eltern ungelöste Knoten zu bearbeiten. Daher wird das folgende Kapitel deine Eltern-Kind-Beziehung beleuchten.

In den letzten Jahrzehnten ist es üblich, sich vermehrt mit psychologischen Themen zu beschäftigen. Daher weißt du sicherlich, dass die meisten Menschen in ihren Partnerschaften alte Kindheitsmuster wiederholen. Dennoch ist es oft schwer, in der konkreten Problemsituation diese Parallele zu ziehen, weil die Emotionen überhandnehmen und man zu sehr involviert ist.

Wir erzeugen Situationen, die die alten Muster bestätigen. Ein Beispiel: Wenn du dich und deinen Körper als unattraktiv erlebst, dann sieh dir an, wie alt diese Kränkung ist. Bist du in deiner Kindheit zum Beispiel von einem Elternteil oder sogar von beiden verlassen worden? Das alte Muster des Verlassenwerdens, der alte Schmerz und die alte Kränkung sitzen so tief, dass das Kind in dir geglaubt hat, dass es nicht genügt, so wie es ist, und dass es deshalb verlassen wurde.

Dich selbst unattraktiv zu machen ist ein altes Muster, das du dann lebst, um den Glauben an deine Unattraktivität zu bestätigen. Wenn du dann tatsächlich von deinem Freund oder Mann verlassen wirst, reißt der ganze alte Schmerz wieder auf. Aber im Grunde hast du das Verlassenwerden unbewusst vorprogrammiert. Dies ist ein Akt der unbewussten Selbstheilung, auch wenn es schmerzhaft ist. Durch das Wiedererleben des alten Schmerzes hast du die Chance, einen Teil davon emotional zu verarbeiten, weil es bisher nicht anders für dich zu bewältigen war.

Nicht die Eltern sind schuld oder der Partner, die oder der dir dieses und jenes angetan haben, sondern du bekommst das Übungsfeld, das du brauchst, um alte Wunden zu heilen und einen wichtigen Entwicklungsschritt zu machen. Du erschaffst es dir unbewusst selbst, weil du bestimmte Themenbereiche klären und zur Entwicklung bringen musst ... kurz: weil sie geheilt werden wollen.

Die Umwelt und insbesondere der Partner dienen dir dabei als Spiegel. Sobald du die alten Verletzungen mit deinen Eltern geklärt hast, wird sich auch deine partnerschaftliche Situation zum Besseren wenden. Leider ist es dafür nötig, die Beziehung zu beiden Elternteilen differenziert zu betrachten. Es kann sein, dass du alten Verletzungen, Schmerzen, Schamgefühlen, Überforderungen, Enttäuschungen, Einsamkeits- und Verlassenheitsgefühlen, Wut oder unerfüllten Sehnsüchten begegnest und sie durch diese Auseinandersetzung noch einmal, zumindest im Ansatz, durchleben wirst. Wenn du vor ungeliebten Emotionen nicht mehr davonläufst, wird sich daraus ein heilsamer Friedens- und Vergebungsprozess, insbesondere mit den Eltern, entwickeln.

Schutzraum

Zucker vermittelt das Gefühl, die Welt sei süß. Dieser Beschönigungseffekt durchzieht das Leben eines Zuckersüchtigen. Zuckerzeug dient, kindlich-niedlich ausgedrückt, als »Trösterle«: Alles soll sich süß, weich und angenehm anfühlen. Die unangenehme »Salzigkeit«

und Härte des Lebens wird vermieden. Diese Sichtweise ist eine Regression auf die Kinderebene.

Zucker hat dir bisher einen Schutzraum gewährt. Durch die einlullende Eigenschaft des übermäßigen Zuckerkonsums bist du in ein frühkindliches Verhalten abgeglitten, bei dem du die Notwendigkeit nicht mehr zu spüren brauchtest, eigenverantwortlich und erwachsen mit deinen Lebensproblemen umzugehen. Dieser Schutzraum ist dir nun durch deine Zuckerenthaltsamkeit genommen worden. Du kannst nicht mehr in ein kindliches Verhalten des Zuckerleckens fliehen. Du musst dir einen neuen Schutzraum suchen, in den das verängstigte, verletzte innere Kind im Notfall fliehen kann.

Um diesen Schutzraum zu schaffen, musst du zuerst die drei Anteile – inneres Kind, Erwachsenen-Ich und die Eltern-Anteile – klar voneinander trennen können. Danach kannst du in einem Adoleszenzritual diesen Anteilen den richtigen Schutzraum und den richtigen Platz geben.

Eindeutige Trennung

Um den unbewussten Einfluss, den deine Eltern bis heute auf dich ausüben, deutlich zu erkennen, kannst du folgende Übung machen:

➤ *Aufgabe: Glaubensmuster zuordnen*
Nimm dir eine gute Stunde Zeit und zwei Bögen Papier. Überschreibe den einen Bogen mit »Vater«, den anderen mit »Mutter«. Jetzt beantwortest du folgende Fragen jeweils auf einem Bogen: Welche Glaubensmuster, Bewertungen, Meinungen, Botschaften, Aussagen, Ge- und Verbote, Wünsche, Handlungsweisen und/oder Haltungen gab es von deinem Vater/deiner Mutter in Bezug auf die folgenden Themen? Formuliere ihre Überzeugungen in kurzen, prägnanten Sätzen.

- Intelligenz / Lernen / Berufsausbildung

- Arbeit / Erfolg haben

- Talent entwickeln / Kreativität

- Eigentum / Besitz / Geld / Geld verdienen / Geld ausgeben

- Status / Prestige / Macht

- Sauberkeit / Pünktlichkeit / Ordnung

- Armut und Reichtum

- Sexualität / Lust am Körper haben / Frau oder Mann sein

- Familie / Partnerschaft / Trennung

- Religion

Und nun betrachte ein Thema, das dich eben besonders beschäftigt hat, unter folgendem Aspekt: Wie dachte dein Vater/deine Mutter ÜBER DICH in Bezug auf das Thema? Was wünschte er/sie sich FÜR DICH? Du wirst sehen, dort liegt oft ein Schlüssel, der dir wichtige Erkenntnisse bringen wird.

Ein Beispiel: Du hast vielleicht im ersten Teil herausgefunden, dass dein Vater über Geld und Besitz dachte: »Geld verleiht mir Macht, Prestige, Ansehen und Würde. Ich verdiene viel Geld. Das Beste ist gerade gut genug für mich. Durch Geld bin ich der Boss.« Deine Mutter dagegen dachte: »Ich bin arm, aber gut. Die Armen sind die besseren Menschen, weil Geld den Charakter verdirbt.« In diesem Spannungsfeld bist du aufgewachsen. Doch im zweiten Schritt offenbart sich etwas ganz anderes für dich. Dein Vater wünschte sich für dich: »Du wirst (und darfst) niemals so viel verdienen wie ich, weil es meine Machtposition gefährdet.« Deine Mutter wünschte sich für dich: »Bleib auf meiner Seite, auf der Seite der Guten (Armen), sonst wirst du wie dein Vater.« Klar, dass diese unbewussten Glaubensmuster dich, das Kind, dazu bringen, den Eltern in ihren Vorgaben zu gehorchen und ihnen zu folgen, denn du willst ja ihre Liebe behalten. Du folgst ihnen auch noch heute, indem du nicht so viel verdienst wie dein Vater und auf der Seite der »guten Armen« bleibst wie deine Mutter. Erst wenn du diese Mechanismen durchschaust, kannst du neue Wege finden, um dich von den alten Glaubensmustern zu lösen.

Nicht dein Wunschdenken (»Ich will reich werden«), sondern das, was du glaubst, wird wahr. Diese Übung hilft dir, blockierende Glaubenssätze zu entlarven. Du kannst sie von deiner Festplatte löschen, indem du sie erkennst, in neue Leitsätze umwandelst und durch stetiges Wiederholen speicherst. Du kannst eine Symbiose aus den Grundhaltungen deiner Eltern finden, indem du, um bei unserem Beispiel zu bleiben, lernst, ein guter Mensch ohne verdorbenen Charakter zu sein und dennoch so viel oder mehr Geld als dein Vater zu verdienen, ohne seine Position zu gefährden. Du kannst lernen, deinen Eltern zu vergeben, sie um Erlaubnis zu bitten, dich aus der alten Position zu entlassen, oder deine Rechte einfordern, die dir zustehen. Es gibt viele Wege. Arbeite damit, und denke dir eigene Wege aus, diese Bindungen zu transformieren.

Das Vater-Mutter-Verhältnis

Bei der Bearbeitung der Punkte wirst du wahrscheinlich feststellen, dass deine Eltern in einigen, wenn nicht sogar in vielen Punkten unterschiedliche Auffassungen vertreten haben. Auch wirst du die Einflüsse der elterlichen Haltung in vielen Punkten bei dir wiederfinden. Es ist wichtig, diese eindeutige Trennung zu vollziehen, um ein klareres Bild davon zu bekommen, welchen Einflüssen du über Jahre ausgesetzt warst, und um zu erkennen, wie stark sie dich bis heute prägen. Erst wenn du die Herkunft dieser Glaubensmuster zuordnen und deine Reaktionen darauf beobachten kannst, hast du die Freiheit, aus dem alten Reaktionsmuster auszusteigen.

Ein Beispiel: Vielleicht fällt dir bei der Bearbeitung der Aufgaben auf, wie erschreckend autoritär dein Vater war. Du wusstest es zwar schon, aber das Ausmaß davon wird dir erst jetzt richtig bewusst. Und nun begegnest du in der nächsten Zeit Männern, die in irgendeiner Weise eine Position oder eine Führungsrolle einnehmen und zumindest durch diese Position den autoritären Machtstrukturen deines Vaters ähneln. Es kann der Klassenlehrer deines Sohnes, ein Arzt oder dein Chef sein. Du erlebst plötzlich deutlich, wie sehr die alten Strukturen deiner Kindheit von dir Besitz ergreifen. Vielleicht war dein Verhaltensmuster Einschmeichelei, um Papas Aufmerksamkeit zu bekommen. Vielleicht erkennst du, dass du durch Protest in sein Blickfeld geraten wolltest. Durch das Aufdecken der autoritären Strukturen deines Vaters kannst du nun erkennen, dass jeder Mann, der eine autoritäre Position einnimmt oder bekleidet, in dir sofort den altbekannten Knopf drückt, so dass deine Kindheitsmuster ablaufen (Einschmeicheln oder in eine Protesthaltung gehen). Du reagierst mit dem Kind-Ich-Anteil. Zwar kleidet sich dieser Anteil in eine erwachsene Form, doch hinter deinem vielleicht anbiedernden Verhalten diesem Mann gegenüber steckt das Kind, das »Papa, schau her! Hier bin ich!« denkt. Diese Erkenntnis ist der erste Schritt zur Befreiung aus dem alten Muster.

Unbewusst hast du, um geliebt zu werden und zu gefallen, vieles von deinen Eltern übernommen und klaglos geschluckt. Meist sind brave Kinder, bei denen kein Nein akzeptiert wurde, besonders gefährdet. Sie müssen in einem langen Prozess lernen, ihren Mut zu entwickeln, um andere Menschen in ihre Grenzen zu weisen. Es kann aber auch sein, dass du aus einer Kontrahaltung heraus die gegenteiligen Ansichten vertrittst, die deine Eltern dir vermittelt haben. In diesem Fall ist es wichtig zu reflektieren, warum du die gegenteilige Haltung vertrittst. Kommt deine rebellische Haltung aus der Pubertät? Warum? Steckt ein altes »Nicht-vergeben-Können« dahinter? Wogegen protestierst du in Wirklichkeit? Was musst du schon die ganze Zeit schlucken? Ist dein Protest, die Reibung, die du forderst, eine Suche nach Aufmerksamkeit? Haben alte, unverarbeitete Verletzungen und Schmerzen diese Ablehnung hervorgebracht? Deine Eltern sitzen noch heute als ganz lebendige Teilpersönlichkeiten in dir, und du wirst noch immer von ihren Vorgaben beherrscht.

Es gibt einen guten Indikator, um zu prüfen, ob du mit deinen Eltern »im Reinen« bist: Kannst du dir vorstellen, von deiner Mutter und deinem Vater ein schönes Foto (nicht nur im Passbildformat, sondern gerne in Postkartengröße) mit einem schönen Rahmen an eine Wand in deinem Zuhause zu hängen? Wenn nicht oder wenn du das nur von einem Elternteil könntest, dann ist das ein gutes Indiz dafür, dass du noch etwas zu klären hast. Du solltest dich dann auf die Suche machen, wo du dir Hilfe holen kannst. Eine sehr erfolgreiche Therapiemethode für alle Themen, die die Eltern-Kind-Beziehung betreffen, ist das systemische Familienstellen. (P.S.: Wenn du riesengroße Fotos aufhängen könntest, ist auch etwas im Argen.)

Bei Familienaufstellungen kannst du erleben, dass nicht nur körperliche Merkmale und Charakterzüge, sondern auch unabgeschlossene Lebensthemen oder Familiengeheimnisse vererbt werden. Häufig trägt ein Verwandter in der direkten Erbfolge unbewusst etwas mit sich herum, was einem Vorfahren ein wichtiges Anliegen war. Dieses »geerbte Anliegen« drängt nun den Erben zu bestimmten Handlungsweisen. Durch das systemische Familienstellen können diese Bindungen gesehen und geheilt werden.

Adoleszenzritual

In diesem Abschnitt geht es darum, die drei folgenden Anteile in dir genau voneinander zu trennen und ihnen den richtigen Platz zuzuweisen. In dir ist ein Anteil, den du schon mehrfach als »inneres

Kind« erfahren konntest. Außerdem gibt es die Beeinflussung durch die Elternanteile, wie du in der Aufgabe im Kapitel »Eindeutige Trennung« erleben konntest. Und dann lebt auch noch das »Erwachsenen-Ich« in dir, der erwachsene Persönlichkeitsanteil, der diese anderen Anteile in dir beobachten und einordnen kann.

Nun möchte ich dich einladen, ein Ritual zu vollziehen. Ein Ritual ist eine Hilfe, die eine nonverbale Botschaft an das Unterbewusstsein sendet und enorme Kräfte entfalten und Veränderungen bewirken kann. Du wirst sehen, wie wirkungsvoll diese Art der Arbeit ist. Lass dich darauf ein, auch wenn es dir fremd und ungewohnt erscheinen mag.

Nimm dir etwa zwanzig Minuten ungestörte Zeit. Stelle dir dich selbst in genau dem Alter vor, von dem du denkst und fühlst, dass du in diesem Alter am bedürftigsten warst. Es kann dein eigenes Säuglingsalter sein, es kann aber auch ein Alter von vier oder fünf Jahren sein. Vielleicht ist es das Grundschulalter oder die Zeit in deiner Kindheit, in der sich dir eine bestimmte familiäre Krise eingeprägt hat. Manchmal ist es auch der Übergang in die Pubertät, der als trennende oder als einsame Zeit erlebt wurde. Wenn du dir das Alter vorstellen kannst, in dem du ein bedürftiges Kind warst, dann mache dir ein genaueres Bild. Wie bist du gekleidet? Was für einen Gesichtsausdruck hast du? Welches Kuscheltier oder Schmusekissen versprach Trost? Hattest du einen Ort des Rückzugs? Wo? Wenn du dir dein inneres Kind vorstellen kannst, dann verkleinere es zu einem Däumling, und setze es in dein Herz. Begleite diese Visualisierung mit den entsprechenden Handbewegungen. Stell dir vor, dass dort der Ort ist, an dem es sich geborgen und wohl fühlt. Dies ist der Schutzraum für dein inneres Kind. Du bist als Erwachsener hier und passt auf. Du beschützt und behütest das innere Kind. Du streichelst es und nimmst es in den Arm und flüsterst liebe Koseworte, bis es einschlafen kann. In deinem Herzen ist dein inneres Kind gut aufgehoben.

9. Schritt: Das innere Kind und die Eltern

Und nun wende dich deinen Eltern zu. Durch die Aufgabe der im Kapitel »Eindeutigen Trennung« sind dir vielleicht viele altbekannte Muster aufgefallen, die deine Eltern dir über Jahre vorgelebt haben. Diese immer wiederholten Glaubensmuster, Bewertungen, Meinungen, Botschaften, Aussagen, Ge- und Verbote, Handlungsweisen und/oder Haltungen sind oft die Ursachen für deine Ablehnung. Mache dir Folgendes klar: Es kann sein, dass du einige oder viele Eigenschaften und Verhaltensweisen deiner Eltern nicht magst. Aber ein Verhalten ist nicht die Person selbst. Wenn du ein Verhalten ablehnst, musst du nicht zwangsläufig die ganze Person ablehnen. Du kannst deine Eltern lieben, auch wenn du ihr Verhalten ablehnst. Es ist wichtig, zwischen dem Verhalten und der Person zu trennen. Wenn du dir vorstellst, deine Mutter oder dein Vater wären tot und nicht mehr in ihrem Körper und in ihren Gewohnheiten gefangen, dann kannst du dir vielleicht vorstellen, dass die wahre Persönlichkeit etwas anderes ist als ihre Verhaltensweisen.

Stell dir diese wahre Persönlichkeit sozusagen bereinigt von ihren (falschen) Verhaltensweisen vor. Diese »bereinigte Persönlichkeit« nenne ich die Urpersönlichkeit. Es ist die wahre oder die Essenz der Persönlichkeit. Wenn du also an deine Mutter oder deinen Vater denkst, dann denke an ihre Urpersönlichkeit. Bitte sie, dich zu beraten, dich zu unterstützen und sich hinter dich zu stellen. Der Einfluss der wahren Elternurpersönlichkeiten ist immer hilfreich und fördernd. Sie sind deine Eltern, und du bist das Kind. Sie haben das dringende Bedürfnis, dich zu beschützen und dich zu unterstützen. Es ist dein Recht als Kind (auch heute als erwachsenes Kind), diese Unterstützung zu fordern. Die Urpersönlichkeiten deiner Eltern werden dir ihre Unterstützung gewähren. Stelle dich in den Raum, und visualisiere die Urpersönlichkeiten deiner Eltern, wie sie rechts und links hinter dir stehen und dir ihre Unterstützung, Kraft und Liebe zufließen lassen.

Wenn du nun das innere Kind und deine Eltern in deiner Vorstellung auf ihre richtigen Plätze gebracht hast, dann atme tief durch.

Nimm dir einen Zettel, und schreibe drei Worte an dein inneres Kind, die ausdrücken sollen, wie sehr du es liebst. Beginne mit deinem Namen als Anrede, und schreibe dann: » ..., ich liebe dich.« Dann nimmst du einen zweiten und dritten Zettel und schreibst »Danke, Mutter« und »Danke, Vater« darauf. Es ist der Dank dafür, dass du dieses Leben von ihnen geschenkt bekommen hast. Dann verbrennst du diese drei Zettel.

Du wirst sehen, dass diese Art des Rituals sich viel tiefer in deine Seele setzt, als nur darüber nachzudenken. Schon beim Schreiben dieser wenigen Worte kannst du spürten, dass dein Dank und deine Liebe durch das Schreiben auf das Papier fließen. Es ist anders, als es sich nur vorzustellen. Das Verbrennen ist wie eine Besiegelung. Deine Botschaft wird aus dem Stofflichen (Zettel mit Buchstaben) in einen anderen Zustand überführt (Hitze, Rauch, Asche). Dennoch bleibt die Essenz erhalten (Liebe und Dankbarkeit). Dieses Ritual stärkt dein Erwachsenen-Ich. Du wirst sehen: Es hinterlässt ein Gefühl des Vollständigwerdens. Probiere es aus!

Abschied und Tod

Vor kurzem fragte mein neunjähriger Sohn mich zum wiederholten Mal, warum wir Menschen denn sterben müssen. Seit er das Ausmaß unserer Sterblichkeit erkannt und verstanden hat, dass ich, die Mutter, nach den Regeln der Wahrscheinlichkeit vor ihm sterben werde, muss ich viel mit ihm reden. Die Tatsache des Todes ist für ein neunjähriges Kind schwer auszuhalten. Es spürt bis in jede Faser die Liebe, Verbundenheit und seine eigene derzeitige Hilflosigkeit. Allein der Gedanke an den vorzeitigen Tod eines Elternteils jagt ihm Angst und Schrecken ein. Es kann noch nicht abstrahieren und sich vorstellen, dass es in ein paar Jahrzehnten anders empfinden wird.

Es hilft dem Kind, ihm Folgendes zu sagen: »Wir können nicht wissen, wann wir sterben werden. Aber eines sollst du wissen: Da oben erlebt man die Zeit ganz anders, als wir sie hier unten kennen. Dort sind achtzig Jahre wie ein Augenblick. Und ich möchte, wenn ich vor dir sterben sollte, einfach diesen kurzen Augenblick auf dich warten, bis du auch kommst. Für dich sind es vielleicht achtzig Jahre, aber für mich ist es nur eine ganz kurze Weile. Ich möchte so gerne, dass du noch ein gutes, erfülltes, glückliches Leben lebst und vielleicht selbst Kinder und Enkelkinder bekommst, bevor du zu mir kommst. Bitte denk daran, falls ich dir das nicht mehr sagen kann.«

Die Angst und der Schmerz, die ein Kind nur bei der bloßen Vorstellung erlebt, was es bedeutet, dass seine Eltern wahrscheinlich vor ihm sterben werden, sind herzzerreißend. Um wie viel schlimmer ist es, wenn ein Kind so etwas tatsächlich erleben musste. Hier ist therapeutische Hilfe notwendig. Im systemischen Familienstellen wird immer wieder deutlich, wie wichtig es für die auf der Erde Zurückgebliebenen ist, mit dem Tod umgehen zu lernen. Ein zentraler Satz, der in vielen Aufstellungen gebraucht wird, ist: »Ich bleibe noch eine Weile, dann komme ich nach.« Nach oft jahrelangem Kummer ist dieser Satz eine heilsame Befreiung. Wenn man erlebt, wie stark die Betroffenen zu dem verstorbenen Verwandten oder geliebten Menschen hingezogen werden, ist es verständlich, dass viele Lebensprobleme daraus resultieren können.

Leider ist bei vielen Scheidungskindern ein ähnliches Trauma zu sehen. Sie bleiben in der Regel bei einem Elternteil, und der andere Elternteil ist selten oder gar nicht bei ihnen. Schutz und Geborgenheit erhalten sie von nur einem Elternteil, und die Überlebensangst wächst. In der kindlichen Psyche spielt sich unbewusst die Vorstellung ab, dass »ein Elternteil ja schon weg ist und es passieren könnte, dass der zweite auch bald geht«. Außerdem erleben sich viele Kinder als ungenügend. Sie haben als Mensch nicht ausgereicht, um den anderen Elternteil zu halten. Sie fühlen sich unzureichend, nicht liebenswert und nicht gut genug.

Der Verlust eines Elternteils durch Scheidung ist oft an ein Gefühl der Vernachlässigung gebunden. Allzu oft kümmert sich der getrennte Elternteil nicht ausreichend um die Scheidungskinder, so dass eine Schuld entsteht. Diese Schuld kann imaginär zurückgefordert werden. Es ist sehr befreiend, die ganze Verletzung, die ganze Wut und den Zorn zu spüren, wenn man ein verlassenes, vernachlässigtes Kind gewesen ist. Verletzung, Wut und Zorn auf die Eltern können natürlich auch viele andere Ursachen haben, nicht nur die Trennung der Eltern. Auch aus intakten Ehen können überforderte, bevormundete, nicht gesehene, vernachlässigte, überbehütete, kontrollierte Kinder hervorgehen. Das innere Kind im erwachsenen Körper leidet noch heute unter diesen Verletzungen. Sie müssen bearbeitet und geheilt werden, um aus dem Teufelskreis der Sucht aussteigen zu können.

Durch die steigenden Scheidungsraten sind immer mehr Kinder von der Trennung der Eltern betroffen. Das Kind denkt, es wäre verlassen worden, und fühlt sich schuldig, auch wenn die Trennung nichts mit ihm zu tun hatte. Es kann noch nicht unterscheiden und die Gründe der Erwachsenen nachvollziehen. Das Kind macht sich selbst dafür verantwortlich, dass es zu wenig geliebt, beachtet und unterstützt wird. Wenn du als Kind von einem oder gar beiden Elternteilen verlassen wurdest, dann kannst du dein Recht auf diese für Kinder notwendige Zuwendung und Unterstützung nachträglich einfordern.

Unterstützung fordern

Behalte den Satz im Gedächtnis: »Ich fordere von dir die Unterstützung, die mir zusteht«, und sage ihn laut vor dich hin, wenn du allein und ungestört bist (zum Beispiel unter der Dusche, im Auto, im Wald). Stell dir den Elternteil vor, der »dich verlassen« hat, und fordere das, was dir zusteht. Dabei ist es nicht wichtig,

9. Schritt: Das innere Kind und die Eltern

diese Unterstützung genau zu definieren. Unterstützung kann alles Mögliche sein: Zuwendung, Aufmerksamkeit, Kraft, Rat, Zuhören, Probleme besprechen, Hilfe, Anteilnahme, Geborgenheit etc. Sage ihm/ihr: »Es steht mir zu!«, oder fordere: »Deine Unterstützung steht mir zu!«

Dein Kind-Ich fordert heute die Unterstützung ein, die ihm schon immer zugestanden hat und die es bisher nicht erhalten hat. Auch wenn dieses nachträgliche Einfordern nicht an die Eltern gerichtet ist, sondern du diese Forderungen quasi nur in den luftleeren Raum stellst, wirst du spüren, dass sich etwas verändert. Dadurch dass du dir eingestehst, dass dir diese Unterstützung zusteht, und du sie einforderst, verändert sich etwas in dir. Mache diese Übung so lange (zum Beispiel morgens unter der Dusche), bis du diese Veränderung spürst.

Ankläger und Angeklagter

Bei manchen Menschen ist zwischen ihnen und den Eltern oder einem Elternteil so viel Negatives vorgefallen oder es wurde so viel aufgestaut, dass diese Übung nicht hilft. Dann muss zuvor eine Anklage erfolgen, bevor diese Übung greifen kann. Wenn zwischen dir und einem Elternteil oder beiden Eltern etwas vorgefallen ist oder ein ungeklärter Vorwurf steht, etwas, was geklärt werden sollte, dann könntest du einen Brief an ein imaginäres Gericht schreiben. In diesem Brief listest du die Vergehen und Vernachlässigungen auf, die dir einfallen und die den Elternteil belasten, gegen den du aussagen willst. Verlange von dem Gericht eine Strafe für diese Taten und Unterlassungen. Adressiere den Brief an dich, und schicke ihn ab.

Sobald du den Brief erhältst, gehst du in die Rolle des Gerichtes, liest die Anklageschrift durch und verurteilst den angeklagten

Elternteil. Sage laut: »Ich verurteile ... (Name) ... im Namen dieses Gerichtes. Er/sie ist schuldig und wird seine/ihre gerechte Strafe erhalten.« Noch besser ist, du erzählst einer Freundin oder einem Freund davon, der die Anklageschrift verliest und das Urteil spricht. Es ist gut zu hören, wenn jemand sagt, dass er/sie die gerechte Strafe erhalten wird. Welche Art Strafe das sein wird, ist völlig irrelevant. Es ist gut zu hören, dass durch das Schicksal ein Gleichgewicht hergestellt werden wird. Wichtig ist zu hören, dass er/sie endlich verurteilt wird.

So eine Anklage befreit die Seele. Vielleicht fällt es dir danach leichter, dein Recht einzufordern (»Ich fordere von dir die Unterstützung, die mir zusteht«). Schicke die Forderung in das Universum. Sie wird deine Vater-/Mutterurpersönlichkeit treffen. Du kannst deine Forderungen so lange stellen, bis du spürst, dass sich etwas Grundlegendes bei dir verändert hat.

Das große Vater-Mutter

Das Vater- und Mutterverhältnis kann auch unter einem ganz anderen Aspekt betrachtet werden. In den apokryphen Evangelien wird Gott manchmal als »das große Vater-Mutter« bezeichnet. »Vater Himmel« und »Mutter Erde« sind die Entsprechungen in vielen naturreligiös ausgerichteten Kulturen. Der Zusammenhang zwischen Zuckersucht und Mutter Erde wird daran deutlich, dass in der chinesischen Medizin als eine Ursache eine mangelnde Erdung angegeben und empfohlen wird, erdnahe Gemüse wie Mohrrüben zu essen statt Zucker.

Durch die Heilung der eigenen Elternbeziehung wirst du erleben, dass sich dadurch deine Beziehung zu Vater Himmel und Mutter Erde bzw. zu Gott verändert. Das biblische Gebot, Vater und Mutter zu ehren, bezieht sich auch auf das größere Vater-Mutter, auf den

9. Schritt: Das innere Kind und die Eltern

göttlichen Aspekt dieser Welt. Vergebung und Dankbarkeit sind die natürlichen Folgen einer gut gelösten Eltern-Kind-Beziehung.

Inzwischen gibt es viele Bewegungen in der esoterischen Szene, die dich ermutigen, in ein engeres Verhältnis zu Vater Himmel und Mutter Erde einzutreten. Rituale, in denen du die beschützende, nährende, intensive Kraft der Urmutter erleben kannst und in denen du die inspirierende, erleuchtende Kraft der Sonne und des Himmels erfahren kannst, sind wertvolle Geschenke, die dich dein Leben lang begleiten werden. Die Nähe und Verbundenheit zu Himmel und Erde zu spüren, lässt dich in ein Urvertrauen hineinwachsen, was dir vielleicht als Kind versagt geblieben ist. Vater Himmel und Mutter Erde – diese Eltern sind immer da. Als Mensch bist du durch dein Menschsein zwischen Himmel und Erde gesetzt worden. Jetzt, als Erwachsener, kannst du bei diesen ursprünglichen Kräften Unterstützung zur Bewältigung deiner Lebensaufgaben finden. Das große Vater-Mutter ist immer für dich da und begleitet dich auf allen deinen Wegen.

10. Schritt:

Befreiung

*Urplötzlicher Jieper · Ehrlichkeit · Den zweiten Teufelskreis
durchbrechen · Der Dämon wird entlassen · Dankbarkeit
Die nächsten Schritte · Weitere Verträge · Eine Gruppe bilden*

Urplötzlicher Jieper

Du hast jetzt viele Wochen auf Zucker verzichtet, viel geschrieben, dir die Zeit der Fülle genommen, auf Hinweisschilder geachtet, dich mit Problemthemen auseinandergesetzt und dich immer wieder am Riemen gerissen. Es vergehen Wochen, und du denkst, dass du »es im Griff hast«. Du erlebst, wie du die eine oder andere winzige Ausnahme machen kannst, ohne rückfällig zu werden, und bist froh darüber. Doch dann passiert Folgendes: Plötzlich bist du wie ferngesteuert. Wie aus heiterem Himmel, völlig unverhofft und überraschend, siehst du dich nach einer Süßigkeit greifen und stopfst sie – wie in alten Zeiten – schnell und heimlich in dich hinein. Niemand darf etwas davon mitbekommen, denn alle Menschen in deiner Umgebung wissen ja nun schon, dass du keinen Zucker mehr isst. Du spürst beim Runterschlingen, dass da eine Stimme wie durch eine Watteschicht zu dir spricht. Aber die Watte ist so dicht, dass du die Stimme nur ganz leise hörst: »*Hör auf! Was machst du denn da? Spinnst du? Sofort aufhören!*« Während du das süße Zeug in dich hineinschaufelst, wunderst du dich über dich. Was ist passiert?

Es fängt meistens schon einige Tage oder sogar Wochen vorher an. Du hast einige Miniausnahmen gemacht und warst ganz froh, dass sie dir nichts anhaben konnten. Immer wieder waren völlig zuckerfreie Tage dazwischen. Du hast geglaubt, »über den Berg zu sein« und »es im Griff zu haben«. Der Schluck Cola, der zuckerfreie Apfelkuchen (obwohl du weißt, dass gebackene und gekochte Äpfel wie Zucker wirken), das Ministückchen Kuchen bei deiner Freundin, das nur mit wenig Apfeldicksaft gesüßt war, das winzige Stückchen Teig, das du beim Backen genascht hast, der Teelöffel von der neuen Bio-Nusscreme... Du hast geglaubt, dass alle Ausnahmen ohne Folge bleiben würden. Du hast sie noch nicht einmal beim Schreiben erwähnt, so unwichtig fandest du sie. Und nun musst du dir eingestehen, dass es eine Kette von Selbstbetrügereien war. Du hast die Leine des Zuckersuchtdämons gelockert, weil du dachtest, dass er inzwischen zahm geworden ist. Aber er hat sich losgerissen und dich wieder gebissen.

Ohne diese kleinen, winzigen Ausnahmen hättest du wahrscheinlich das Hinweisschild sehen können. Du hättest deine Gereiztheit oder Übellaunigkeit, deine Erschöpfung oder sonst etwas gespürt und als Hinweisschild ernst genommen. Während du Zucker im Blut hast, kannst du es nicht mehr auseinanderhalten. Aber ohne die Miniausnahmen hättest du wahrscheinlich gespürt, dass wieder »was im Busch ist«, dass du ein Thema oder eine unbewältigte Situation bearbeiten musst. Doch die Kombination aus Miniausnahmen und einer unbewältigten Situation haben dir ein Bein gestellt, über das du gestolpert bist.

Im Programm zu sein heißt nicht nur, dass du zuckerfrei lebst, sondern auch, dass du weiterhin alle Hinweisschilder ernst nimmst... und bearbeitest! Nach so vielen Wochen zuckerfreier Zeit kommen die Jieper nur noch aus einer psychisch-seelischen Ecke. Der körperliche Jieper ist längst ausgestanden. Jeder aufkeimende Jieper ist ein Hinweisschild. Häufiger jedoch geschehen Miniausnahmen, ohne dass ein spürbarer Jieper vorangegangen ist. Du probierst einfach etwas Süßes, ohne vorher daran gedacht zu haben. Mit Zucker im Blut spürst du zwar dein Ungleichgewicht, kannst aber nicht mehr einordnen, woher die Impulse kommen, denn ein Teil davon kommt aus dem wieder sinkenden Zuckerspiegel, das unweigerliche Tief, das dem Hoch folgt. Die alte »Zudeckelei« (= der Deckel wird draufgesetzt) geht wieder los, und du verschiebst dadurch Themen, die bearbeitet werden müssten, auf später. Der Zucker deckelt die Themen zu. Du weißt inzwischen, wie du damit umgehen kannst: sofort aufhören mit den Miniausnahmen und hinsehen, was du durch die Miniausnahmen schon wieder deckeln wolltest, schreiben und den inneren Mentor befragen.

Der Selbstbetrug ist ein schleichendes, gefährliches Verhängnis. Sobald du die Leine lockerst, bist du gefährdet. Der Selbstbetrug ist die große Falle. Die ganzen Monate sollten dich zu der simplen Erkenntnis bringen: »Ich darf keinen Zucker essen, weil ich zuckersüchtig bin.« Zu glauben, die Sucht im Griff zu haben, ist Selbstbetrug. Du kannst die Droge meiden und weißt, dass es ab einem bestimmten Punkt ganz einfach ist. Vielleicht kannst du in fünf oder zehn Jahren mit ein paar Ausnahmen anders umgehen, aber zurzeit noch nicht. Punkt.

Ehrlichkeit

Wahrscheinlich hast du bemerkt, dass du die Miniausnahmen beim täglichen Schreiben gar nicht erwähnt hast. Das ist typisch für den Selbstbetrug. Sie werden als absolut unwichtig gewertet, und dein Glaube, »übern Berg zu sein«, verschleiert sie vor dir selbst als völlige Nebensächlichkeit. Doch die Erfahrung zeigt dir, dass du wieder ehrlicher zu dir selbst sein musst. Jede Miniausnahme ist eine Gefahr und muss betrachtet und in deinem Schreibheft erwähnt werden. Dies schärft deine Aufmerksamkeit für einen eventuellen

Selbstbetrug. Jede Miniausnahme kann ein erster Fluchtversuch vor einem Thema sein, dass du auf dich zurollen fühlst. Schau hin. Kommt da schon wieder so eine Welle voller Kummer und Schmerz auf dich zu? Meist hast du mehr Angst vor dem, was da kommen könnte, als vor dem, was dann wirklich kommt. Das Hinsehen und Zulassen ist schon der erste Riesenschritt, um dich der Situation zu stellen. Sei ehrlich und mutig. Es lohnt sich! Achte in Zukunft besonders darauf, jede Miniausnahme bei deinen Aufzeichnungen zu erwähnen und die Situation zu betrachten, die dazu geführt hat, damit sich nicht wieder der altbekannte Selbstbetrug einschleichen kann.

Den zweiten Teufelskreis durchbrechen

Im Programm zu sein heißt, zwei Teufelskreise zu durchbrechen. Der Zuckerentzug ist der erste kleinere Teufelskreis. Wenn du diesen Schritt getan hast, der dich von der körperlichen Abhängigkeit befreit, trittst du in einen größeren Ring ein, den Teufelskreis der psychisch-seelischen Abhängigkeit.

Du hast in diesen letzten Wochen und Monaten einen enormen Prozess durchlebt. Wenn du über mehrere Wochen im Programm geblieben bist, dann wirst du jetzt das Gefühl kennen, wie es ist, den zweiten Teufelskreis zu durchbrechen. Du hast vielleicht viele schwere Zeiten durchlebt. Wahrscheinlich hast du dich unangenehmen Themen gestellt und gespürt, dass der Prozess noch lange nicht zu Ende ist. Vielleicht hast du einen oder mehrere Rückfälle erlitten. Aber jeder Rückfall bringt dich dem Ziel näher, den zweiten Teufelskreis bewusster zu verlassen.

Du wirst nie fertig sein mit der Arbeit an dir selbst. Du weißt, dass immer wieder kleinere und größere Probleme in dein Leben treten werden, die bearbeitet und bewältigt werden müssen, aber du hast

10. Schritt: Befreiung

eine Riesenlast weniger: deine Zuckersucht. Diese Last abzugeben ist ein gewaltiger Schritt. Den zweiten Teufelskreis zu durchbrechen heißt zu wissen, dass du selbstverantwortlich deine unbearbeiteten Themen bearbeiten kannst – und wirst. Du kennst jetzt Wege, die dich aus deiner psychisch-seelischen Bedrängnis führen.

Hast du die erste Aufgabe aus dem 1. Schritt erledigt (Bestandsaufnahme), bei der du alles aufschreiben solltest, wie es dir mit deiner Sucht ergangen ist? Jetzt ist der Zeitpunkt gekommen, diese Seiten noch einmal durchzulesen. Erschreckend ist, wie schnell man vergessen kann, wie schrecklich es war, tief in der Abhängigkeit zu stecken.

Du weißt, dass du nie wieder in dieses dumpfe Lebensgefühl, in diese schrecklichen Versagergefühle und Selbstvorwürfe fallen willst. Jetzt ist der Moment, in dem du mit dir selbst einen neuen Vertrag machen solltest. Du solltest eine ganz neue Abmachung mit dir treffen, in der du dir selbst für einen bestimmten Zeitraum versprichst, weiter im Programm zu bleiben. In Wahrheit können wir nicht »lebenslänglich« denken, auch wenn das anfangs die größte Angst war, die wir zu Beginn des Programms hatten. Inzwischen wirst du spüren, dass diese Angst vor dem lebenslangen Zuckerverzicht, das Thema aus dem 1. Schritt, auf ein Minimum geschrumpft ist. Deine Perspektive hat sich verändert. Du bist Schritt für Schritt von Tag zu Tag gegangen, und so wird es weitergehen. Was heißt schon »lebenslänglich«? Mehr als zwei oder drei Jahre können wir meist kaum in die Zukunft denken. Ein ganzes Jahr mit allen Jahreszeiten und Festen zuckerfrei zu leben, ist eine überschaubare Zeitspanne. Kannst du dich darauf einlassen? Es ist ein enormes Gefühl der Befreiung, wenn du auf ein ganzes Jahr zurückblicken kannst, in dem du, ohne einen Rückfall zu haben, zuckerfrei gelebt hast.

Der Dämon wird entlassen

Erinnerst du dich an die Aufgabe aus dem 2. Schritt: Den Dämon binden? Der Dämon ist immer noch gebunden, und das sollte er auch bleiben. Irgendwann, vielleicht in einigen Jahren, wird alles anders sein. Noch bist du im Programm. Noch weißt du, dass eine Entfesselung des Dämons für dich unweigerlich einen Rückfall zur Folge hätte. Aber Zuckersucht ist heilbar. Wenn du nicht extrem zuckersüchtig warst (Stufe 3), dann kann es sein, dass du in einigen Jahren wieder normal mit Zucker wirst umgehen können. Ich hoffe es für dich. Ich weiß, wie schon erwähnt, von einer Freundin, dass sie es nach sieben zuckerfreien Jahren geschafft hatte. Auch sie hat nicht nur den Zucker weggelassen, sondern viel an sich gearbeitet und in ihrem Leben verändert in diesen Jahren. Es ist also machbar, aber es sollte nicht dein Ziel sein. Lass es los, damit sich der Wunsch nicht in ein unerfülltes Begehren verwandelt. Solange du begehrst, irgendwann wieder Süßes zu essen, nährst du die Gier nach Zucker, und ein Rückfall ist vorprogrammiert. Aber das weißt du ja inzwischen zur Genüge aus eigener Erfahrung.

Wenn irgendwann der Zeitpunkt gekommen ist, dass du wirklich befreit bist von deiner Sucht, dann kannst du den Dämon entlassen. Indem du wieder eine Gegenüberstellung inszenierst (wie im 2. Schritt), bereitest du diese Handlung vor. Eine höhere Macht hilft dir wieder, den gebundenen Dämon zu entfesseln und ihn zum Beispiel mit den Worten zu entlassen: »Gehe zu deinem Ursprung zurück!« Der Dämon kann frei entscheiden, ob er sich dem Licht zuwendet oder weiter im Dunkeln wohnen und Menschen besetzen will. Es ist seine Wahl. Jedenfalls wirst du dich ihm nicht mehr als Opfer anbieten.

10. Schritt: Befreiung

Dankbarkeit

Eine Begleiterscheinung der Befreiung von der Sucht ist Dankbarkeit. Wenn du »übern Berg« bist, stellt sich wie von selbst Dankbarkeit ein. Du erlebst einen Zustand, in dem du oft einfach nur dankbar bist für alles, was dich umgibt, für alles, was du hast, für dein Leben. Du empfindest eine tiefe Dankbarkeit dem Universum oder einer höheren Macht gegenüber. Wenn sich Dankbarkeit einstellt, ist es mehr, als von der Verlierer- auf die Gewinnerseite zu wechseln. Dankbarkeit ist unendlich viel mehr. Es ist Glück und Liebe und Freude in einem. Es ist Frieden und Zufriedenheit und wieder Glück. Dankbarkeit ist ein so intensives Gefühl... Und das Beste: Du begehrst plötzlich gar nichts mehr. Den ganzen Tag hast du meist irgendwelche Ideen im Kopf, was du alles bist, sein willst oder werden könntest, was besser sein könnte, was du noch haben oder machen möchtest oder was du noch zu erledigen hast. Im Gefühl der Dankbarkeit fällt all das weg. Du bist einfach mit allem einverstanden, und alles ist gut, wie es ist. Nein! Es ist nicht nur gut, es ist alles unglaublich gut. Einfach richtig. Mit Dankbarkeit fühlst du dich richtig. Du bist dann dankbar für deine Dankbarkeit.

Die nächsten Schritte

In der Suchttherapie wird von dem sogenannten »Rad der Veränderung« gesprochen, das ist ein Kreislauf, dargestellt in Form eines Kreises, der die Änderungsprozesse im Verhalten bei Abhängigen veranschaulicht. Nach der üblichen anfänglichen Abwehr reift in der Phase der Absichtsbildung der Entschluss zu einer Handlung, die das Problem beenden soll. Die letzte Phase, die auf die Handlung folgt, ist immer die Aufrechterhaltung, die Stabilisierung der neu erworbenen Handlungsweisen. Der Ausstieg aus der Sucht wird nur durch ständiges Wiederholen gewährleistet. »Selbsterfahrung«, »das Aufarbeiten von Vergangenem« und »Beziehungen klären« stehen über lange Zeit in dieser Phase der Aufrechterhaltung als Themen an. Der Betroffene wird aufgefordert, sich neue Ziele zu suchen, Verantwortung zu übernehmen und sich verbindlich an die neuen Abmachungen zu halten, um das Problem wirklich dauerhaft zu lösen. Von einer Stabilisierung wird erst nach vier Jahren gesprochen.

Du bist jetzt die zehn Schritte des Zuckersuchtprogramms gegangen und befindest dich in der Phase der Aufrechterhaltung. Diese Phase wird sehr lange dauern und ist nur zu schaffen, wenn du mit dir selbst eine neue, verbindliche Abmachung triffst, weiter im Programm zu sein. Nur auf Zucker zu verzichten, reicht nicht, wie du weißt. Der Zuckerverzicht muss an eine anhaltende Selbstreflexion gebunden sein, wie du sie durch das Schreiben erlebt hast.

Wie geht's jetzt weiter? Wenn du in einer Gruppe das Zuckersuchtprogramm bearbeitet hast, dann bietet es sich an, mit den Mitgliedern zu besprechen, wie die nächsten Schritte aussehen könnten. Wollt ihr euch weiter regelmäßig treffen und austauschen, vielleicht in größeren Abständen? Wo und wie oft? Was passiert bei einem Rückfall? Wie könntet ihr ein Mitglied innerhalb der Gruppe auffangen? Könntet ihr zum Beispiel einen Telefondienst einrichten? Welche Hilfen könntet ihr euch noch ausdenken? Welche Möglichkeiten gibt es außerdem? Wie es jetzt weitergeht, ist von der Gruppe abhängig, mit der du dieses Programm erarbeitet hast. Wenn du es alleine durchlebt hast, musst du dir diese Frage selbst stellen. Wie geht es jetzt weiter? Was sind die nächsten Schritte?

Weitere Verträge

Befrage deinen inneren Mentor oder die Gruppenmitglieder, wie ein weiterer Vertrag für dich aussehen könnte. Höre dir ihre Vorschläge an. Vielleicht sind Aspekte dabei, die du bisher nicht bedacht hast. Wie könnte dein nächster Vertrag aussehen? Welche

10. Schritt: Befreiung

Zeitspanne sollte er umfassen? Gibt es Bereiche, in denen du etwas in deinem Leben verändern möchtest, was auch in diesem Vertrag erwähnt werden sollte?

Lies dir noch einmal deinen ersten Vertrag durch. Wie sieht dein neuer Vertrag aus?

Eine Gruppe bilden

Nichts festigt deine eigene Abstinenz mehr, als anderen zu helfen, sich von ihrer Sucht zu befreien. Du kannst andere Süchtige bei ihrem Prozess unterstützen, ihre Zuckersucht zu überwinden. Du kannst ein Begleiter werden. Das kannst du, indem du dich regelmäßig mit anderen Menschen deines Vertrauens triffst, die auch im Programm sind. Eine Gruppe zu bilden oder dich einer Gruppe anzuschließen, stellt deine Abstinenz sicher. Lerne, offen über deine Sucht zu sprechen und von deinem Prozess zu erzählen.
Es gibt viele Zuckersüchtige, denen ihre Sucht nur vage bewusst ist. Viele leiden unter ihrer Sucht und haben nur wenig Hoffnung auf Heilung. Nach etlichen Versuchen, den Zuckerkonsum zu reduzieren oder zu stoppen, haben sie die Hoffnung schon fast aufgegeben, dass sich etwas ändern könnte. Sie glauben, den Rest ihres Lebens mit ihrer Sucht leben zu müssen. Doch du kennst jetzt ein Rezept: Zuckerverzicht in Kombination mit psychisch-seelischer Arbeit an dir selbst. Gib deine Erfahrungen weiter. Das ist eine große Hilfe für dich und andere.

Erzähle denen davon, die unter ihrer Sucht leiden. Aber bitte nur denen! Es gibt viele, die überhaupt nicht darunter leiden, dass sie täglich Süßes essen müssen. Nicht jeder wird von Zucker süchtig. Selbst wenn du sie eindeutig als zuckersüchtig klassifizieren würdest, sind das nicht die Adressaten, denen deine Offenbarungen helfen würden. Nur diejenigen, die wirklich unter ihrer Sucht leiden und nicht nur einen neuen Weg, ihr Gewicht zu reduzieren, ausprobieren möchten, können diesen radikalen Weg gehen, den das Zuckersuchtprogramm weist.

Indem du dich einer Gruppe anschließt, um weitere Schritte gemeinsam zu gehen, die in die Heilung führen, verpflichtest du dich, weiter an deinen persönlichen Themen zu arbeiten. Aber auch im Alleingang kannst du das Programm noch einmal durcharbeiten und beim zweiten Durchgang andere Aufgaben bearbeiten als beim ersten. Wenn du Menschen findest, bei denen du dich verstanden und gut aufgehoben fühlst, die dich in deinem Prozess unterstützen und motivieren, dir Mut machen, Verständnis zeigen und mit denen du Erfahrungen austauschen kannst, dann ist das Gold wert. Ihr seid im Programm, könnt euch über eure aktuellen Erfahrungen austauschen, euch gegenseitig Aufgaben stellen, Probleme besprechen und weitere Schritte planen. Ihr könnt euch erzählen, was ihr in der Zeit der Fülle getan habt, und eure Erkenntnisse miteinander teilen. Eine Gruppe zu bilden, ist ein Garant für weitere verbindliche Schritte, die deine (eure) dauerhafte Befreiung von der Zuckersucht sicherstellen.

Sieh noch einmal zurück, wie es dir vor noch wenigen Monaten ergangen ist, als du noch gefangen warst in deinem täglichen Suchtverhalten. Jetzt bist du in der Stabilisierungsphase, das heißt, du bist auf dem Weg der Genesung. Du bist noch immer labil und gefährdet, du bist noch immer eine Raupe, bist wie ein gerade erst Gesundender, der nach einem langen Krankenhausaufenthalt wieder zu Kräften kommen muss. Die nächsten Schritte, die du jetzt gehst, liegen in deiner Verantwortung. Sei behutsam mit dir!

Durch die Arbeit im Programm werden sich Schritt für Schritt alle deine Lebensbereiche klären. In dir sind eine unendliche Fülle und ein Reichtum, die darauf warten, sich zu entfalten wie ein Schmetterling und sich an das Leben zu verschenken. Du bist in diesen

10. Schritt: Befreiung

Prozess der Entfaltung und Selbstverwirklichung deines wahren Selbst eingetreten. Ich wünsche dir von ganzem Herzen, dass sich dein ganzes Potenzial entfaltet.

> _»Unter allen Fährten des Lebens gibt es eine,_
> _die am meisten zählt. Es ist die Fährte,_
> _die zum wahren Menschsein führt._
> _Gut, dass du dieser Fährte nun folgst.«_

(Zitat aus dem Film »Der mit dem Wolf tanzt«)

Erfahrungsberichte und Kommentare

Ilona im September 2009

Fast ein Jahr ist es her, seit ich mit dem Zuckersuchtprogramm begonnen habe. Ich hatte zwei echte Rückfälle, einen Sylvester 2008 und einen irgendwann im Januar/Februar 2009. Seitdem ernähre ich mich weitestgehend zuckerfrei, wobei ich unter anderem solche Lebensmittel meide, die für mich augenscheinlich auch mit Zucker bzw. »Naschen« in Zusammenhang stehen. Doch zum Beispiel Gewürzgurken, Spinat oder auch Brot esse ich. Der sogenannte »Jieper« ist immer weniger geworden, tritt aber durchaus hin und wieder in wesentlich abgeschwächterer Form mal auf. Das nehme ich wahr und frage mich dann: Was ist los? Was möchte ich deckeln? Gibt es überhaupt etwas, oder ist es die Sucht?

Und mit diesen Fragen beschreibe ich eines der größten Geschenke aus dem Programm: nämlich das Bewusstsein erlangt zu haben, dass der Zucker in meinem Leben für Deckelung (Verdrängung) steht und ich jetzt die Wahl habe: wieder oder weiter zu deckeln oder eben hinzugucken und zu wachsen und mich in anderer Form auszudehnen (und nicht im Gewicht). Wichtig ist ja, dass man nicht nur die Gewichtsreduktion als Motivation mitbringt – trotzdem ist das natürlich ein wunderbarer Nebeneffekt. Da ich gleichzeitig auf den bewussten Umgang mit Fett

achtete und Sport trieb, konnten bei mir sagenhafte knappe fünf-
undzwanzig Kilo gehen! Darüber freue ich mich natürlich sehr.

Schön ist, dass Zucker in Form von Süßigkeiten für mich einfach
nicht mehr infrage kommt und mich deshalb gar nicht mehr
reizt, zum Beispiel beim Einkaufen. Das funktioniert auch, obwohl meine vier Kinder und mein Mann weiterhin naschen. Darüber hinaus durfte ich lernen, dass ein ganz wichtiger Baustein
meines Lebens ist: Wie (er)nähre ich mich anders? Also einfach
nur den Zucker weglassen würde wahrscheinlich auf Dauer nicht
funktionieren, ich brauche Dinge, die mir guttun, mich nähren.
Dadurch hat das Essen, und zwar nicht nur das von Zucker, in
meinem Leben eine ganz andere, gesündere Bedeutung bekommen. Wohl merke ich, dass zeitweise die Tendenz besteht, über
andere Lebensmittel – bei mir sind es Chips, egal ob mit oder
ohne Zucker – in eine ähnliche Suchtstruktur zu fallen. Doch
ich habe dann ja das gleiche Mittel oder Werkzeug wie bei der
Zuckersucht zur Verfügung.

Ich möchte den Verzicht auf Zucker nicht mehr missen und vertraue darauf, dass, wenn ich irgendwann einmal mit Zucker
werde umgehen können, ich ein Zeichen erhalten werde und es
dann weiß. Sehr hilfreich war und ist es auch für mich, dass ich
zusammen mit meiner besten Freundin in der Gruppe war. Der
Austausch war und ist immer wichtig und wird es auch bestimmt
bleiben.

Simone im Dezember 2009

Genau vor einem Jahr habe ich mit dem Zuckersuchtprogramm
angefangen. Es war damals die pure Befreiung für mich, endlich
aus der Abhängigkeit herauszukommen. Trotz zweier kleiner
Rückfälle habe ich mein Programm gute neun Monate geschafft
und habe das Gefühl, einige Schritte in meinem Leben vorwärts-
gegangen zu sein. Momentan bin ich erneut im Rückfall – und

Erfahrungsberichte und Kommentare

das seit etwa drei Monaten (mit kleinen Unterbrechungen). Es
ist furchtbar, und ich habe das Gefühl, wieder ein paar Schritte
in meinem Leben zurückzufallen. Aber ich möchte weiter nach
vorn sehen und meine Probleme weiter in Angriff nehmen, um
zu mir selbst zu finden. Ich bin überzeugt davon, dass mir das
Programm dabei wiederum sehr helfen kann. Insofern ist das
Programm mittlerweile ein wichtiger Teil meines Lebens geworden.

Stella im Januar 2010

Ich habe das Buch schrittweise durchgearbeitet, dabei auf Zucker
verzichtet und morgens geschrieben. Bemerkenswert fand ich,
dass meine Energie in der Zeit nur so sprudelte. Dinge, die lange
liegengeblieben waren und die ich immer vor mir hergeschoben
hatte, habe ich mit Leichtigkeit erledigt, und es hat sogar richtig
Spaß gemacht. Als die ganze Familie über Wochen erkältet war,
bin ich verschont geblieben. Das führe ich einfach auf den Verzicht auf Zucker zurück, da meine Abwehr viel besser ist als vorher.

Ines im April 2010

2008 hörte ich das erste Mal von dem Zuckersuchtprogramm,
meine Freundin Ruth Alice erzählte mir davon. Spontan kam
mir der Gedanke: »Das werde ich auch eines Tages machen, und
ich werde wissen, wann der Zeitpunkt dafür gekommen ist.« Ich
war sehr beeindruckt von der Veränderung meiner Freundin. Ich
kenne Ruth Alice seit fast 20 Jahren. Während des Zuckersuchtprogramms entwickelte sie sich zu einem reifen Menschen mit
Verantwortung für sich selbst. Das wollte ich auch für mich erreichen – nur dass ich überzeugt war, nicht zuckersüchtig zu
sein. Mein Widerstand wuchs. In meinen Augen sah ein Süchtiger anders aus. Ich fühlte mich seltsam, von mir selbst beobach-
tet. Zum Beispiel merkte ich, dass mir Süssigkeiten nicht mehr
schmeckten und ich sie trotzdem aß! Langsam bemerkte ich,

dass ich nicht mehr Herr der Lage war. Trotzdem konnte ich es mir nicht eingestehen, zuckersüchtig zu sein.

Ein paar Monate später schlitterte ich in eine Krise. Innerlich brach meine Welt zusammen, und ich wusste, ich muss mich entscheiden, entweder weiter Zucker essen mit allen Folgen, die das mit sich bringt (ich wusste, dass ich direkt auf den Diabetes zuging), oder ohne Zucker leben. Mir wurde bewusst, dass ich in meinem bisherigen Leben genug Zucker gegessen hatte, so viel Zucker, dass es für ein ganzes Leben reicht! Im gewissen Sinne hat mich das beruhigt. Mir wurde klar: Zucker zu essen hatte mich nicht wirklich erfüllt.

Nun wollte ich nichts mehr deckeln, zudröhnen etc., sondern diese zugedeckelten, nichterfüllten Anteile leben! Beseelt von diesem inneren Drang, hörte ich sofort auf, Zucker zu essen, und meldete mich für den nächsten Kurs an. Dieser Kurs hat auch mich sehr verändert. Das Zuckersuchtprogramm hat in mir einen Bewusstseinsprozess eingeleitet, durch den ich für mich und mein Leben Verantwortung übernommen habe. Ich bin zutiefst dankbar dafür!

Karin im Mai 2010

(Kommentar zu meiner Internetseite von einer Interessentin, die sich per E-Mail meldete.)

Es hat mir auf jeden Fall schon sehr geholfen, dass Sie und einige andere das Problem der Zuckersucht erkannt haben. Es waren nicht die immer gleichen Tipps, doch Sport zu machen und nur dies und das zu essen, nicht nach 18 Uhr und was weiß ich noch alles. Das ist oft sehr verletzend, vor allem, weil man kaum Argumente dagegen hat und sich ja selbst schämt. Es tut weh, wenn man merkt, dass andere einen für inkonsequent halten. Schlimm genug, dass man so schlecht etwas zum Anziehen findet, wenn man dick ist, und man eventuell viele Nachteile durch seine Figur hat.

Erfahrungsberichte und Kommentare

Frank im Mai 2010

Neben den wundervoll bunten Eindrücken aus dem Programm und den damit verbundenen Erfahrungen war für mich eines sehr besonders: Von Beginn an blieben meine sonst üblichen Kopfschmerzen bis hin zur Migräne gänzlich aus. Diese gesteigerte Lebensqualität verband sich mit den neuen Eindrücken des Schmeckens und Wahrnehmens. Das ist die eine Seite der Wahrnehmung. Die eigenen Schmerzkörper anzugehen und nicht in die Sucht zu fallen, war zu Beginn nicht immer eine Freude. Das Wissen über die vielen Wahrheiten aus dem Programm gab aber ausreichend Kraft und Antrieb, nicht aufzuhören. (...) Kurzum: eine Erfahrung, die mich begleitet und die ich in mir trage – danke.

Iris im Mai 2010

Hallo Ruth Alice!

Übers Web bin ich auf deine Seite gestoßen. Toll, dass du es geschafft hast und dass du noch dazu dieses Buch schreibst! Ich denke, das ist wahre Pionierarbeit, die du da leistest. Mir ist seit ein paar Jahren klar, dass ich zuckersüchtig bin, aber ich habe es noch nicht geschafft aufzuhören. Es ist genau, wie du sagst: Es werden unaufgearbeitete Gefühle dahinter verschlossen. Esse ich einen oder zwei Tage keinen Zucker, kommt starke Trauer und anderes auf, was durch Zucker wieder unterdrückt wird. Ich habe über Jahre häufig Alkohol und Marihuana konsumiert, das liegt nun schon einige Jahre zurück. Der Zucker ist aber die stärkste Sucht, und es fällt mir sehr schwer, davon wegzukommen. Interessant finde ich auch, dass angeblich dieselben Rezeptoren auf Alkohol und Zucker reagieren. Ich werde mir dein Programm nochmals näher anschauen und den endgültigen Ausstieg starten. Was mich so schockiert an dieser Thematik, ist, dass Zucker eigentlich eines der billigsten »Nahrungsmittel« ist, wir regelrecht damit bombardiert werden, um klein und manipulierbar zu bleiben – doch dazu braucht es immer zwei. Deine Seite macht mir Mut! Danke!

Alles Liebe
Iris

Anne Schwarz, Dipl.-Sozialpäd.
Suchtbeauftragte an der Leibniz Universität Hannover
Wie viele Menschen, meist Frauen, habe ich schon getroffen, die sich als »Schokoholic« bezeichnen! Schokolade wird schon halbwegs als Suchtmittel anerkannt, weil sie neben Zucker auch stimmungsaufhellende Substanzen enthält.
Aber Zuckersucht – noch ist dieses Phänomen nicht als eigenständige Abhängigkeitserkrankung anerkannt. Dennoch empfinden die Betroffenen es so, und sie weisen auch alle Merkmale einer Abhängigkeit nach ICD 10 (International Classification of Diseases) auf.

- Kontrollverlust und/oder Unfähigkeit zur Abstinenz

- unbezwingbares Verlangen

- Schuldgefühle und daraus resultierend Selbstwertverlust

- Abwehr

- Realitätsverzerrung

Nicht unbedingt, aber im längeren Verlauf der Abhängigkeit kommen hinzu:

- Steigerung der Konsummenge

- Rückzug/Isolation

- körperliche, psychische und soziale Folgeschäden

Erfahrungsberichte und Kommentare

Ich glaube, es ist nur eine Frage der Zeit, bis alle Phänomene im Bereich der Abhängigkeit - stoffgebunden oder nicht -, die die oben genannten Merkmale aufweisen, auch medizinisch als solche anerkannt werden.

Ich hoffe darauf, dass Therapien irgendwann von den Krankenkassen nicht mehr ausschließlich danach beurteilt (und bewilligt) werden, wer mit welcher Ausbildung geheilt hat, sondern mit welchem Erfolg eine Therapie, das heißt eine positive Veränderung, erzielt worden ist. Die Patienten können selbst am besten beurteilen, was ihnen in welchem Maße geholfen hat, weswegen ihr Urteil auch ins Gewicht fallen sollte.

Das vorliegende Programm ist ein erprobtes und erfolgreiches Konzept, um eine Zuckersucht zu überwinden. Diese Neuentwicklung verbindet Elemente des bewährten Programms der Overeaters Anonymous (OA) mit dem von Frau Cameron und ist doch eine völlig eigenständige Entwicklung und durch eigene Erfahrung und Erprobung verifiziert.

Im Bereich von Gesundheit und Heilung vertrete ich den pragmatischen Ansatz: Alles, was wirkt und hilft, sollte unbedingt verbreitet und unterstützt werden! Und da es keine schädlichen Nebenwirkungen beinhaltet, empfehle ich das Zuckersuchtprogramm von Ruth Alice Kosnick unbedingt als einen neuen, hilfreichen Ansatz für die Beratung und Selbsthilfe.

Literaturverzeichnis

B., Bill: *12 Schritte für Menschen mit Essstörungen*, Eine Bearbeitung des 12 Schritte-Programms nach Bill B. (einem Mitglied der OA aus den USA), Übersetzung: unbekannt.

Böning, Professor Dr. Jobst: *Das Suchtgedächtnis*, Vortrag auf der Wissenschaftlichen Tagung der Deutschen Gesellschaft für Suchtforschung und Suchttherapie (DG Sucht) in Berlin, 2002

Cameron, Julia: *Der Weg des Künstlers*, 1996 Droemersche Verlagsanstalt Th. Knaur Nachf., München, Übersetzung: Anne Follmann und Ute Weber

Katie, Byron: *www.thework.com*

Morgan, Marlo: *Traumfänger*, 1995 Wilhelm Goldmann Verlag, München, in der Verlagsgruppe Random House GmbH, Übersetzung: Anne Rademacher

Tolle, Eckhart: *Jetzt! Die Kraft der Gegenwart*, 2009 Kamphausen Hörbuch, Übersetzung: Christine Bolam, Marianne Savita Nentwig

Zuckmayer, Carl: *Der Hauptmann von Köpenick*, 1995 Fischer Verlag (Tb.), Frankfurt

Außerdem inspiriert von:

Betz, Robert Theodor (Vorträge)

Dahlke, Ruediger: *Krankheit als Symbol*, u.a.

Ferrucci, Piero: *Werde was du bist*

Hagehülsmann, Ute und Heinrich (Transaktionsanalytiker, Rastede)

Hay, Louise L.: *Heile deinen Körper A - Z*, u.a.

Jung, Dr. phil. Mathias (Vorträge)

Kasraei, Maryam (Therapie-Familienaufstellung, Norderstedt)

Mummert, Ingo (Bioenergetik- und Gestalttherapeut, Hamburg)

Pearls, Fritz: *Grundlagen der Gestalt-Therapie*

Über die Autorin

Ruth Alice Kosnick, Jahrgang 1961, studierte an der Kunsthochschule Hamburg. Nach ihrem Diplom als Ingenieurin für Architektur, bildete sie sich künstlerisch in Kassel, Hannover und Hamburg in Seminaren weiter.

Ihre Bilder wurden in diversen Ausstellungen, vorwiegend in Norddeutschland, gezeigt. Sie entwickelte mehrere »Gezeiten-Projekte« für Kunst im öffentlichen Raum, von denen einige in der Innenstadt von Elmshorn realisiert wurden.

Seit 2004 ist sie als freischaffende Künstlerin mit Auftragsmalerei und Kunst selbstständig (www.Kunst-im-Auftrag.de). Sie gibt Kunstkurse in ihrem Atelier in Elmshorn, auf Sylt und in Findhorn/Schottland und schreibt Bücher über Malerei.

Durch ihre eigene Betroffenheit wurde Ruth Alice Kosnick zu einer intensiven Suche getrieben, sich von ihrer Zuckersucht zu befreien. Nach jahrelangen Versuchen entdeckte sie vor einigen Jahren einen Weg der Selbstheilung durch das von ihr entwickelte »Zuckersuchtprogramm«.

www.zuckersuchtprogramm.de

272 Seiten, mit Abb. und farbigem Rezeptteil, broschiert
ISBN 978-3-89845-444-5
€ [D] 16,95

Julia Kang
100% giftfrei
Gesund und natürlich leben

Julia Kang zeigt Ihnen, wie Sie sich selbst und Ihre Familie natürlich und gesund ernähren. Die Autorin gibt Tipps zu den idealen Lebensmitteln, zur Vermeidung von Giftstoffen, zum richtigen Einkaufen und bietet viele leckere und gesunde Rezepte, die der ganzen Familie schmecken.

Sie macht aber auch deutlich, dass zu einem gesunden Leben mehr als nur die Ernährung gehört und zeigt uns, wo sich Gesundheitsschädliches im Alltag verbirgt und wie wir chemische Stoffe vermeiden können.

Mit diesem praxisnahen und leicht verständlichen Buch können Sie endlich gesund, giftfrei und natürlich leben!

200 Seiten, broschiert
ISBN 978-3-89845-455-1
€ [D] 14,95

Ingrid Theißen
Ein neues Leben mit Haut & Haaren
Nutzen Sie das Wissen einer Biofriseurin

Ingrid Theißen ist Biofriseurin und weist Ihnen in ihrem Buch den Weg zu einem natürlichen Leben mit Haut und Haaren und zum Ende Ihrer Haut- oder Haarprobleme. Die Autorin zeigt die Zusammenhänge dieser Probleme mit dem Ungleichgewicht im Körper und in der Seele auf und hilft dabei, diese aufzulösen. Das Ergebnis ist eine positive Entwicklung von Körper, Geist und Seele, die zu einem neuen Wohlgefühl führt, was sich auch im Äußeren spiegelt. Sagen Sie ja zu sich und zu einem eigenen, selbstbestimmten Leben mit Haut und Haaren!

176 Seiten, broschiert
ISBN 978-3-89845-191-8
€ [D] 14,90

Jürgen Thomar
Heilfasten nach Rudolf Breuss
... einfach genial

Das Handbuch der Gesundheitskur!
Rudolf Breuss, Naturheilkundiger aus Bludenz in Österreich, konnte in seinem langen Leben bei vielen Patientinnen und Patienten große Erfolge mit dieser Fasten-Kur verbuchen, bei der er wesentliche Elemente des Buchinger-Fastens mit Elementen der Kneippschen Lehre sowie mit seinen eigenen Erfahrungen verknüpft hatte.

192 Seiten, broschiert
mit viel. Abbildungen
ISBN 978-3-937464-06-0
€ [D] 14,90

Norbert Hartwig
Kefir und Göttertrank
Vitaler und länger leben durch Mikroorganismen

In diesem Buch wird das Wissen um die Urkräfte in den Gärprodukten wie Kefir, altindisches Soma oder germanischer Göttertrunk Met wieder zugänglich gemacht – das Wissen um die Mikroorganismen, die es überall in Hülle und Fülle gibt, wo das Leben erblüht.

Der Physiker Norbert Hartwig, bekannt aus Presse und TV, stellt in seinem Buch anschaulich die natürlichen Zusammenhänge zwischen Ernährung, Immunsystem, Gesundheit und Mikroorganismen aus Gärprodukten dar. Er gibt zahlreiche Empfehlungen, wie diese Urkäfte der Natur wieder aktiviert werden können.

272 Seiten, Klappenbroschur
ISBN 978-3-89845-293-9
€ [D] 16,90

Marion Kohn
Die fünf geistigen Gesetze der Heilung
Neue medizinische Wege

Ein revolutionärer Ansatz zu einem neuen Verständnis von Heilung! Möchten Sie wissen, warum man überhaupt »krank« wird? Möchten Sie wissen, warum man mit Krebs oder einer anderen Erkrankung reagiert, wenn man unerwartet aus der Balance gerät? Möchten Sie wissen, wie man wieder gesund werden kann, und brauchen Sie hierfür Unterstützung? Die fünf geistigen Gesetze weisen Ihnen den Weg zu einem neuen Verständnis von Medizin.

Gönnen Sie sich Gesundheit und ein glückliches, harmonisches Leben.

152 Seiten, mit Abbildungen,
4-fbg., Klappenbroschur
ISBN 978-3-89845-437-7
€ [D] 14,95

Nathalie Bodin
Ho'oponopono
30 Formeln zur Lösung von Konflikten

Entdecken Sie Ho'oponopono ganz praktisch für Ihren Alltag. Nathalie Bodin konzentriert sich auf das Wesentliche im hawaiianischen Vergebungsritual: Die Lösung von Konflikten, wie dies in seinen historischen Anfängen der Fall war. Sie hat das ursprüngliche Ritual wiederaufgegriffen und an das moderne westliche Leben angepasst. Sie bringt uns Ho'oponopono nahe, indem sie uns an 30 alltäglichen Situationen zeigt, wie wir Konflikte erfolgreich mit der Energie des Verzeihens und des Reinigens auflösen können.

Entdecken Sie Weisheit des Ho'oponopono, die auf jeden Konflikt auch in Ihrem Leben anwendbar ist!

208 Seiten, 2-fbg., broschiert
ISBN 978-3-89845-470-4
€ [D] 14,95

Jessica Lütge

Liebe deine Kilos und du wirst schlank

Der spirituelle Weg zum Wohlfühlgewicht

Abnehmen ohne Diät und ohne Fitnessstudio? Ja!
In diesem Buch finden Sie keine Rezepte und auch keine anstrengenden Sportübungen. Trotzdem können Sie leicht, spielerisch und mit Spaß abnehmen. Sie erkennen die versteckten Ursachen Ihres Übergewichts und erfahren, wie Sie die überflüssigen Kilos loslassen können. Jessica Lütges Motivationsplan hilft Ihnen dabei, die schwierigen ersten Tage ganz ohne Stress und Heißhunger zu überstehen ... und anschließend wird Abnehmen immer leichter!
Erleben Sie Ihr Traumgewicht!

160 Seiten, broschiert
ISBN 978-3-89845-054-6
€ [D] 9,90

Franziska Krattinger

Erfolgsrezepte

Greife nach den Sternen, wenn du wachsen willst!

Menschen leben in ihren Gewohnheiten, und sie wiederholen sich ständig. Um seine Gewohnheiten, die allein aus fixiertem Denken entstehen, zu ändern, muss der Mensch zuerst auf andere Gedanken kommen. Denn andere Gedanken bringen neue Vorstellungen, und neue Vorstellungen bringen neue Lebenssituationen. Die richtige Einstellung macht jeden Menschen zum Gewinner! Franziska Krattinger hilft den Menschen, auf andere Gedanken zu kommen und so ihr Leben mit wahrer Freude, tiefer Liebe und verstärktem Bewusstsein dauerhaft zu verändern, um sich so den Weg durch den Alltag zu erleichtern.

160 Seiten, 2-fbg., broschiert
ISBN 978-3-89845-302-8
€ [D] 14,90

Petra Schmidt-Decker

52 Verträge mit mir selbst

Das Geheimnis der Gewinner

52 VERTRÄGE MIT MIR SELBST wirken wie eine unerwartet positive Nachricht: Sie bekommen bereits beim Lesen gute Laune, werden zuversichtlich, strahlen aus, dass auch Sie das Gewinner-Gen in sich tragen. Dieses Buch zeigt Ihnen, wie Sie es aktivieren können.
Das lang gehütete Geheimnis, wie man Angst, Unsicherheit, Niedergeschlagenheit in Zuversicht, Optimismus, Lebensfreude, in Mut, Energie und Anerkennung umwandelt, wird hier zum ersten Mal gelüftet.

Weiterführende Informationen zu
Büchern, Autoren und den Aktivitäten
des Silberschnur Verlages erhalten Sie unter:
www.silberschnur.de

Natürlich können Sie uns auch gerne den
Antwort-Coupon aus dem beiliegenden
Lesezeichenflyer zusenden.

Ihr Interesse wird belohnt!